Le Geneſe de M. PIERRE ARETIN,

Auec la uiſion de Noë, en laquelle il ueit les myſteres du Vieil & Nouueau teſtament, diuiſé en trois liures.

Nouuellement traduict de Thuſcan en Francoys.

A Lyon chez Sebaſtien Gryphius,

1542.

AV ROY

PROSPERER ET REGNER,

*

D'VN VRAY ZELE.

A VOVS *Monarque d'Eloquence, Auguste des ſcauoirs, Roy des uertuz, Prince de paix, Duc ualeureux, Conte Heroique, Marquis d'honneur, Baron courtoys, Seigneur de nobleſſe, Gentilhomme de foy, Capitaine couraigeux, Cheualier eſprouué, Auanturier fortuné, Perſonnaige ſans per, Franc choix des Francoys, Eſprit celeſte, Ame ſaincte, A uous dis ie treſcher Sire, deuant lequel pour n'y oſer comparoiſtre Couhardiſe, Temerité s'auancer, Silence s'esbahir, Harengueurs fachez, uoſtre indigne*

aulmonier d'ung uray zele faict parler en Francoys l'Italienne, mais diuine eloquence de l'Aretin praphrasante le commencement du Genese, laquelle prosternée es piedz de uostre Maiesté requiert gracieux saufconduict de uostre souueraine faconde par son truchement à tout le moins fidelle, sinon tel que le requerroit uostre sacrée Serenité, laquelle Dieu ueille longuement feliciter.

PREMIERE PARTIE DV GENESE.

REMIER que fut le Ciel, & auant que fut le Monde, le facteur du Monde & du Ciel, ayāt recueilli en ſoy meſmes l'eſſence de ſoy propre, demeuroit en ſoy meſmes. Et, eſtant ſeul auec ſoy, eſtoit une Machine de deité ſacrée & eterne: laquelle, combien que le lieu n'eut encor ne eſpace ne largeur, ne meſure, embraſſoit dedens & dehors toute choſe du demeſuré en ſoy, occupant auec l'immenſe le tout & par le tout tenant auec la beatitude de ſon eſtre ce mylieu des couſtez, duquel ne pend le ſuperflus du plus, ne l'extreme du moins. Les Idees, par leſquelles la nature tire l'exemple des choſes, eſtoyent gardées du ſecret de luy. Le paſſé, qui n'auoit eſté, & l'aduenir, qui auoit à eſtre, attendoit le poinct du commencement, qui deuoit donner champ au paſſé, & terme au futur. Seulement le preſent, en l'eternité duquel doibt demeurer le Paradis & l'Enfer, regiſſoit l'in fini

fini de la puissance de Dieu, la bõté duquel auec le signe de la uoulenté sienne crea le Ciel, la Terre, la Mer, auec tout ce qui est en Mer, en Terre, en Ciel. Et ainsi cõme luy en ung traict qu'il faict cõparoistre une clarté, chassant les tenebres, descouure les formes que l'obscurité de la nuict nous cache, ainsi luy en ung instant soubdain, que en la puissance de Dieu uint la uoulenté de creer ce qui est du creé, feit apparoir le firmament aux eaues, lesquelles se congregerent au lieu estably par luy, qui les appella la Mer, & l'aride Terre. Ie dy, que pour estre le pouoir de luy obey de son uouloir, soubdain, qu'il uoulut, le terrain germa les herbes, iecta les arbres, & la semẽce de chascune plante fut en soy, & de soy nasquit, ou elle se espandit. Dont ses champs uains, apperceuantz toute generation de bois chargé de fueilles, de fleurs, de fruictz, se reallegrerẽt en la gayeté de l'ornement produict en eulx par l'esperit de la uoulẽté du Seigneur qui se esbatoit sus les eaues. Le legier du poisson, le uiste de loyseau, & le soubdain du pensier, est tardif à comparaison de la soubdaineté auec laquelle Dieu crea ensemble auec les aultres merueilles, le Soleil, la Lune, les Estoilles, leurs donnant splendeur, uiuacité, mouuement, & fermeté. Pource que à ce, qu'il delibere, ne se atrauerse distance, ne se entremect empesche aulcun, & le mesme poinct, qui ueit lesdictes œuures apperceut encores sus la Terre, soubz le Ciel, & au sein des eaues, toute espece d'animaux couuertz de escorce, de cuir, de soye, de peaul, desguilles, descailles, de layne, de plumes, de poil, despines. Et les con-

gnois

gnoissantz tresbons, le uerbe sien tout uertu, tout puissance, & tout perfection, les benissantz leurs donna non seulement la mode de multiplier, & de croistre, mais encores la maniere de uoler, de courir, de nager. Quand Dieu, autant admirable, que incomprehensible, eut creé, & partitz les elementz, & separantz les iours des nuictz, ordonnez & establis temps, heures, iours, ans, dict auec soymesmes, Faisons l'homme semblable à nostre image. Le faire aduanca la celerité du dire, la sienne grandesse non nêe le forma de la fange, que nous pestrissons auec les piedz. Et luy inspirant en la face le soufle de la uie, luy infusa l'ame, & l'ornant des sens, permist que ses yeulx ueissent la clarté, l'obscurité, & la couleur: luy sembla bõ, que ses oreilles ouissent le son, le bruict, & le cry: Consentit que son nez sentist le suaue, le moleste, & l'aigu, luy pleut que son goust essaya le doulx, l'amer, & l'aspre: Luy meit la uoix en la bouche, la parole en la langue: Luy donna la pensée: luy cõceda la memoire: luy eslargit la discretion: le enrichit de lengin, & le borda des mœurs, & le feit capable de la raison. Et se cõpleut tant en telle facture, que non seulement le constitua dominateur des bestes terrestres, des animaulx aquatiques, & des oyseaulx aëriës, mais uoulut, que auec le subtil de l'entendemẽt il penetrast en l'interiorité des operations, luy dõnant le premier degré apres l'Ange.

Ayant la Maiesté souueraine donné perfection à toute son œuure, & faict le temps, & le nombre, dont l'ordre du premier, du second, du tiers, du quart, du cinquiesme, du sixiesme, du septiesme auoyent ſomme au treſpaſſer de ſept matinées, de ſept ſoirs, dautant de iours, & d'aultre tant de nuictz, regarda en quelle mode la merueille humaine, qui encores n'auoit congneu le ſubiect de s'estõner, pour non eſtre ſes intelligẽces aptes à comprendre les miracles de Dieu, ſe conuertiſſoit en ladmiration ce pendant, que la nature, miniſtre du meſmes Dieu, ordonnoit les mouuementz des cieulx, les contournemẽtz des ſpheres, les erreurs des aſtres faiſant pendre entre la Terre & le Ciel ſept eſtoilles ſeparées, leſquelles pour eſtre uagabõdes deuoyent eſtre appellées planettes. Elle faiſoit paſſer entre eulx le Soleil Coloſſe de Dieu, pource a il eſté faict par luy recteur des temps & des terres. L'homme demeuroit eſtonné au conſiderer comme en l'incomprehenſible maiſtriſe la predicte nature enſeignoit à la Lune à croiſtre, & diminuer, à ſe faire deux cornes, à diuerſe en egale proportion, à deuenir ronde, à ſe maculer, à luyre toute nuict, à reſplẽdir au tard, à apparoiſtre baſſe, à uenir haulte, à raſer ores le Ciel, ores les montz. Elle eſtoit aſtraicte à la ueoir tout autour ſe accouſtrer de feu, lumiere des yeulx des eſtoilles, temperant le uital de l'air: lequel pour eſtre penetratif remplit de ſoy le uuyde de toutes choſes, & meslé auec le tout, ſuſpend au milieu l'eau, & la terre, dont les elementz diuers, eſtantz entre eulx contraires, font colligament, tellement que les legiers ſont receuz des peſantz, & les peſantz ſouſtenuz des legiers, de ſorte que ceulx cy ne ſe peuuẽt ſoubleuer en hault, ne ceulx là ſe coucher en bas. La predicte nature luy monſtroit en la

cure

cure, à elle commiſe de Dieu, comme elle debuoit faire naiſtre les tonnoirres dedens les nues pleines de uent, & de uapeur: luy feit entendre que les foul dres les briſent, & les eſclairs les fendent. Elle le feit capable de lorigine des uentz, & de l'occaſion des pluyes, du congelement des neiges, du rendurciment des gresles, de leſpeſſement des brouillas, & des rosées. Et luy eſtonné en la contemplation, entendit comme il deuoit diuiſer les ſaiſons, l'egalement des iours & des nuictz, ſe ſouuenir de ceulx là, & de ceſtes cy, l'inſtabilité des mers, la raiſon du chauld & du froid, le cours de lan, la ſolennité des moys, & iuſques à la reuolution des Pleiades, & des Bootes. Et luy combien que encores ne ſe eſtoit apparue aucune nue, ne uersé pluye, ne fouldre tōbée, mercy de la prouidence à luy cōcedée de Dieu, comprenoit toutesfoys autāt que par nous ſe peult comprendre.

Voyant le createur de toute choſe la perfection & des cieulx, & de la terre, & de tout leur ornement, beniſt en langue de Dieu uray, en uertu de Dieu uif, et en bōté de Dieu ſeul; toutes les œuures iſſues du ſacré de ſa puiſſance, & du ſainct de ſa uolenté, parquoy ſe ouyrent les chantz des anges accordées auec l'harmonie des roues ſupernes. En ce poinct ſe ueit la purité du feu, la ioyeuſeté de l'air, la lieſſe de la terre, & la clarté des eaues. Le Soleil, pensée du iour, & la Lune couraige de la nuict, ſcintillantz raiz dorez & argentez luy rendirent graces. Les animaulx, qui uont ſerpentantz auec tous ceulx qui ſe meuuent du cours, du uol, & du riager, feirent ſigne d'allegreſſe. Et tant le grand moteur ſanctifia le iour bienheureux, auquel ceſſerent les miracles de ſes operations. Et cependant que les champs ſans termes uerdoyoient en chaſcune part, donna pour habitation à ſa creature noble le lieu des delices faict par ſa haulteſſe au commencement.

Affin que à l'hõme ne demeuraſt aucun doubte de l'amour que le Dieu amyable luy portoit, & affin que luy auec l'oeil de l'eſperit preueiſt comme en l'image & en la ſemblance, que de ſoy il luy auoit donnée, à la fin de pluſieurs ſiecles debuoit naiſtre ſon filz, & receu en l'humanité de la chair, canceller auec la mort le debte faict par la uie de luy, creant le monde forma le Paradis terreſtre, affin que celle partie de diuinité, qui eſt en tous les hõmes, euſt logis diuin, & auſsi pour ce que ſon entendement ſe peult exerciter en ſa ſpeculation immortelle, il conſacra telle ſituation à ſa facture, la dignité de laquelle ſoubdain quil en print la ſeigneurie commenca à prouuer partie de celle ioye qui ſe deſpart aux Ierarchies de la militie eternelle. Si accomply eſpace eſtoit cerclé d'ung mur de lauriers & de myrtes, autant diuers des myrtes & des lauriers, que le uerd des eſmerauldes, de la couleur des herbes: leur contexture mettoit le ris en la face de la primeuere eternelle curatrice des roſes, qui là continuellement creoyent boutons, ouuroyent fueilles, & ſpiroient odeurs, en la ſuauité deſquelles ſe delectoit l'ame, & ſe recreoyent les eſpritz.

Tout

Tout arbre de precieuſe racine, toute plante d'alegre bouton, toute uerge de gaye droicture ornoit auec le ioyeux de ſa preſence, le beau du iardin de Dieu, les fleurs de ſes orengiers luyſoient comme perles de l'orient, les fueilles de ſes cedres reſplendiſſoyent ainſi que gemmes de l'Indie : des eſcorces & des grains des migraniers, delices du iardin, ſortoient lampes & raiz non aultrement qu'on uoit ſortir du forby de l'or, & de la poliſſeure des rubis, les entrailles & les ueines du terrain ne engendrent ne enfantent pierre, qui ne perdiſt la preuue contre les uiolettes diuerſes en leurs couleurs, comme l'arc celeſte aux ſiennes. La nature, encores qu'elle eſſayaſt de nous eſtre large de la iucondité, & de la ſuauité de ſemblables ſaueurs, & de telles odeurs, ne le pourroit faire : & les meilleures pommes, & les plus excellentes fleurs auec leſquelles elle nous delecte & conforte, tiennent de leur ſemblance, mais non point de leur ſubſtance: pource que Dieu eſt la nature, & la nature n'eſt point Dieu : &, ſinon que la comparaiſon eſt uile, ie diroye, que elle, qui execute ſes actions, ſemble ung qui trafique les deniers d'aultruy, lequel, cependant quil les poſſede, ſemble en eſtre ſeigneur. Les temperances de l'air qui couure la come, les crins, & la teſte du ſecond Paradis, ſont alimentz du ſalut des aures qui luy reſpirent autour, & confortent, & nourriſſent : la roſée, qui luy encrouſte la terre, & blanchiſt les herbes, eſt de la propre maniere de celle, que apres au deſert rompiſt le ieun à la multitude d'Iſrael. Le Phenix, pour eſtre

estre comme une figure d'immortalité y regne dedens : le soleil ne luy apparoistroit poinct dessus, si premieremẽt il ne amoderoit les ualeurs de ses qualitez. Le serain est en toutes ses nuictz : ne aucun uoile se assemble par le ciel, qui le resiouist. Tout oyseau de gueule diuine le entonne auec la doulceur des notes apprinses de celluy qui faict resonner les chantz souuerains. Là ne sue poinct la lasseure, ne le repos tumbe en l'oysiueté : là le couraige n'est poinct touché des accidentz de la melancolie, ne de la tempeste du pensier : là le desir s'appaise sans confusion de pensée, & sans entrelas du cueur, & ne peult estre que cecy ne soit, l'ayant Dieu planté cõme demeurance de la moindre beatitude.

Toute l'excellence des arbres desquelz ua superbe l'Indie & l'Arabie, faict là umbre aux quatre fleuues qui sortent du uif d'une seule fontaine. Et cependant, que l'oyseau, qui a les plumes de pourpre, & le chef d'or, seiourne ores en celluy, ores en cestuy, se myrent en leurs eaues les plantes de Tilo, des amãdes de qui la lanugine est d'aultre soye que la soye, là mettent leur entente le Platane, & le Hebene, & Pala auec ses põmes pleines de doulceur inenarrable : cy se uoyent les boys qui produisent le poyure, le gyrofle, le myrre, le narde, & l'encens : cy se garde le baulsme, & la palme, don de Iudée, & de Idumée, & le cinamome, l'aloes : cy se contemplent auec le storace & le gingembre, tous les arbres desquelz lon tire le precieux des unguentz. Entãt Phison (car ainsi s'appelle le fleuue qui naist dudict Paradis) en l'arrosant se laisse par sa noble courtoysie

mesp

mespartir en troys aultres. Il enuironne le pays de Euilath,resplẽdissant pour l'or quil engẽdre, & orné de la pierre onychine. Gion ceinct toute la terre de ce climat,que pour y ardoir le iour, ses gẽtz ont le uisaige comme la nuict. Tigris laue les piedz des Assyriens, & Eufrates diuise les regions Harmeniques d'auec la Cappadoce.En si haulte part fut mis l'homme par le grãd Dieu, affin quil la cultiuast & gardast. Et soubdain quil l'enseigneuria, cõuoqua au deuãt de son aspect tous les oyseaux, qui tractẽt le ciel,& tous animaulx qui grauẽt la terre,& tourné uers luy auec uoix cõposée du pur & du simple, du cõcent de la diuinité propre, & entõnée du graue d'ung son en partie cõpris du suaue des accentz des Anges , & de la ioyeuseté de la musique des estoilles,luy dict,Voicy les serfz de tes uouloirs & de tes plaisirs ces libres oyseaulx,& ces errãtz animaulx:soit en ta puissance leur donner loy, & leur mettre frein,leurs aesles et leurs piedz n'ayẽt alaine ne force,si tu ne ueulx quilz uolẽt,& courent. Soit le irraisonnable de toute espece soubmys au raisonnable de la discretion. Et pource que cestuy & celluy, lung & laultre recognoisse celluy q̃ nous leur donnõs pour seigneur, baptise les cõme il te agrée, & soit à eulx le nom que tu leur imposeras.

Encores ne sestoit ouy le dict de la uoix humaine, encores Adã n'auoit formé aulcune note auec l'organe q exprime les intẽtiõs cõstruictes par l'ordre des paroles,continuées aux demãdes, & aux responses, & regies des premiers cercles des dentz, le mur desquelles au recepuoir les coups de la langue les

les conſerue entiers. Dont luy, rompu le noud de la parole, frappãt le ſoufle en l'air, qui procrée le ſon, rompiſt le tacite du ſilence en ſemblable ſens.

Pource q̃ ie q ſuis ce, quil t'a ſemblé q̃ ie ſoye, & ſeray ce quil te ſemblera q̃ i'aye à eſtre, en uertu tiẽne, en louẽge tiẽne, & en gloire tiẽne i'appelle celluy Elephãt, ceſtuy Dragõ, ceſt aultre Baſiliſque, celluy Biſon, ceſtuy ſera dict Pãthere, ceſtuy Ceruier, ceſtuy Leopard, ceſtuy Sphinx: ſoit dict à ceſtuy Pegaſe, à ceſtuy Rinoceros, ſoient nõmez Crocodilles, Caſtores, Heriſſons, Cerfz, Lycaõs, Cameleõtz. Soyent appellées Lycornes, Beufz, Cheuaulx, Aſnes, Ours, et Chiẽs. Il dõna nom à tous ceulx q en Afrique oultre les deſertz des Syrtes gouſtent les chiertez d'eaues. Il le dõna au Tigre de Hircanie, au Cameleopard de Ethiopie, au Lyõ de Libye, nõ en laiſſant ung des foreſtz, ne des boys ſans ꝓprieté de notes. Il dict Mulet au mulet, Boufle au boufle, Brebis à la brebis, Porc au porc, Chieure à la chieure. Il dit Grenoille à la grenoille, Taulpe à la taulpe, Lyeure au lyeure. Apres uoyãt les oyſeaux cõme compaignies & bãdes grãdes auec digne tiltre, le Phenix et l'Aigle, nõma le Faulcõ, le Eſparuier, l'Autour, la Chouette ſe ouit appeller, le Corbeau, la Pie, auec tout aultre oyſeau d'umbreux augure. Il luy pleut de diſtiguer le nom des nocturnes. Il appella le Paõ, le Coq, l'Oye, la Cicoigne, le Tourde, le Pinſon, le Eſtourneau, la Grue, le Roſsignol, le Merle, le Cygne, la Colõbe, l'Arõde, cõme chaſcun en ſon lãgage les appelle. Et uoulut que à la Salamandre fut dict Salamandre, Et fut large de ce que Dieu luy auoit

enchar

enchargé, iusques à ceulx, qui uiuẽt de terre, & de uenin. Il se cõpleut au dire Mousches, Guespes, Tauans, aux mousches, guespes, Tauãs. Apres ne laissa à l'Ocean aulcun sien monstre sans la dignité du nom. Il nous feit cognoistre les Sereines, les Tritõs, les Nereides, les Orches, les Daulphĩs, les Tortues, les ueaulx marins, les Moules, les Saulmõs, les Muges, les Tons, les Sturions, auec tout l'infini nõbre des poissons q pegrinẽt aux seins de chascune mer.

Soubdain q̃ Dieu glorieux eut cõfermé le nom imposé par l'hõme aux animaux, qui luy deuoyẽt, & qui ne luy deuoyent estre past, & uiande, ne luy estãt aduis que son estre seul fut bõ, pour luy pourueoir ayde semblable à soy, luy espãdit aux yeulx la paresse du sommeil. Et luy obtenebrãt la lumiere, les paulpieres se laisserẽt aller en bas par la doulceur de son repos. Et pource q̃ Adã n'auoit iamais dormy, soubdain que les chatouillemẽtz de ses cõsolations luy enyurerent les esperitz, cheut sus ung lict de lys, dõt le songe, & la uisiõ nez en telle quietude, se domesticãt auec la uanité du faulx, & auec le cõfrontemẽt du uray, cõmenca à tracter le parẽtaige, qui est entre le sommeil & la mort. Entãt la puissance de Dieu auec la suauité de la main arracha tresdoulcement une de ses coustes, & la remplissant de chair, y imprima les mẽbres, & spirãt en leur delicatesse l'aure de uie, l'edifia en femme. Et s'esueillãt le masle se ouist dire de Dieu, Voy tu l'os de mes os, & la chair de ma chair. Ceste cy pour estre tirée de l'hõme, pour se cõioindre auec luy abandõnera les tendresses du pere, & les feruẽurs de la mere: luy se accoust accoustera à elle auec la syncerité du couraige,& auec la bõté de l'ame.Et estãtz ẽsemble mary & femme, ne se doibt uioler le sacremẽt du mariage auec la lasciuité de la uolupté, mais se doibt cõseruer le chaste du desir auec la deue honnesteté. Debuoir, uœu,& religiõ unissent les intẽtiõs du cueur,& les uouloirs de la pensée de lung & de laultre tellemẽt qu'ilz executẽt les biẽs des operatiõs auec ung seul cueur, & une seule pensée, & soyent deux en une chair. Ne soit creu que Apollo en Delphos,ne Venus en Gnidie,combien qu'ilz respirassent auec les poulx,& auec l'alaine de l'esprit, q̃ uoit,parle, oyt, & pẽse, eussent point de semblãce du sacré couple formé par le mirable de celles mains, qui nõ seulemẽt creerẽt & partirẽt les elemẽtz,mais feirẽt les legions des Anges, cõposerent la machine du mõde, & dõnerẽt l'estre au nombre des cieulx. Qui ueit iamais depeinct ou entaillé l'archãge Michiel accoustré en l'acte qui est requis au riãd de celluy air espã du sus l'haultai de son uisaige par la gayeté de l'art: uoit nostre premier parẽt. Sa semblãce estoit plaine de si gracieuse ioyeuseté, qu'elle pouuoit rẽplir de liesse tout ce qui se mõstroit autour de luy. Le blõd de ses cheueulx,qui quasi aneaulx luy trẽbloyẽt au chef,luisoyt cõme le uif de l'or. Ses chairs estoyẽt arrousées d'ung Ostre,& d'ung laict,de plus que humain uermeil,& de plus que humaine blãcheur. Et la figure toute ensemble pouoit amutir le deffault de faulte. L'enuye n'eut peu trouuer auec quoy elle luy eust diminué la uantance des bras,& des iambes,des mains,& des piedz.

Eue

Eue cheante aux delicatesses celestes, & aux modes diuines, & aux graces immortelles, estoit plus semblable à Deesse, que à Dame. Nulle blancheur, nulle couleur, nulle beaulté, n'a iamais esté semblable au blanc, au couloury, au beau de ses membres, de ses ioues, de ses lumieres. Ses cheueulx spiroyent le nectar & l'ambrosie. Et la merueille estonnee en l'excellence de tout son corps s'en esiouyssoit auec dilection de la nature. Grand chose à dire, que tel homme, & telle femme ayent iouy de la presence de Dieu. Eulx affichantz le regard en la clarté de sa face, abaissoyent les yeulx comme ilz s'abaissoyent quand aulcun se efforce uouloir discerner ce lumineux enuironné des lampes, qu'il scintille dedens le rond du Soleil. Sa maiesté estoit suspendue sus le luisant de plusieurs nuees, il posoit le glorieux des plantes sus le dos de deux estoilles uiuantes, & seant au throsne des Seraphins esmeut le saige de la langue, & dict, Homme principe des hommes, uoy tu la femme commencement des femmes. ores croissez & multipliez remplissantz l'uniuers auec l'humain de l'ung & de l'aultre sexe. Naissent de uous les Patriarches, naissent les Prophetes, engendrez les Princes de Israel, engendrez les Chiefz de ses tribuz. Produisez les prebstres, produisez les Leuites, donnez origine aux Roys, donnez la aux Ducz, & procreez peuples & gentz tellement, que le beau Monde uous obeisse en tout climat, & en tout emisphere, lequel t'est consigné par nous comme douaire de patrimoine, mais premier, que tu en preignes le sceptre, auant que tu entres à luy donner loy, garde toy de non toucher auec la ſaueur du gouſt le fruict de l'arbre de la ſcience du bien & du mal, pource que de mort tu mourras. Il dict ainſi, Et beneiſſant ſes factures reſplendit auec reſplendeur fouldroyante. L'air ſembla ardoir, le Ciel tonna, & ſe ſecouyſt la terre au diſparoiſtre d'auec eulx.

Encores, que Adam & Eue euſſent deſcouuertes les parties, qui couurent le ſimple de leur ſouueraine bonté, ilz n'auoyent auec quoy ilz peuſſent congnoiſtre le nud demonſtré par la uergoigne. le masle du penſier ne penetroit encores auec l'oeil de la malice aux lieux tentez par l'ardeur de la concupiſcence, le laſcif du plaiſir ne ſe ſcauoit delecter à ſe eſgayer au gay de la ſupreme beaulté de celle, qui fut la premiere à naiſtre, & la premiere à pecher. Elle auec les treſſes pendentes ſus les eſpaules, ne ſe ſoucioit des mammelles miſes en l'yuoire de ſon eſtomach comme ioyaulx de la diuine nature.

Eſtantz le pere, & la mere de toute l'humaine generation, comme ſainctz au bienheureux de ce Ciel comparti par la grace ſouueraine au merite de leur bien faire, ne ſentoyent, ne prouuoyent paſſion d'aulcun deſir, ne d'aucun accident. Et combien qu'ilz peuſſent ſe raſſaſier des partz de quelconque rameau, qui fut là, excepté du boys prohibé, les uoulentez du manger ne requeroit encor la ſubſtance des nourriſſementz qui nous alimẽtent, & nous nourriſſantz nous ſouſtiennent. Ilz paiſſoyent la tresbelle ame auec le ioyeux du plaiſir de celle ſituation, de laquelle ilz ſeront tantoſt rebelles.

Pource

Pource que l' ange, qui auec la main de l'orgueil meit le siege du libre de son arbitre au cousté de Dieu, dont banni du Paradis plut auec la multitu de de ceulx, qui auec luy remplirent les tumbes des Abysmes, s'est conuerti en serpent. la le mauluays de l'astuce, auec lequel il decoit & tête, le cõtourne hault par le tronc de l'arbre, occasion non seulement que nous mouriõs, mais que mourut celuy, qui descendu du ciel en terre, est deuenu de Dieu homme, racheta le gendre uẽdu par la desobeissance de celuy dont nous tous tirons origine, le meschant de laduersaire transformé du premier ange au premier diable portant enuie a l'estat cõcedé au roy du monde par l'empereur de paradis, celant l'escaille de son corps & de son extremité en semblance de pucelle, s'acoustra aux yeulx & aux gestes toute la mansuetude, & toute la plaisance, en la quelle le saige de la fraude se agence quand auec la langue de miel il empoisonne la creancẽ daultruy. Et iettãt hors de larbre de uie le sainct de sa face en l'affigeant humblement au uisaige de Eue, ce pendant que Adam se desportoit ailleurs, luy dict en telle forme, O' femme des femmes, & creature noble, excellente de beaulté, unique de grace, & singuliere de uertu, retourne lentendement à penser au pourquoy Dieu uous nye le manger de tout boys du Paradis? Oyant ce la femme separant les lebures du plus ardent uermeil, que celluy du quel flamboyent les rosées de l'aurore, & esclairant le luysant des perles, qui en tresmenu ordre luy cercloyent la bouche, Respondist, Nous usons en uiãde quelquonque fruict de Paradis, lequel nou ſeigneurions, ſauf de ceulx, qui reſplendiſſent entre les fueilles & les rameaux du boys, qui leur occupe le milieu. Pource que nous ſeroit mort le ſortir du commandement faict à nous par luy. Et Lucifer à elle, Ha ſuaue, & doulce ame, ha gay & ioyeux corps, dõques uous defendrez à uous meſmes l'intelligence des choſes tresbonnes & mauluaiſes? Eſt il poſsible que uous interdiſiez à uous propres l'ouurir des meſmes yeulx, dont uous pourrez auoir la cognoiſsãce des aultres Dieux? Eſtẽdez la main, & en deuenant affamee ſauorez la ſuauité de ſa liqueur, & gouſtez la ſciẽce de ſa uertu. Pource que uous ne debuez oſter aux lumieres de uoſtre front la comprehenſion du uray, & ne ſouffrez que elles regardẽt en uain: & ne uous eſtonne la fin de mourir: car, oultre que uous uiurez, la, ou n'y a coulpe, n'y a peine. Le debile de la complexion feminine pour eſtre propre ſubiect d'inſtabilité, & de legiereté, a peu de beſoing de la longueur du perſuader, petite nue ſuffit pour umbrager l'entẽdement de la nature mobile, ſon ſens eſt uariable, & ſa diſcretion diuerſe, le futur n'eſt point preueu par la penſeé d'elle, elle ſe complaict au preſent, & iouyſt de ſes occurrenſes. Ce qui luy agreé ſuit, & ce qui ne luy plaict fuit, tenant touſiours le courage pendant aux pires partitz. Elle eſt aſtute à ſe tirer les deſirs, & ſimple au moderer de ſes uouloirs, le facile du croyre eſt né du uain de ſes oreilles. Parquoy le diabolique du tentateur auec prudent aduiſement continuoit à luy dire, Eſſaiez le precieux

qui

qui ſort de l'eſprit du boys ſainct, en uoyla de beauté delicate, & de meureté ſolēnelle : regardez cōme ilz rient, ſentez cōme ilz odorēt, uoyez cōme ilz ſe offrent. Le bon & delectable, & nō le cōuenant, eſmeut en ung traict la main & le deſir, & le peu d'auiſement de la femme, tellemēt que ung meſme temps fut en prendre & en manger. Et au uenir de l'homme à elle, luy chatouillé par le plaiſant, par le tendre, & par l'amoureux de ſes prieres, & en prenant demeuroit ſus les forces de les rompre auec le morſeau de l'appetit. Mais elle, qui ignoroit le cōmandement de Dieu, luy cheant auec les bras blācs au col luy diſt, Mangez en: car ilz ſont ſuaues. Le feu de ſes paroles fondit la glace, qui luy congeloit la uoulunté entredeux. Et y auoir fichées les dentz & le courage, māda en bas, helas, le diſner & le ſouper du perpetuel de noſtre mort, mais bien la uiande de l'eternel de noſtre uie. Pource que ſans tel peché, ne ſeroit eſté comprinſe l'immenſe de la miſericorde, ne l'infini de la bonté de Dieu grand: & ſans telle erreur ſeroiēt reſtez uuydes les ſieges deſquelz furent chaſſez les eſperitz ſuperbes. Mais quel miracle ſi le fragile de la nature humaine pecha, ayāt peché l'incorruptible de langelique? A' nous prouffita l'imperfection, qui feit faillir l'homme: & miſt à eulx la perfection, qui feit errer l'ange, teſmoing la croix de Chriſt, qui nous ſauluant, leur confirma damnation ſempiternelle. Ce pendāt que Adam delectoit le gouſt auec la doulceur de ſa miſere, & de ſa ſepulture, uoycy une reſplendeur attaincte de troys coups de tonnoirres, leſquelz ſe teurent ſonnant

nant la uoix de dieu, O' Adam: Et luy, au preuariquer de ce que sa uoulẽté luy cõmanda, se cõgneut ensemble auec Eue nud, estonné de la faulte, & repris de la uergoigne fiché auec sa femme errante en ung buisson de narcises, & de hyacintes capables à les celer, se efforcoyent de couurir les membres uiriles & fertiles auec les fueilles sorties auec les propres bourgeons. Et Dieu repliquant son nom, me uoycy, respondist il, mais auec langue tremblante, & auec cueur battant. Esleuant les yeulx en hault apperceut que leur uertu ne trapassoit plus en la face du Seigneur, discernãt seulement lueur, lampes, raiz, & splendeur. Ie suis nud suiuist il, pource craingnant la reuerẽce de ton treshonneste conspect me suis caché. Ha hõme ingrat, ha creature cruelle, tu tu rendz donc telz guerdõs à nous, qui t'auons dõné nostre semblance, à nous, qui t'auons concedé la monarchie de l'uniuers, à nous, qui te donnasmes la puissance de tous animaulx d'ame uiuante: uoycy, que tu mourras: uoycy, que tu uiuras hors les tẽperances de l'air de ce Paradis. Et luy estonné des admonitions predictes, luy estre cheute la ioye du cueur, & luy estre congelée l'audace du courage, auec ayde de l'excuse dist, La coulpe de mes coulpes, & la faulte de mes faultes uient de la cõpaignie donnée à moy par ta prouidence, les manieres de la maniere d'elle me inuiterent à manger ce, que ie ne debuois. Sa dextre me bailla le fruict, & ses prieres me le meirent en la bouche. Mon inaduertẽce obeissant au doulx de ses incitemẽs mont faict sortir du chemin que tu me monstras, parquoy paye len, &

le luy

Ie luy reproche, pource que mon seul consentemẽt iamais ne se y ployoit. Dieu se tournant à la femme, luy dict, Pourquoy deceuz tu ton espoux? Et elle, Non moy, Seigneur: mais le serpẽt, qui me deceut, le deceut. Ie enamourée du beau dire, de la belle põme, & du bel arbre, en uoulus, en cuillay, & en mãgeay, parquoy punis le, & me pardonne. Pendant, que la simplicité, l'ignorãce, & la nature dictoit les paroles feminines, Dieu mauldist la beste entre toutes bestes. Tu iras, dict il, sus ton estomach: & tous les iours de la uie mangeãt tousiours terre. Soit inimitié eternelle entre toy, & elle; sa semence te haysse tellement, que l'ire d'elle te rompe lentier de la teste. Et luy toutesfoys auec les poinctures du uenin naif tende tousiours espiemẽtz à tes talõs. Et pource que l'occasion de ta faulte est demesurée, & nouuelle, les trauaulx de tes miseres puissent multiplier en tes enfantemens, & en tes conceptions. Tu obeiras au signe, & au dict de l'hõme. La puissance qu'il aura en toy soit crainte, & obserue de tes uiltez, & de tes debuoirs. Et toy Adam, qui as ouy auec plus dextre oreille la uoix de ton espouse, que celle de tõ createur, dont tu mangeas mon cõmandement, & ta mort, tu trouueras la terre mauldicte en tõ oeuure, des fatigues de laquelle tu nourriras tes faims tous les iours, que tu uiuras. Germe ton champ stechi, lapole, & chardõs. Produise tõ terrain yuuroye, espines, & ortyes. En la sueur de ton uisaige, & en l'eau de ton front mangeras le pain pourchasé par toy, à toy & pour toy. Iusques à ce, que toy terre retourneras en la matiere, de quoy tu es formé. Ta

 chair,

chair,& tes os ſunt de pouldre,& en pouldre ſe cõuertiront. Et luy ayant mis deuant ueſtementz les luy feit ueſtir,diſant, Voycy que Adam eſt faict ung de nous,capable du biẽ & du mal. O' mirable Dieu,O' moteur omnipotent, O' createur immuable,comme clerement,comme reſolument,comme certainement ſe demõſtre la tienne indiuiſible trinité au dire, Vng de nous,& non,ſemblable à moy, & touſiours faiſons,& nõ iamais, ie fay. Le pere,le filz, & le ſainct eſprit,qui ſont troys,deux, & ung, fut auec toy deuant, fut auec toy apres, cõme il eſt ores auec toy.Pource la gloyre de toy ſeul compartiſt en toute ſon action les honneurs de ſoymeſme auec la beatitude de uous troys. Mais ie tourne à toy, qui ne uoulant que le mary de Eue meit plus la main au boys de la uie, dont il ueſquit eternellement, luy donnas perpetuel banniſſement de Paradis des delices, affin qu'il cultiuaſt la terre dont il ſourtiſt.

Adam ueit ſoubdain, que dieu le priua des richeſſes de la beatitude terreſtre, le Cherubin ardẽt au uermeil des flãmes celeſtes:ſes plumes d'or plain de feu esblouyſſant la clarté ſolaire,les rays duquel uainiſsãt auec ſes plumes prenoit de ſes qualitez: ſa face eſtoit de merueilleuſe grandeur, & de incroyable terribilité: de ſes yeulx tomboyent monceaulx de lampes dorées ſcintillãtes horreur & paour,luy, qui au traſſement de l'air auoit delaiſsé derrier ſoy grãdes rayes de feu doré,eſclairant en la meſme ſplẽdeur,s'accouſtra en geſte menaſſant aupres de l'arbre de la uie:& tenãt le coulteau de feu pluyant de

ſon

ſon taillant, & de ſa poincte, eut peu tirer auec la lueur, de quoy il luyſoit, la ueue aux ueues.

Ia Dieu glorieux regardoit des bācz ſouuerains l'hōme, & la femme par luy creez & benictz. Eulx au tirer le pied & les yeulx hors de la ſituatiō, & du ſerain diuin, s'arreſterent comme perſonnes fouruoyées en l'eſtrangeté du ſentier. Et regardant autour ueirent l'inacceſsible des Alpes, l'erto poggi des montz, l'infus le clin des couſtaultz, l'egal des plaines, & le clos des uallées. Ilz apperceurent l'obſcur des baulſmes, le celé des ſpelunches, le melancolic des cauernes. Et ce pouuoyent ilz bien ueoir, le leur monſtrant la nature, l'induſtrie de laquelle ſe feit compaigne au chemin de leur peregrination. Elle les encombra des penſiers, des ennuitz, des cures, des deſirs, des eſperances, des craínctes, & des marriſſemens. Eulx priuez de l'empire de la delectatiō congneurent la neceſsité du faire, la chierté des choſes, l'ennuy du demeurer, le peril du aller, le trauail du uiure, la moleſtie du froid, le conſumement du chauld, & la ſolicitude de la fatigue. Ia le uice de la chair attiſoit la uolupté de l'ung & de l'aultre, dōt eſmeuz de l'inſtinct naturel, & non du laſcif de laffection ſe congneurent enſemble. Et le uentre delle croiſſant, peu à peu luy faiſoit ſentir comment la creature ſe meut & s'arreſte dedens. Et uenu le terme des moys deux prouua ce dueil demeſuré, qui deſnoue l'os. Elle enfanta Cain, tellement que Adā diſt; Iay poſſedé l'hōme la mercy Dieu. Apres luy produiſt Abel. Ceſtuy fut laboureur de terre, & celluy gardien de troppeaux. Et pource que leur pere

 eſtoit

estoit seruiteur de son facteur mõstra à ses enfantz à rendre graces à Dieu auec les offrandes des primities des fruictz des arbres, & des brebis. Dõt Cain de pensée inique, & de courage auare se restraingnant à l'aduancement de l'auarice, myt sus l'autel les fruictz moins bons de ses champs. Et le frere de luy pour estre de cueur syncere, & de ame courtoyse desdia au Seigneur les plus gras des premier nez de ses ouailles, tellemẽt que la souueraine bonté regarda telz dons, & non les aultres qui ne estoyent telz. Par laquelle chose l'ire enflãma l'estomach de Cain, & en faisant signe auec la perturbation du uisaige, se donna en proye au mal talent de l'enuye. Et estant tout enflé de tel uenin gemissoit auec le taire de la mauluaistié. Mais uoici la uoix de Dieu, qui luy dict, Dequoy te courrouces tu, & pourquoy te contristes tu? Reseraine le trouble de ta face, & fais bien, si tu ueulx bien multiplier : aultrement le mal des operations te representera soubdain le peché aux portes. Parquoy tu ne pourras seigneurier sus ton appetit.

L'homme impiteux ne pouuoit ouyr la sincerité de l'admonition, & ses oreilles ne prenoyent le salutaire du sainct record: mais le euitant, & le mesprisant estoit conuerty en la forme de la hayne, & de la rancune. Et deuenu pasle au uisaige, blanc aux lebures, & tremblant en la colere, occultant la meschanceté de la uoulenté dens le sain du pensier mena auec soy Abel auec l'humilité de ses prieres. Et paruenu au champ, sepulture de l'innocent, sans regarder à l'offense du Ciel, sans ietter le pensier à l'iniure l'iniure de la chair, & sans auoir cure de l'orbité de ses geniteurs, auec la peruersité de la felonnie, qui naisquist naissant luy, frappa le frere iuste. Et layant blessé auec plusieurs playes, apres plusieurs longz sanglotz, raccourcissant & estendant les bras & les iambes luy ueit serrer les lumieres par le sempiternel du sommeil. Et le couurant auec l'abondance des espines se estudioit de cacher auec la terre le sang dõt estoit baignée la terre. Quãd les uertus du Ciel crierent deuãt la maiesté diuine: Ton seruiteur, qui uouloit imiter ta puissance, à occis ton seruiteur. Ouyant Dieu representer auec les mesmes louenges la fin de celuy qui fut le premier, qui feit exerciter l'office de la mort à la mort, dict auec uoix de plusieurs eaues, Cain ou est Abel? & il à luy, Suis ie, possible, gardien de mõ frere? Ha mauluais, ha peruers, bien sens ie crier de la terre l'innocence de celluy, du sang de qui, toy, qui es inuẽteur de l'homicide, & executeur de l'iniquité, luy as rẽply la bouche auec la cruaulté des propres mains. Dont tu seras mauldict sur le dur de sa face, la courtoysie de la quelle niera le fruict, & la semence de tes sueurs: Et errant par les confins delle, congnoistras la necessité de l'exil. Trembla Cain à telle sentence, & tremblãt auec paroles entrelassees dist, Puis que ie confesse mon iniquité estre plus grande que l'esperance du pardon, & despuis que ie cõgnoy, que tu me doibs punir auec la iustice, & nõ m'absouldre auec la misericorde, di moy, Puis que mon delict me chasse de la face de la terre & de la tienne, ay ie à demeurer caché, uagabond, & fugitif, ou urayement errant par

par tout autour, ſeray ie occy par quicunque me trouuera? Ainſi ne ſera, reſpond le Seigneur: Mais qui te frappera ſera puny au ſeptuple. Cecy dict meit le ſigne en luy, affin que chaſcun qui le trouueroit ne le tuaſt. Seulement le prouide de la bonté supreſme, ſeulement le noble de la puiſſance eternelle, ſeulement le grand de la uoulenté diuine pouuoit trouuer linuention de la uie, & l'ordonner au monde. Soubdain que les uertus de ſa uertu luy donnerent uie, & ame, il print la cure de ſon cours, & la gardant des ſiniſtres des accidentz, uoire aux mauuais iuſques au temps de l'emende, la cõſerue. Et ce ſe ueit en Cain, qui bãny par l'erreur en la partie orientale de Edon, congneut ſa femme, laquelle conceut, & enfantaſt Enoch tiers homme deſpuis Adam, parquoy le monde, les terres, & les mers, & les citez commencoyent à ueoir les Princes de leurs Princes. Ia l'enfanté Enoch par l'occaſion du peché de ſon ayeul trouua ce, que naiſſant ſentit Cain & Abel, l'enfant iſſu du uẽtre maternel nud, à denoncer aux aultres, le miſere de la uie, auec plainct du marriſſement, & enueloupé aux liens, mercy de l'aultruy erreur, demõſtroit la ſeruitude d'eſtre né, receuant en don par le temps au iour de ſa natiuité, larmes, triſteſſes, ſanglotz, & ſouſpirs. Et croiſſant apres qu'il prenoit à boire, à manger, à parler, à aller ſans la diſcipline d'aultruy, & des qu'il ſe ſubmict aux maladies, à lambition, à la luxure, à l'auarice, & au grand deſir du uiure, ſe dõna à penſer du ſepulchre & de l'ame.

Cain edifia la Cité intituleé au nom de ſon filz Enoch

Enoch, la semence duquel procrea Hirad, duquel descẽdit Mamuel, qui puis engendra Mathusalem, producteur de Lamech mary de Ada, & de Sella, l'une qui engẽdra Iohel pere de ceulx qui habiterẽt aux pauillons, & des pasteurs. Et eut pour frere Tubal geniteur des chãtantz de l'harpe. & des orgues. Lautre feit Tubalcain excellent en la maistrise du erain, & du fer. La sœur de luy sappella Hoemia: Mais Lamech dist à la predicte Ada & Sella ses femmes, Oyez la uoix de uostre cõsort, & escoutez son parler, Pource que iay occis l'hõme de mes propres coups, & le ieune de mõ sang, par Cain nostre predecesseur, qui à mon mal prouffit le feit, sera dõneé la uẽgeãce de sept foys, mais par Lamech, qui pour ce doibt souffrir sept foys septante. Ha homme seul sans exemple, cruel entre tous les animaulx. Ilz ne espient point auec mort, ne auec supplice les semblables à leur espece. L'aigle ne offense l'aigle, ne le Lyon le Lyon, ne la Balaine la Balaine: mais uiuent paisiblement ensemble, & non l'homme: luy esmeu par l'effrene de la uoulenté, & par l'impetueux de la raige, & par la ferocité de l'orgueil occist non seulement l'homme, mais son plus prochain. Son dict entẽdit la femme, qui enfanta Seth, & le uoyant dist, Dieu glorieux m'a mis l'autre semence pour Abel estainct par la main crue du frere. Nasquist le filz Enos, la bontè duquel meue du profond de la ferueur commenca en toutes choses à inuoquer le Seigneur, de qui toute chose deriue. Ia la semẽce, qui produist le sexe raisonnable aux iardins des uaisseaulx humains, estoit multiplié sus le fertile de la terre

terre. Dont les filz de Dieu, esiouiz aux nouuelles
beaultez des filles des hommes, auec enflãmé desir
se ioingnoient auec celles, desquelles le prompt de la
fureur, qui tẽdremẽt tourne le delectable des yeulx,
auoit faict election. Parquoy Dieu dist auec soymes
mes, Mon esperit ne demeurera point eternellemẽt
auec l'homme de chair, mais ses iours serõt quatre
lustres & ung siecle. Entant les Geantz auec le deme
suré de leurs membres chaulchoient la face, l'esto=
mach, & le gyron de l'uniuerselle terre. la linsolence
des Briarees, & des Antées, & des Capanées hur=
loyẽt aux flãs de la moindre generatiõ, les Orianz,
les Eteons, les Horestes, les Neuies, les Gabaces, les
Pusiontz, les Secõdilles auec larrogant de l'orgueil
naturelle usurpoyent les facultez, les pudicitez, les
criz, les honneurs, & les uies d'aultruy, la foy pour
laquelle est la congregation des hõmes, l'habitation
des citez, la communaulté des gentz, & la seigneu=
rie des Roys, n'auoit iurisdictiõ aultre part, que au
nom. Parquoy la gent non congnoissant loy, ne pa=
che, uiuoit au continuel trauail de l'erreur: tellemẽt
que les personnes à la semblance du brutal des be=
stes, oubliantz le sacrement donné, en tendantz au
prouffit de tromperie, mẽtoyent auec la fraulde de
leurs tresmauuaises oeuures, à la semblance toutes=
foys desquelles ilz estoyent. Par laquelle chose Dieu
createur regardant le residu de telle militie, & de tel
le iniquité, auec la langue de la iustice, taisant celle
de la misericorde, dist, Doncques l'intention du
pensier, qui a racine aux cueurs, oubliantz les cele=
stes benefices, est seulemẽt desireuse du pire du mal:

Doncq

Doncques les dons de noz oyseaulx, de noz animaulx, de noz poissons, & de noz fruictz sont recongneuz de telle gratitude? Doncques la uoulenté de uoz ames se glorifiant du peché present, regarde auec loeil de chascun uice les opprobres des pechez futurs? Vrayement si en nous pouuoit naistre la corruption de la repentẽce, nous nous repentirions d'auoir faict l'homme, & nous doulons de nõ en pouuoir douloir. Toutesfois le paoureux de la iuste fureur, & le terrible de l'ire deue tumbe en la cyme de sa teste, & sus celle de ses uiuantz, car fureur, & ire se peult dire la rigueur de la iustice auec laquelle nous luy donnons les peynes aux coulpes. Au dire ainsi tourna loeil de pitié à la perfection de Noë, les merites duquel il preueit luy naissant son pere Lamech. Et pource dist il, Cestuy consolera les operations, & les fatigues de noz mains, & la terre mauldicte du Seigneur.

Noé parfaict & non seulemẽt iuste, plus chauld aux seruices de Dieu, que froid aux plaisirs du mõde, trouua tant de grace aupres de celluy, qui non seulemẽt luy auec Sem, Cam, & Iaphet, auec la femme, uase de sa semẽce, mais encores saulua auecques luy une couple des deux sexes en chascune sorte d'animaulx uolantz, nageantz, courantz, & serpentantz. Dieu luy dist, La fin de toute l'humaine generation est uenue deuant moy. Et pource que le monde est remply de toute iniquité, ie la depriseray du uisaige de sa face. Toy seul as merité salut, & de tes merites despend la saluation de tes parentz, & de tes animaulx. Parquoy designe l'arche, fabrique la

de

de bois applany, faiz y dedans les commoditez necessaires, oings la de cyment, pource que cest terre uisqueuse, dont le dedens & le dehors bien empegez ne se dessouldront par aucune uiolence. Troys centz piedz soit la mesure du long d'elle, cinquante le large, troys centz le hault. Tu y feras une fenestre, & reduisant sa haulteur en ung pied, feras que sa porte se monstre du costé de dessoubz. Ordonnes y refectoires à manger, & troys pacquetz en tout. Sus ce ie manderay l'eau pour noyer auec leur deluge toute chair, qui soubz le Ciel à esperit de uie, & ainsi se consumeront toutes choses, qui sont en terre, & auec toy en l'arche entrera mon pache. Apres pourchasse toy toute uiande, qui se peult manger, & porte la auec toy, & fays qu'elle past aux oyseaulx, aux iumentz, & aux reptiles comme à toy.

Ayāt Noé auec la simplicité de larchitecture, de laquelle les parolles de Dieu furent le modelle accomply l'edifice à luy enchargê, uoyci le Seigneur, qui luy dist, Entre auec toute ta maison en l'arche. Pource que ie concede telle grace au charitable, au iuste, au bon, & au parfaict de la uie de toy, qui obserues mon nom, mon pouuoir, & ma religion en ceste generation. Parquoy prens sept masles, & sept femelles en chascune espece des mundes animaulx, & des immūdes, deux de ceulx, qui creēt, & deux qui parturisent. Eslys oyseaulx du Ciel de l'ung & l'aultre sexe la plus grand somme de nōbre susdict, affin que sus l'uniuers de ta face terrestre la semence se garde, en memoire du piteux de mes compassions

ſions,& du treſbon de tes operations. Et ie, certes, le premier iour apres ſept, plouuray quarante iours, & aultretant de nuictz ſus la terre, deſtruiſant de ſa ſuperficie toute ſubſtance, que ie y ay faicte: & ce ſoit en exemple de l'autruy mal faire, & de ton faire bien. Aprennent les mortelz au peril de l'horrible de tel eſpouuentemẽt à ſe ſauluer, craignantz la punition du peché, & eſperantz la mercy du non pecher. Obeiſt Noe au diuin commandement. la les couples des oyſeaulx, & des animaulx, comme ſilz euſſent le ſens de la raiſon, eſmeuz du ſourcil de Dieu, entrerent en l'ouuert de larche. Et luy greué de la charge de cinq ſiecles, & de uingt luſtres, auec toute la race ſourtie du ſang de ſes os, enſemble auec ſa femme tendre, & doulce, ſe receut dedans l'eſpace de la nouuelle maiſon.

L'accompliſſement du terme preſcript, eſtoit en lan ſixcentieſme de ſa uie, au ſecond moys, du ſeptieſme iour, lobſcurité, & la nue humide exhalée de la terre, fumantes en leurs uapeurs, mõtant l'humide de leur air condenſé, dont ſe produiſent les eaux pluyãtes. Aſſemblées en l'obſcurité du legier amas des nues, commẽcerent à faire ſonner les toictz, entant auec le terrible du bruict, & auec l'horrible de leſpouuentement ſe rompirent toutes les fontaines de labiſme, auec leſpouuentable du reſonnement, & auec le ſtrident de la fureur ſe deſſerrerent toutes les cataractes du Ciel, le iour peinct de la couleur de la nuict, & la nuict uoylée de lobſcurité de lenfer, auoyent uif enſepuely le clair du Soleil, le reſplendant de la Lune, & le luyſant des eſtoilles, les tonnoirres, & esclairs rompantz, & fendantz le corps des fleuues, qui clouoyent uent & uapeur, enuoyoient en bas fouldres, & feu. Dont le uisaige du Ciel, & la face de la terre estoyent au poinct d'ung moment de lumiere & de tenebres. Les uentz rompues les prisons de leurs cauernes, & les chartres, qui les enchainent aux entrailles terrestres, auec grand fremissement de mugissementz arrachoyent les arbres, abatoyẽt les habitations, & esbranloyent les centres. Les Aquilons fremissoyent, murmuroyent les Ostres, grinssoyent les Eures, escryoient les Aphriques, crioyent les Notes, se marrissoyent les Austres, & gemissoyent les Borees. Cà cheoyent murs par les tremblementz, là se depiecoyent les sommitez par les fouldres, les tourbillõs & les procelles à gara, & non à asseure toy, se faisoient craindre & ueoir Les gresles auec poix demesurez & les neiges auec mõceaulx incredibles, se mesloyent auec les grãdes & infinies gouttes des caues. Eolus espouuentable monstre, auec les comes sonnantes, auec le front noir rompant, & submergeãt, faisoit engloutir la mer par force de la fortune, cõme morceaulx de la misere dautruy. Toute diuersité de bois, & de nauires, auec extreme lamentation du supplier des nauigantz, lesquelz cheuz au bras de la derniere desesperation, despendantz en uain les prieres, & les uœutz, & les larmes, entretenoyent la uie auec les tremblementz de la peur infuse en leur couraige par la lueur de lelement du feu, lequel tombãt souuent en bas, cõme tumbe la pluye faisoit trembler les elementz, & la nature, tellement, que les undes eston estonnees de leur froissement, auoyent terreur de la terreur delles mesmes. Les peuples habitantz en chascune part du monde, refuyantz aux sommitez des cymes, & aux cymes des sommitez, plaignoyẽt & plouroyent. Miserable spectacle estoit celluy, que faisoyent aucunes meres, lesquelles se uoyantz croistre leau sus la ceinture, & sus lestomach, soubleuantz auec les mains leurs petitz enfantz en hault, leur deffaillãt la uigueur des forces, les uoyoient suffoquer auec honte des mesmes yeulx. Se uoyoient les multitudes des gentz eschappez en la concauité de celluy & cestuy coustault, regardantz tousiours au croistre des eaues, qui se auoisinantz de à peu à peu à la bouche de leur reduict, se mectantz en fuitte sans attẽdre lũg lautre se pouruoioyent de nouueau eschappatoires. Qui tirãt dehors table, ou caisse se iectoit dessus, suyuantz non le cours, mais le souleuement des riuieres, que le desdain du Dieu iuste uersoit. Les citez se uuydoyent du peuple & des nobles, & auec uiandes, quilz pouoyent porter, saultoyent aux montaignes, & trouuantz uoultes, ou cauernes se retiroyent dedens, comme silz fussent seurs de la craincte de ceulx cy, & de ceulx là. Entant les eaues tousiours multipliantz emportoyent auec elles les tentes, & tabernacles de ceulx là & de ceulx cy. Les chiens, & les brebis auec le museau en hault, ne pouuant plus abayer, ny besler, leur defaillant l'alaine, alloyent en bas, se retirantz arriere les pasteurs, qui lassez de la naige abandonnoyent & les bras, & la uie. Espouuentable regard estoit à se remplir le uuide de chascun bourg, de chaſque chaſteau, de chaſcune uille, les caues,les ſales, les chambres deuenoyent chaulderons,conſerues, & receptacles du deluge pluyant, ſus le ſein de qui, & au giron duquel ſe galloyent les choſes qui ne craignent fondz.Les crys, les tumultes,les uoix plorables,piteuſes,& deſeſperees ſe ouyoient de tous couſtez. la leſpouſe, la ſœur, la mere, & le pere perdoit la main de la pitié de ſon ſang, dont luy deffaillant layde du mary, du frere, & des enfantz obeiſſoyent à la ſouueraine uolenté. Horrible cruaulté eſtoit à ueoir rencontrer au mylieú de la naige le ſauluaige des beſtes, & le domeſtique des hommes, leſquelz empeſchantz le trauailler du Lyon, ou du ſerpent, eſtoyent des Serpens & des Lyons deſſirez,& deuorez,dont la miſere leur redoublant calamité,leur compartiſſoit la uie,en donnant partie à la mort de leau, & partie à la mort des morſures,mais rien ne ſembloit le deperiſſement de l'humaine generation.Le fremiſſement,& le reſonnement, & la clameur eſtoit celle, auec laquelle eſcrioyẽt les Geãtz,qui,reduict le ſeur meſpriſer du plouuoir, à l'approcher de la craincte,enraigez auec eulx meſmes, laſſez de blaſphemer, deſcarteler, & de deſſirer, & de treſpercer, ores ceſtuy,ores celluy, ne mectantz plus cure à ſe procurer ſalut, enflez au ſuperbe de l'inſolente arrogance, demouroyent priſonniers des eaues, la puiſſance deſquelles ſembloit ſe delecter au ſubmerger des grandz corps, des grandz membres, de la grand chair,& des grandz os. Deplourable harmonye formoyent les oyſeaux tumbantz au ſein

ſein des undes. Douloureuſe paincture faiſoyent les Paons, & les aultres animaulx de plumes couloure͡e, aux ſuperficies aquatiques. Lhermoyable choſe eſtoit à ueoir une compaignie de tresbelles femmes tire͡es de l'impourueu des flotz liquides: leſquelles auec les treſſes deslyees, & auec les mains ſonantes, & les uoix criantes cerchantz de ſe ſauluer en periſſant diſparoiſſoyent, le deluger du Ciel ne pardonnant à ame uiuante, ſenclouiſt au uentre tout ſexe, tout ordre, tout eage. Sa uiolence emmena les cheuaulx, qui hanniſſantz, & ronflantz ſe ayderent en uain. Ia ſapprouchoit le terme des quarante iours, que debuoit durer la furie de plouuoir, lequel auec limpetuoſité de ſes tempeſtes eſpouenta la mer, feiſt trembler les montz, esbahiſt le Ciel, & concaſſa la Terre. Ia par les teſtes des Alpes, uagoye͂t les Tritons, & les Orches. Ia Olympe, Atlas, Pelion, & Oſſa, ſont nauiguez du monſtrueux des poiſſons de l'ocean. Ia toute choſe eſt mer. la pour eſtre les eaues plus haultes que l'haulteur des montz Apennins, le monde ne ſembloit plus monde, & deſormais il eſt pour faire la mer baiſer le Ciel, & ne ſe pouuoyent ueoir aultres perſonnes, ne aultres oyſeaulx, que ceulx là, qu'auec l'ayde de linduſtrie lon attacha, & meit on en l'arche, qui aſſalliz du froid demeuroyent ainſi accrouppiz, comme la paour, & la faim les auoit compoſez.

Apres que les eaues, qui paſſerent de quinze piedz la haulteur de toutes montaignes, ſe uerſantz en pluye acheuerent le nombre de leurs iours, &

des qu'elles estoyent deuenues sepulchre immense de toutes les generations des gentz, & des animaulx, & despuis qu'elles destruisirent toute chair respirante soufle de uie. Le miraculeux Dieu se souuenant de son familier Noé, de la femme, des enfantz, & de chasque raison d'animaulx, en ung tournoyer de sourcil, reserra les fontaines des Abysmes, & les catarattes du Ciel. Ostées les pluyes, & restituées les eaues en leurs premiers lieux, manda l'esperit de sa uolenté sus la terre. Par laquelle grace, passez les cent quarante iours, le remeslement des humeurs doulces, & salées commencerẽt à descroistre, dont l'arche s'arresta sus les montz de Armenie au septiesme moys, & au uingtsixiesme iour. Et le premier du dixiesme apparurent les poinctes des mõtaignes. Et diminuissantz les eaues continuellement, apres quarante iours Noé ouurist la fenestre, & laissa aller hors le Corbeau, & ne retournant arriere, expedia la Columbe, laquelle, estant encor la terre inundée, pour non trouuer ou se reposer, reuint à luy, & luy la main estendue la reprint, & la remeit dedens. Passez aultres sept iours, la licentia de nouueau. Et pource qu'elle retourna auec ung rameau d'oliue uert en la bouche, remplist chascun de liesse inenarrable, dont le uenerable uieillart ietta dehors de la bouche telles paroles, Seigneur quand sera, que le peché pour lequel estre cheuz tant de peuples, sont tombez soubz le fleau de ton deluge, aura à me contaminer auec les esguillons de ses espiementz le ferme du cueur, & le immobile de la pensée, & si la

fragi

fragilité de moy, qui eſtant terre par ta bonté reſpire, & uit, ſe doibt laiſſer cõmouoir des chatouillementz du monde: reouure les catarattes du Ciel, deſſerre les fontaines des Abyſmes, & me donne en proye au deuoremẽt des gueulles de leurs eaues. Oultre ce ſi mon iniquité meſcongnoiſſante du benefice, que ie recoy, doibt uſer ingratitude en l'ame, auec laquelle ie te regarde, fais moy uaiſſeau de ceſte Arche, qui menclot. Bien ſcais tu, qui treſperces aut profond des ſecretz, que ie congnoy, que ceſt grace, que tu me fais, m'auoir ſeul auec ma compaignie, mes enfantz ſaulué entre toute l'humaine generation. Et ſi la uie de mille uies, & le bien faire de mille bons, auec le merite de mille merites, ne pourroit en mille miliers de ſiecles payer en partie tel don, comment puis ie ſatisfaire à la courtoyſie de mon Createur, qui m'a eſleu pour pere de toutes les gentz uniuerſelles?

La nuict, les umbres de laquelle ſuyuirent les reſplendiſſementz du iour preſcript au ſourtir de l'arche, Dieu conſola le ſommeil de luy en luy monſtrant en ſonge les honneurs & les graces de ſes ſucceſſeurs. Luy apres les aultres ueit Moyſe de la lignée de Leui en l'eage de trois moys dens une caiſſette de ioncz empegez ietté au cours du fleuue. Il le ueit nourrir par la fille de Pharaon. Il luy ueit tuer l'Egyptien. Il le ueit fuir pour cela. Il le ueit paſteur en la montaigne Horeb. Il le ueit parler à Dieu à luy apparu en my le buiſſon auec le uiſaige de flammes uiues. Il le ueit deſchaulcer, conſacrant le lieu ſainct qu'il fouloit auec les piedz.

Il ouyt luy estre dict par la uoix de Dieu, d'Abraam, d'Israel, & de Iacob, La clameur des enfantz d'Israel oppressez en Egypte est uenue à moy, pource conduis toy auec ton frere Aaron en la presence du Roy luy disant: Le Dieu des Hebrieux me faict te dire, que tu laisses en liberté son peuple, sinon qu'il te frappera auec la terreur de ses merueilles, & pour tesmoing il ueit, luy ayant respondu Moyses, Ie ne seray creu, luy estre iectée en terre la uerge conuertie en Serpẽt, mais soubdain qu'il la reprint par lextremité, retourner celle. Luy ueit tirer du sein la main lepreuse blanche cõme neige, & la ueit retourner semblable à l'autre chair. Veit les eaues du fleuue faictes du sang. Luy par don de Dieu apperceut, apres l'endurciment du cueur de Pharaon, la multitude des grenoilles, ueit au battre de la uerge en terre les nues des Guespes, molestie tresobstinée aux hommes, & aux animaulx seigneuriez d'elles. Veit limportunité des mousches occupantes le Royal de ses maisons. Il luy ueit abattre par la pestilence, les seruiteurs, & les troupeaulx. Il luy ueit espandre la pouldre en lair. Et de telle deriuer les uessies enflées. Veit fuir l'autorité de sa presence par tous les nygromantz Royaulx. Veit monstrant Dieu sa force au signe d'ung tel homme, luy estendre la main au Ciel, & en tirer en ruine des aduersaires, les pluyes meslées auec le demesuré de la gresle, dont pluyant eau & feu perissoyent toutes choses des champs, froisser les arbres, cheoir les personnes, & les bestes priuilegiant

le pa

le pays Iessen. ne luy feut cachée la confusion des locustes, ne les tenebres palpables, la mortalité des premiernez, & autãt des animaulx, que des corps humains. Le songe luy monstra la religion de la pasque sacrée à la memoyre de la deliuration d'Israel, la gent du quel Dieu tirast de l'affliction, la reduisant en la terre fluente laict, & miel. Troys & quatre foys se secouyt le pere Noe, cependant que attraict au profond du sommeil il uoyoit l'ange celeste guider le grand exercite des Israelites. Et bien debuoit craindre au bruict des armes, au son des trompettes, aux fremissementz des cheuaulx, & au cry des bandes, luy recueilly en soymesmes, ayant cloz les yeulx du frõt, & ouuertes les lumieres de la pensée, ueit, soufflant le entier de la nuict uent tres ardẽt, se dessecher tout le liquide de la mer rouge. Et regardant le Seigneur auec la columne de feu, & la nuée sus eulx, ueit passer son peuple par le grand sein, diuisant Moyse les undes des undes, qui en guyse de mur se resouldoyẽt au passer des tourbes aduentureuses. Sus ce les squadres de la militie ennemye leur uenant apres, conduicte par l'aueuglement de la fureur, & de l'ire au milieu du miracle de Dieu, se attendrissant le mol, retournantz les eauues salees en leur premier estat, ouyst, & ueit les crys, & le miserable des Ducz, des Capitaines, & des Cheualliers enuironnez du penetrant des undes, hannissoyent les destriers, escryoient les souldars, se froissoient les piques, se desiroient les enseignes. Et le bruict des chariotz, & des eaues, que s'engorgoyent au canal de leurs gueules, alloient estaingnãtz le son des uoyx de ceulx, qui se noyoiẽt en la maniere, que se estaingnent non les rumeurs par la puissance du silence, mais les lamentz entrerompuz des mains, qui estranglent aultruy. Il asseura la paour de l'esperit soubdain, quil ueit Pharaõ submergé auec la durté de l'indignation, & auec la pertinacité de la fureur, oyãt apres les legitimes filz d'Israel, qui entonnoyent la louenge, l'honneur, & la gloire du Seigneur auec les notes du nouueau cãtique, l'harmonie duquel forma ses accentz. Chãtons Dieu auec les paroles du cueur, & auec les dictz de lame. Soit ton nom sanctifié en nostre uictoire, le robuste de la main de ta puissance uoulenté a submergé les cheuaulx, & les cheualliers, pour ce que toy seul es nostre force, & nostre louenge. Et ce as tu faict au salut de nous, qui adorons, & te benissons Seigneur omnipotent en paroles, & en œuures. Voicy les enseignes, les princes, & les armes de Pharaon en uertu de ta bonté sont esté engloutiz du deuorement des abysmes, la dextre tienne magnifiant la multitude de la propre gloire a frappé les poictrines, & les frontz de nous aduersaires. Cepẽdãt que le sommeil luy feit ouyr l'hymne susdict courut auec les yeulx à la pierre de Horeb, laquelle touchée de la uerge sacrée de Moyse respãdist hors les eaues claires, & uiuantes, & diffuses en plusieurs ruysseaulx estaingnit le sec de la soif uniuerselle du peuple murmurant, lequel surprins de la chierté du boyre, craingnant de non perir pour tel cas en l'horreur de la solitude, demãdoyent si en Egypte estoient sepulchre pour les enclorre. Apres ouyr ouyt la uoix de Dieu disant à son tant domestique familier : Ie uiendray à toy en l'obscurité des nues, affin que ouyant le peuple comme ie te parle, il te puist croyre perpetuellement. Ouyst encores luy estre commãdé, quil s'en allast aux tourbes, & luy sanctifiant le present iour, ordonnast que le iour apres nul ne touchast la montaigne, ne la montast, sus peine d'estre trespercez de sagettes, ou abatuz auec des pierres. Ouyst en l'aurore de la matinée establie le murmurer tresioyeulx du ciel, auec l'union duquel s'accordoit le resonnant d'ung son de claire trompette. Les lueurs de la diuine maiesté esclairoient les splendeurs de sa deité auec lumiere non iamais imaginée, & non encores soufferte. Et cependant que la multitude retirée en leurs loges tremblant craingnoit, uoycy la poictrine, le dos, le front, & le chief du sacrosainct mõt couuert d'une grande nue d'or pur. Il reluysoit auec aultre apparat, cõme les logis, qu'on orne auec le superbe de la pompe pour la uenue des roys. Ne se mouuoit aulcun poinct de minute, ne de moment, qui n'espandist l'air de miracles, & de estõnementz. Noé ueit, & sentit auec la grace de la prophetique diuinatiõ le grãd Sinay fumer de odeur cõdensée. Veit dens la clarté des fumées au purifié du feu diuĩ, l'immẽse clarté du Seigneur, dont le mõt deuenu terrible reiettoit en arrier les lumieres du cerne qu'en le songeãt urayemẽt il apperceuoit : mais uoicy trois tonnoirres, uoicy ung theatre de lampes, & de lucernes ardentes, uoicy au cẽtre des lucernes, & des lãpes soubstenues par l'inuisible des anges, le sainct des

des sainctz, le Seigneur parle en langaige de Dieu. Respond Moyse en langue d'hõme plus que homme. Entant de doigt du createur a escript aux deux tables tallées de la main de Moyse auec fourbye diligence : Adore Dieu seul, Ne le ramente en uain, Sanctifie le Sabbat, Honnore le pere & la mere, Ne commectz adultere, Ne fornique, Ne rends faulx tesmoingnage, Ne occis, Ne roube, & ayme le prochain.

Noé, comme s'il fut ung des circonstans, estonné du murmure, du fouldroyer, du son du uerbe diuin, trẽbloit, cõme trembloyẽt les peuples, lesquelz pour nõ estre le mortel de noz oreilles capable à recepuoir les accẽtz siens, dirẽt à Moyse, Parle nous toy, & se taise dieu, affin que ne mouriõs. Ayãt ouy leur estre respõdu, ne uous estõne la paour, pource que le Seigneur uous faict prouuer sa terreur, affin que ne pechiez, le ueit descẽdre de la haultesse auec le frõt cornu de raiz. Dõt il fallut parlãt à la cõgregatiõ quil se uoylast le descouuert de la face. Il ueit Aaron rompre la figure du ueau composé des ornementz dor, qui pendoient des oreilles des femmes, des filz, & des filles Hebrées. Et ouyst escrier par le peuple, qui l'adoroit, Ceulx cy sont, ô Israel, les Dieux, q nous ont tiré d'Egypte. Veit les deux trompettes d'argent à luy commandées de Dieu. Veit le feu auec lequel le ciel brusla la moytie de l'exercite meu de l'incredulité. Ouyst les prieres de Moyse, qui uaincu de la pitie des siens, ora pour la commune deliurance. Ouyst les paroles du pache. Il ouyt luy estre de Dieu demandées les primicies,

cest

cestassauoir, Or, Argẽt, Erain, Iacynthe, Drap taict deux foys en uermeil, Lin subtil, Pourpre, peaulx de Chieure, & de Mouton, rosées, Boys incorruptibles, Huyles purs pour les lampes, Vnguentz odorantz, Pierres Onychines, & Perles. Ouyst Aaron estre constitué Prebstre pour le Seigneur, & luy or donner le manteau sacré du tresgrand Pontife, le candelabre auec les sept lucernes, la richesse du Tabernacle, & sa mirable forme, la mode de sacrifier, la qualité des Hosties, & la mesure de l'Autel. Et apres ses aultres operations ueit Iosué filz de Nun, ministre de Moyse, auquel il courut auec l'iterieur des yeulx, & l'apperceut autour de Hierico enuirõné de l'Arche du pache portée par les prebstres derrier les sept trompettes, l'immense rumeur de ces cris, qui, abbatuz les murs en terre par le uouloir de Dieu, leur donnerent la cité en proye, dont Chor, par le feu des tresors consacrez à Dieu, apres la restitutiõ de la robbe, des Sicles, & la uerge d'or, fut lapidé de toutes les mains d'Israel. Il ueit Iosué compartir les regiõs aux Tribuz, ouyst le nom du Roy de Hierico, de Hai, de Hierusalem, de Ebron, de Iheremoth, de Lachis, de Eglõ, de Cazer, de Dabir, de Gades, de Herma, de Hereth, de Lebna, de Ofer, de Affech, de Sarõ, de Afer, de Madan, de Semeron, de Acsaph, de Tenach, de Machedo, de Cides, de Sachamẽ, de Dor, & de Galgal. Et celluy, q ainsi dormant le remplist de terrible merueille, fut nõ le perdre au milieu de ses hommes plus fortz, & plus fameux: mais au conspect des exercites, apres la tempeste des pierres pluyes du ciel sus le chef

chef des Ammorrées, tournez les yeulx en hault, ouyſt luy dire au Soleil,& à la Lune,

O' publiques lumieres du grãd monde, O' principes des lumieres du ciel, O' torches de la maiſon de Dieu, la uertu du Seigneur puiſſant, & omnipotent laſſus, & cà bas face tellement, que ie uous arreſte auec la parole, qui dict, que ne mouuez contre Agabon, ne enuers Agabon, ne uous mouuez oeil du iour, & miroir de la nuict, iuſques que noz aduerſaires ayent donné les ſangz aux eſpées, la chair à la terre, & l'ame aux abyſmes. Ne uous ſemble ſuperbe que ie uous die cecy, pource que mon commandement n'eſt de haultaineté, mais priere de fiance, & ung exemple de ceulx, que peuuent les ſeruiteurs de Dieu, aux operations qui ſuent en ſes honneurs, & en ſes gloires. Oultre ce, le Seigneur crea lung & laultre pour les commoditez des generations de luy. Pource debuez uous accomplir mõ uoeu. Retint Apollo le frain, & la ſoeur le cours, à la fin des paroles formées auec la langue de la ferueur, & auec la certaineté de l'eſperance, les cheuaulx ardentz chaſſez par l'accouſtumé ſentier arreſtez ſus les piedz de derrier, haulſantz ceulx de deuant s'arreſterent en geſte de merueille, dont le temps ſe uoyant entrerompu le pas, ſe aſſeit tenãt à la dextre la Primeuere, & l'Eſté, & à la ſeneſtre, l'Automne, & l'Hyuer. Et comme ſil fut deuenu rien, le terme à luy aſsigné demeura comme umbre uaine. Et la Nature prouuant choſes non prouuées, eſtõnée reſſuyãt en ſoymeſmes regardoit, & taiſoit. Les ſignes arreſté le tournoyer de leur cer-

cle,

cle, esmerueillez du nouueau cas, auoient le mesme esbahissement de larrest des estoilles errantes, que elles, qui souloiẽt errer, auoyent deulx, qui se tournoyent par le Zodiaque.

Ne fut cachée à Noé en la felicité du sommeil la terre de promission consignée par Iosué à ceulx, qui tant & tant d'ans, non sans l'insupportable des fatigues, en auoyent attendu la possession de generation en generation. Ne luy fut celê le lyon escartelé par Samson, ne le rayon du miel tiré de la bouche, en laquelle le Seigneur enuoya les mousches à miel. Il ouyst la question proposée aux cinquante ieunes du banquet de ses nopces. Ouyst encor le enigme, qui sonna, Du mangeant est sourtie la uiãde, & du fort la doulceur. Apperceut l'espouse, quil print en Thonata, laquelle auec les coniurementz des lamentations, & des propres supplications de l'astuce feminine, luy ayant tiré le secret du cueur, le reuela à ses Citoyens. Il le ueit esprins d'ung sainct desdaing prendre les troys centz renardz, & lyées ensemble auec les boys secz au dos, les chasser aux dõmaiges des bledz & des uignes Philistines. Il le ueit auec la machouere à luy monstrée par l'esperit du Seigneur, faire cheoir mille hommes ennemys. Et ne luy feut defendu de ueoir de ladicte chose sourtir leau, dont Samson occit la soif, qui l'affligeoit auec toutes les molesties de son ardeur, & despuis le lier par aultruy, se deslier de soy. Il luy ueit poser le chef au giron de la putain, l'amour de laquelle pour pouuoir plus que ses forces, dormant l'homme constrainct, luy rasa la co-

me

me fatale. Dont estainct aux lacz de qui le persecutoit, ayant laissée la ferocité de la ualeur au tailler des cheueulx, luy arracherent les yeulx du front. En fin il les ueit croistre en grandz poilz, inuoquãt Dieu en mode de tonnoirre, & de fouldre froisser les colõnes soustenantz le grand toict, soubz l'espace duquel faisoiẽt feste troys milliers de personnes, qui perirent en son peril, & mourantz en sa mort feirent foy de la puissance de celluy qui peult tout.

Encores que Noé au songe diuin creut le uray, & bien quil ne s'apperceut de dormir, luy estant aduis urayement ueiller, ne peult estre, que auec le couraige il ne demandast grace au Seigneur, que telle chose durast assez, pource que en ce son ame se consoloit. En tant à luy se presenta Dauid garson Hebreu. Il le ueit mettre la pierre ronde au poing de la fonde, & l'ayant tournoyée troys foys autour de la teste, la laisser auec tout le ualide des forces renforcees par le trespuissant Dieu, dont la pierre, qui uolante attaingnit au front audacieux de Goliath, le trebuchant mort en terre, feit haulser le crys des louantz le Seigneur iusques aux estoilles. Il ouyst à luy uenir au deuant auec son de liesse la multitude des femmes de toutes les citez d'Israel, chanter en uoix de iubilation, Saul a tué mille, & Dauid dix mille. Dont lenuye de si grand gloire, troublant le cueur du Roy, l'esmeut à luy ietter la lance, qui passa le mur. Veit le parfaict homme fuyr en la cauerne Odolle auec le coulteau du Philistin occis par son coup, baillé à luy par le prebstre Achimelech. Il le ueit sauluer la liberté à

Ceila

Ceila auec mortalité des Philiſtins. Il le ueit coniuré de courage auec Ionatha, & par ce euiter pluſieursfoys les mains de Saul. Il le ueit auec Abiſai entrer aux heures nocturnes au pauillon de l'ennemy. Et ſans aultrement offenſer le Chriſt du Seigneur, en ſigne de ſa bonté emporter la lance, & le uaſe d'eau qui eſtoient au couſté du chef du Roy. Il le ueit au torrent de Beſor regaigner la proye faicte en Sicilech auec la copie des femmes, auec les filz, auec les filles, & auec toute la faculté cõmune. Veit Saul, lequel cheu en leſpouuentement, mercy de non luy auoir le Seigneur reſpondu en ſonge, ne par prebſtres, ne par prophetes, trouuée la femme de l'eſperit Pythonique, feit auec la puiſsãce de ſon art luy apparoiſtre Samuel reſtrainct au manteau accouſtumé. Et entendu de ſa uerité comme Dieu ſe eſtoit parti de luy, le iour ſuyuant ſe paſſa ſoymeſmes auec le propre fer. Et ce luy aduint pour auoir preuariqué en la uictoire de Amalec la cité, luy ſauluant aultres contre la uolenté du Seigneur, uoulut que ſa pitié ſurmontaſt la iuſtice de Dieu.

Veit Noé pere des peres de tous les ayeulx des ayeulx entrer Dauid en la roche de Sion Cité appellée de luy. Veit les maiſtres à luy enuoyez par Hiran roy de Tyr. Veit pour la fabrique de ſa maiſon, les boys, & les pierres, auec les artifices de ceulx cy, & de ceulx lá. Il luy ueit auec les grandes tourbes tirer l'Arche de Dieu de la maiſon de Aminadab, auec l'heureux des trompettes, des phifres, des cymbales, & des harpes, la conſacrant en la maiſon

du Gethée. Il le ueit frapper les Philistins. Il le ueit
triumpher du Roy Roob sus le fleuue Eufrates. Il
luy ueit porter les armes d'or, que les seruiteurs
de Adadezer auoyent, en Hierusalem. Il le ueit, à
ueoir luy Bersabée se lauer l'or de ses cheueulx,
s'enflammer d'elle. Veit Vrie Ethée mary à celle
estre occy par telle amour. Ouyt les menaces à luy
faictes par Nathan de la part de Dieu. Le Seigneur
luy dist par la bouche du prophete, Pour auoir toy
peché, uoicy, que ie susciteray sus toy le mal. Ie don
neray tes femmes à ton prochain, affin quil couche
auec elles en la presence de cestuy soleil. En somme
il luy ueit escrier le filz mort, conceu, & enfanté de
celle, que tant il ayma. Apres se tourna en là, uoyãt
Amon premierné de Dauid uioler Thamar sa
sœur, louant elle, qui luy disoit, oultre quil n'est li
cite aux filles d'Israel de ce faire, ie ne pourroye souf
frir si grand uergoigne, & plus loua son dire à son
frere (qui plus l'haist apres la faulte, quil ne l'ayma
premieremẽt) se uoyant par le seruiteur ietter hors
de la chambre, Plus grand est le mal, qui me chasse,
que celluy, qui me força. Sembla quil despleut au
souuerain uieillard de ueoir le coulteau du cõman
demẽt de Absalom en la poictrine de Amon, pour
ce que le sang de l'humaine progenie est cõsacré de
Dieu. Et possible encores le attendrit le doulx de
ses propres enfantz, oyant le fremissement du pere,
qui se cõsumoit pour si dur accidẽt. A' ueoir Achitophel en la coniuration auec Absalom rebelle con
tre son geniteur, lermoya entrant luy en Hierusalẽ.
Il luy doulut, que Semei filz de Gera parẽt de Saul
maul dist

mauldiſt, en luy tirãt pierres derrier Dauid nõ ſeulement roy, mais homme non moins ſeruiteur de Dieu, que Moyſe, louant le modeſte de ſa prouidence, les diſcretions de qui ne comporterent, que les forces de ſa famille le puniſſent, mais ce pendãt, que l'inique, qui du mont luy reſpãdoit deſſus la pouldre, diſoit, Laiſſez le en ſa maledicence, car à ce faire il eſt poſsible prouocqué de Dieu. ſubioingnant, Si celluy qui eſt engendré de moy cerche mon ame, quel miracle eſt il ſi ung né d'homme Iſraelitique meſdit de Dauid? Loua le Seigneur Noé, quand il ueit pẽdre Achitophel auec l'iniure de ſes propres mains. Pleura au plaindre de Abſalõ reſté aux brãches du cheſne de la foreſt Ephraim. Il ſentoit le treſ percement du dueil paternel, le uoyant ſe eſſayer auec les mains de laict & de oſtre, à diſſouldre le noud de ſes cheueulx longz & blondes, le detorſement des tresbeaulx membres du iouuenceau luy repreſentoyent ce, que pourroit entreuenir à Cam, Sem, & Iapheth, les doulceurs de ſes lamentations, & l'humilité de ſes prieres ne pouuoiẽt eſtre eſcoutées par luy. Et ne ſe peult retenir de crier helas, ouyant Dauid, qui, apres luy eſtre dict, Ioab a treſpercé le tendre de la poictrine de Abſalom, & la occis, diſt en uoix de douleur, Abſalom mõ filz, mon filz Abſalom, qui me donnera que ie meure pour toy? Vraiement ou uit on, & meurt on en la uie, & en la mort des enfantz. Toutes les uoyes des entrailles, tous les ſentiers du cueur, tous les traiectz du couraige ſont cogneuz à la hayne. Son uenin penetre en toute interieurité, & autre choſe ne luy peut

 aduenir

aduenir, que le mur des poictrines paternelles. Soit cruelle, ſoit dure, ſoit inhumaine autãt cruellemẽt, durement & inhumainemẽt que peult eſtre l'œuure de qui naiſt de nous, que non ſeulement nous entre au penſier de la uengeance, mais nous nous faiſons ennemys auec propres deſirs de nous uenger, au cas que le penſions.

Noé luy ouiſt dire en prenant le uaſe plain d'eau de la ciſterne, qui eſtoit dens la porte de Bethlehem, que l'intrepide de troys ſiens hõmes tresfortz luy baillerẽt, Le Seigneur me ſoit propice, iamais ne la beuroys: mais la luy ſacrifie. Noé uaincu du ſalutaire ſon de ſon pſalmodier, laiſſa à part l'admiration du Temple, logis grand de Dieu grand, commencé par luy, & acheué par qui luy ſucceda. Et trẽbla en perſonne de Dauid, quand, apres le ſuperbe de l'ambition, qui luy feit deſirer le nombre des gẽtz dominé par luy, la ſomme duquel regiſtra Ioab empereur de ſes exercites. Il esleut des troys partiz, que Adgad prophete luy propoſa en lieu du Seigneur, le fleau de la peſtilence, pource quil y a plus miſericorde en la iuſtice de Dieu, que uie au coulteau des hommes, & que diſcretion en la chierté de la faim.

Luy ſuccedant le filz Salomon ueit en luy, & à l'obeiſſãce de luy eſtre deſdié tout ſens, toute gẽt, & toute richeſſe. Il le ueit admirer du monde, & celebrer des peuples. Veit les dons à luy offertz par la royne Saba, laquelle eſtõnée de ſa ſciẽce & de ſa magnificẽce, iugea biẽ heureux les ſeruiteurs, qui iouiſſoient de ſa haulte preſence. Veit les tables, les uaſes, les colõnes, les ornemẽtz, & les merueilles deſdiées par

par l'extreme de ses tresors, au palaix sacré dressé au Dieu des dieux. Mais esbahy en l'insolēce du p̄uariquer, q inclina l'hōme, qui fut l'esperit de l'intelligence. Et ne se pouuoit desirer de scauoir plus que ce que luy (bōté du Seigneur) sceut, ne plus posseder, quil possēda, ne cōmander, quil cōmanda, à l'adoremēt des Idoles, tourna les yeulx à Helie Thesbite, qui loing du cōspect de cinquāte hōmes des filz des prophetes, passe les eaues du Iordain essuyé, parloit ensemble auec Helisee, la fiance duquel demādoit au uieillard son esperit redoublé. Parquoy il luy respōdist, Tu demādes chose de nō demāder, pource que la difficulté de ce se cōioinct quasi auec l'impossiblé. Toutesfoys si estāt porté d'auec toy tu me uoys, ton uœu sera accōply: mais ne me uoyāt tu ne obtiēdras cela. Il auoit dict quād une bruyante lozange, & ung legier contournement de roues, meues de la uistesse inusitée, uint entre eulx, dont ung chariot de feu tiré par cheuaulx de flāme les diuisant auec ung momēt de uēt, porta Helie au ciel, & fichant Helisee les yeulx leuez en hault en la lumiere de telle lueur, crya, O' pere mien, ò pere chariot d'Israel, & son charretier. & plus ne le ueit, mais prenāt ses robes les reduisant en deux partz, & recuilly le māteau, qui luy estoit cheu, retournāt à la riue du fleuue Iordain, & touchant les undes auec icelluy, ne se diuiserēt, & luy disant, Ou est maintenant le Dieu de Helie: luy dōnerēt le passage. Pource les filz des prophetes dirēt, L'esperit de tel hōme est demeuré sus Helisee. Et luy estātz uenuz alencōtre iectez en terre subioingnirēt, Voicy que tes seruiteurs

uiteurs, qui sont en nõbre cinquãte ualeureux cercherõt le tien Seigneur, ietté peult estre, de la uoulẽté de Dieu au sommet de quelque montaigne, ou au sein de quelque uallée. Et luy apres nõ auoir cõsentu, quilz se meissent à le cercher, & ce luy estant concedé, eut cher quilz louassent le conseil, auec la prouidence duquel il leur predict quil ne seroit.

Veit Helisee, qui feit les miracles des uaisseaulx de l'huile au proufit de la uefue, qui debuoit les filz aux crediteurs. Il le ueit predire l'enfantemẽt de la citoiẽne de Suna. Il le ueit gisant sus l'enfant mort cõioinct yeulx, bouche, mains, & corps du estainct, & le reschaulfer, & luy rendre le soufle de uie. Il le ueit pour faire lauer Naaman duc de la cheualerie du roy de Syrie, sept foys au Iordain, luy rẽdre santé de la lepre. Et apres auoir faict oingdre en Roy Hyeri, ueit l'homme de Balsalisse luy apporter les pains des prouinces, & uinct d'orge, auec le fromẽt au sacchet, & en dõner au peuple, qui en mãgea. Il le ueit au sepulchre auec la mort de ses os retourner en uie le corps dung hõme estainct, mys aupres de celluy du prophete de Dieu. Il le ueit dresser en piedz, & aller. Veit apres Raphael eschapper Thobie de prison. Veit ses nopces, & uoulãt faire le don des choses enuoyées au messagier du Seigneur, ouyst luy estre respõdu, Benissez le Dieu du ciel, pour ce, que l'oraison est meilleure que le ieusne, & plus utile chose l'aulmosne, que les tresors: lune pourchasse la beatitude, & laultre garde de la mort, elle purge les pechez, & enseigne la uoye de l'eternelle uie. Il le ueit espouuenter pour luy dire, Ie suis ung des

des ſept anges,qui demeurẽt deuant le conſpect du Dieu admirable.Il le ueit aſſeurer, & diſparoiſtre.

Voicy ql ueit Iudith, il la ueit ſe ueſtir ſes draps d'alegreſſe, elle ſe orne les doigtz auec le pris des aneaulx,au cercle deſquelz les Rubiz, les Eſmeraudes, & les Diamãtz ſont quaſi yeulx de l'or. De ſes oreilles pendent la marguerite , & l'union. Sa teſte reſplẽdiſt nõ moins au luyſant de ſes treſſes,que en la blãcheur des perles,& pierres, qui luy ſont gharlãde.Elle ſe eſtãt accouſtrée aux iãbes, & aux piedz les ornemẽtz des piedz,& des iãbes, ſouſtenoit l'arrachemẽt de la uie auec aptitude treſdextre, & deposée la melãcolie,& l'obſcurité de la uiduité,reembellie de Dieu,& armée de ſa grace,le nom du Seigneur luy faiſant guyde,auec une ſeruãte ſeule, cõduicte la ſolẽnité de ſa perſonne deuãt Holofernes, inſtruicte du prouide du Seigneur eternel,adora le prince de la militie de Nabuchodonoſor , aſſys ſus le grãd tapis de pourpre tiſſu d'or,& de ioyaulx.Et ſoubleuée en hault par le ſigne de tel duc,fut recuillie en ſon amour, & remiſe au treſor copieux des treſors, mais ayãt impetré de pouuoir ſourtir au ſilence de la nuict pour aorer ſon Dieu par troys nuictz,alloit & uenoit ſans lautruy ſuſpiciõ. Entãt Vagao eunuche l'introduict au cõuys.Pource que Holophernes enflãmé de la cõcupiſcẽce ſe ſentoit cõſommer du deſir des embraſſementz d'elle . Et elle s'en apperceuãt,luy promettãt d'entrer uers luy, le rẽplit tellemẽt de plaiſir,de uin , que reſtée ſeule en la chãbre auec luy,l'ayãt ueu cheoir au profond du ſommeil, auec la propre eſpée , aydée de la ualeur celeſte,qui luy eſmeut le bras, luy auoir taillé le col en deux coups,s'en ſourtiſt hors auec teſmoingnage du teſchio horrible. Tout ce que i'ay dict,ueit Noé,& ne luy feut caché le triumphe, la ioye, & le chãt de toutes les citez, exaltantz la magnitude de la femme de Dieu,deliurereſſe de ſes peuples.

La ueue de Noé courut à Sidrac,Miſac, & Abdenago,leſquelz pour nõ ſe uouloir ĩcliner à la ſtatue d'or de ſoixante piedz, que à ſon image auoit faict tailler le roy de Naſor, furẽt iettez dens la fornaiſe pleine de feu,& de flãmes. Il ueit, que nõ aultremẽt,que ſi l'ardẽt des charbõs allumez fut ſouſfle,aure,& uẽt, offenſa les enfantz intrepides, mais bien rendãtz graces au Seigneur ſentoyẽt une ioye nõ iamais ſentue. Par ledict ſonge luy fut monſtré Aman, qui auãt que Heſter pour ſalut de tous les Hebreux le feiſt pẽdre aux boys, que la peruerſité de ſon inſolẽce feit dreſſer pour la mort du parent, mena Mardochée ſucceſſeur de la faueur de luy, ſur le cheual du roy auec la corõne, & auec l'habit de Aſſuerus criãt par la cité: Ainſi ſera hõnoré quiconque ſa Maieſté uouldra hõnorer. Il ſe eſtõna de ueoir là Iob Idumée, eſpouuẽtant auec la ſouffrãce des maulx cõiurez à luy treſpercer le uif de la chair & de ſes os. Veit la fortitude de ſon couraige patient. Veit le treſmauluais des malices de Satã mocqué, bien quil le prouoca à mauldire le iour de ſa naiſſãce,luy eſtãt du Seigneur reſtitué,plus beaulx filz,plus ample richeſſe,plus hault ſcauoir, plus trãquille penſée, & plus lõgue uie, dont ſes amys Eliphaz,Baldad,& Sopha,leſquelz eſmeuz de la com

punction

punction de la societé, leurs habitz dessirez, iettée la pouldre sus leur teste au Ciel, se partirent de luy confuz, & consolez. Mais ayant mis seulement l'oeil au miracle, q tira Ionas du poisson, & Daniel du lac des Lyons, & Susanne de la calumnie, ayant non seulement ueu & distinctement, desordinément tout geste d'armes, tout acte de religion, & tout effect d'incredulité, mais ouy iusques à ce, que en langue humaine parla l'Asnesse de Balaan, transcourant auec la ueue toutes les batailles des Machabées, assignées auec gloire du grand Iuda, ficha l'attention des oreilles aux crys des Prophetes, le preuoir desquelz annoncoit la uenue du Messias.

Le cueur de Noê enflammé aux choses appareillées du Seigneur, luy resonnant en la pensée les parolles de Iob, lequel prophetizant la resurrection des mortz dist, Ie scay que mon redempteur uit, & au dernier iour ressusciteray de la terre, & enuyronné en la peau, & en la chair propre uerray Dieu, & ie seul le uerray, & le fruict de telle esperance ie remetz au sein. subioignant, Ie uiendray à Iesus Naué, dont non seulement en figure, mais encores en nom nous monstra Christ: attendist auec lumieres de l'esprit, qui ne dormoit, aux paroles des Prophetes, tellemẽt qu'il ouyst d'Isaye, Iẽuoye l'agneau de la pierre du desert au mont de la fille de Sion. Il comprist au naufraige de Ionas la passion de l'unigenite de Dieu. Voit Micheas qui annonce la destruction du filz du larrõ. Veit Naum, qui reprẽd la cité des sangs, & au suyure de sa ruyne ouyst luy estre dict, Voicy, que sus les montz demeurent les piedz de l'euangelizant, & du predisant la paix. Comprent Abacuch qui exprime, Il a conuert le Ciel de sa gloire, & remply le monde de sa louẽge. Veit Sophonias, qui ouyt le crys de la porte des poissons, & la contrition des montz, & ayant manifesté les plainctz aux habitantz de Pilla, faict taire tout le peuple de Canaan. Veit Agée, qui edifie le temple destruict, & introduict Dieu le pere à dire, Ie commenceray le Ciel, la terre, la mer, l'air, & toutes les gentz ausquelz uiendra. Veit Zacharie, qui apperceut le Saulueur en robe immaculée, la pierre de sept yeulx, & le chandelier d'or d'autant de lucernes, les oliuiers de la senestre, & la lampe de la dextre. Il le ouyt, apres destriers rouges, noirs, & blancz, & desque se deffirent les charrettes de Ephraim, prophetiser du pauure Roy de Hierusalem sus le cheual, ouyt quil suit le Roy seand sus le poulain de l'asnesse subiugale. Et ainsi comme ne luy fust prohibé en l'occision de Saul le secret de se canceller de la loy antique en la foy, que Sadoch, & Dauid font de la prebstrise de la nouuelle auec ce, que de Christ predist Daniel, Osee, Ezechiel, Iohel, & Baruch, ainsi ne luy fut couuert Malachias, qui dict, Pource que du leuer au coucher du Soleil mon nom est grand entre la gent, en tout lieu on luy sacrifiera, & luy offrira on Hosties pures.

Ie dy que Noé au ueoir, & à l'ouyr de telz hommes, & de si beaulx dictz, touché de plusgrand esperit presaige de la religion future, & deuin du salut commun, rompu le dur du sommeil, sans point ou

urir

urir les yeulx demeura aucunement auec la pensée estonnée pour les choses ueues, non sans confusion d'ung ie ne sçay quoy restant en la memoyre de celluy, qui, apres le songe, ne se peult desioindre du sommeil duquel il est esueillé, & nõ esueillé, dont il sendort, comme sendormit Noé. Parquoy le songe se conuertissant en uision, luy feit monstrer par ses ueritéz l'Ange mandé de Dieu en Nazareth. Il le ueit auec uisaige de feu, & auec les aesles resplendentes saluer Marie Vierge, qui estonnée de la presence, & de lembassade de tel messagier, apres auoir acceptée la parole du Pere omnipotent, enceincte du uouloir, & de la uertu de Dieu propre, se transporta à Elisabeth sa cousine. Et pource que la uision, que ie dy premier, qu'elle fut annõcée par Gabriel, la ueit apres le flourir de la uerge espouser en chasteté, & saincteté par Ioseph. Et retourné le regard au uieillard, que luy faisoit cõpaignie en Bethlehẽ, en laquelle cité ilz portoyent les deniers de loffrande, se retirant tout en l'estroict de la cõtemplation, le ueit entrer en la loge, en laquelle suruenu le my de la nuict, apres trois tonnoirres, uainissant la gayeté des estoilles, apparut hors d'une nue de Soleil, de la lumiere de qui estoit couuerte la cauerne, l'enfantement predict par les Prophete. Entant il ouit par les Anges, Gloire à Dieu aux Cieulx, & en terre paix aux hommes de bonne uoulenté. Et se remplit d'une ioyeuse terreur, se oyant estre dict par la uision, Vois tu lenfant sus les tendres cheueulx duquel tournoye la flamme en mode de couronne. Celluy est Christ creé du uerbe diuin, & enfanté de la uier la uierge immaculée fille de Ioachin, & de Anne. Il eſt le redempteur du monde, parquoy incline toy à luy. Et ceulx qui ſourtent de la cabane, ou eſt le Chœur des courriers de Dieu, qui leur ont annõcé la grand ioye, & ſe deſpartent, ſont les paſteurs qui ſe meuuẽt pour l'adoret. Voicy l'eſtoille ſcintillant arreſtée ſur le mylieu de l'air. Voicy les Roys d'Orient, guidez de ſa clarté audeuant du Chriſt né. Ilz luy offrent Myrhe, Encens, & Or, non ſans ſacré miſtere. Il uoyt que la mere de ſon pere, & la fille de ſon filz, qui le preſente à Simeon, qui ſus l'autel le circoncit, pour eſtre tel acte caractere de la ſoy de la tresbelle religion. Veit Ioſeph, qui guide l'aſne, lequel porte Marie & Ieſus en Egypte. Voicy l'occiſion des petitz enfantz, ſus l'innocence deſquelz cerche de ſe aſſeurer la craincte, qui eſpouenta Herode, en la ſorte que ie te mõſtray luy uenantz audeuant les troys Ethiopiens. Regarde la palme, qui encline les branches, affin qu'il cueille de ſes fruictz. Ne uois tu les Lyons, les Dragons, & les Ours, qui ſ'agenouillent à ſes piedz? Le bruict, que tu oys, ſort des Idoles, quil deſtruict en Egypte, dou, pour eſtre mort Herode, il retourne. Et au iour de feſte uenu en Hieruſalem, entre au temple, cõme tu peulx comprendre. Voicy la mere, laquelle uenue auec ſoy ſen ua ſans luy. Voicy apres troys iours, qu'elle le trouue en diſpute auec les Prebſtres, perduz en leſbaiſſement de leur ouurir le profond des ſens des eſcriptures. Voicy apres qu'il ſe cele en ſoy, de ſoy, & par ſoy ou il luy pleut iuſques qu'il uoulut apparoiſtre en ce deſert, en la ſolitude duquel eſcrye l'hõme me, que tu uoys là en figure de la penitence. Oy, qu'il dict, uoicy l'agneau de Dieu, qui porte les pechez du monde. Voicy le Ciel ouuert. Voicy le Sainct Esperit, qui, ce pendāt qu'au Iordain le Seruiteur baptise le Seigneur, sonne auec uoix diuine, Cestuy est mon filz aymé, auquel ie me suis compleu. Regarde ô Noé l'aspect de celluy, qui mourra pour te faire uiure: sa loy ueult les cueurs, & nō les ueaulx, ne les colombes. A luy se desdierōt Eglises, à luy se appendront uœutz, à luy se brusleront encens, à luy se donnerōt prieres. Et luy disant ainsi luy monstre Satan, qui le porte sus le pinacle, puis sus le mont luy offrant les Regnes uniuerselz, dont Iesus le chassant est administré par les Anges. Il luy monstre Pierre, & Iehan, qui tirez de la nacelle, & des retz luy uont apres au nōbre des aultres Apostres. Voicy, luy dict la uisiō, qu'il faict de leau uin, uoicy qu'il illumine les aueugles, uoicy qu'il guarit les malades, uoicy qu'il faict ouyr les sourdz. Voy les diables, qui entrent aux porceaulx, & qui se noyent en mer. Voy le filz de la uefue resuscité. Voy les tourbes qui le suyuent. Attendz au miracle auec lequel il rauiue le sec de la main du Pharisée. Oy quil respōd à l'iniquité, qui le reprēd, Le Sabbat est pour l'hōme, & non l'homme pour le Sabbat. Luy descouurist encores comment il enseigna à orer aux disciples, rendre sans mal celluy, qui auoit demeuré malade tant d'ans en la piscine probatique. Il le feit conuertir en l'admiration luy monstrāt sus la montaigne les cinq mille personnes rassasiées auec cinq pains & deux poissons. Il le feit

demeur

demeurer tout eſtõné luy faiſant ueoir les Phariſées qui luy preſenterẽt l'adultere qu'il deliura. Voicy, diſt la uiſion, que le Nazarien, que les ſcribes & aultres ueullẽt lapider, qui du temple yſſu ſe cache dedẽs la lumiere de ſa gloire. Voy le ores comme il ſe transſigure ſus la montaigne, entant oy qu'il parle auec le pere. Et les diſciples esblouiz de la reſplendeur, qui l'a oſté de leurs ueues, dient, faiſons icy tabernacles. En ſomme Noé ueit ſans aulcun ordre la Samaritaine tyrant l'eau du puis, dont elle cõgneut Chriſt, comme le congneurent les Anges, qui luy adminiſtrent les uiandes celeſtes. Dont il accomplit le ieuſne quarante iours au deſert, mais il n'euſt iamais de telles, ne prouua iamais merueille ſemblable à celle, qui luy monſtra la reſurrection du lazare ayãt eſté quatre iours ſoubz terre, apparoiſſant hors du ſepulchre depaĩct des couleurs de la mort. Et eſtant couru auec la ueue au Meſſias aſſis ſus l'aſne auec ſes douze deuant & derrier, conſola l'ame & la ueue cependant qu'auec les oliues luy iectant deſſoubz les propres robes, diſoit le peuple de Hieruſalem, Benoict celluy qui uient au nom du Seigneur. La uiſion diſt à Noé, Voicy la pechereſſe, qui eſtant Chriſt à table en la maiſon du gueri par luy, luy oingt les piedz ſacrez auec l'oingnement precieux, ſoubdain qu'auec lhermes les luy a lauez & eſſuyez auec les cheueulx. Voicy que, apres en auoir les ſiẽs murmuré, il ſe ſied à la cene auec les Apoſtres: & ayãt ueu Iehã ſendormir, ouit quil dict ung de uous me doibt trahir. Et reſpondantz tous, ſuis ie celluy Maiſtre? celluy eſt, dict il, q̃ ſaulce auec

moy

moy au plat. Voy que agenouillé en terre laue les piedz aux freres, dōnāt exēple auec l'humilité diuine, à l'orgueil humaine. uoicy le traistre yssu de la congregation. Voicy qu'il prent les trentes deniers d'argent pris de la trahison. Voicy qu'il dict aux princes des Prebstres, & aux Scribes, & aux Pharisees, Celluy, que ie baiseray, est Iesus. En tant Noé Il le uoit ores au Iardin, & luy apparoistre l'Ange. Et l'ayant ueu trois fois retourner aux dormantz, cria au suruenir des tourbes auec lanternes, & torches allumées. Il s'estonne leur disant Christ, Ie suis Iesus, les uoyant cheoir une, & deux fois, & l'aiant pris apres haulserent les uoix si fierement, que les montz les entendirent. En ce pendant uoit Pierre, qui taille l'oreille à Malchus, & la luy ueoit racoustrer par le Seigneur. Il le ueoit audeuant de Anne, & au conspect de Caiphe, oyt le son du souflet donné à luy par le seruiteur disant, Dōcques on respōd ainsi au Pontife? Voit Pierre, qui nye trois fois le maistre, & oit le Coq, qui pour telle erreur chante trois fois. Il luy uoit au chef ung cercle despines en lieu de courōne. Il luy uoit en main une canne en change d'ung sceptre. Il luy uoit arracher la barbe. Il luy uoit cracher en la face. Il luy oit iniurier le nom auec la uillainie des parolles. Et ne luy est osté le ueoir uestir de blanc par Herode, & sen lauer les mains de Pilate, ne le fleau de la colomne, ne Iudas se pendre apres auoir rendu largent auec lequel se achepta Acheldemach. Il ne parla au porter de la croix, ne la bailler apres à Cyrene, ne l'effigie de son uisaige demeuré au uoile de Veronique, ne l'estre cruci crucifié entre deux larrons. Et ne soit creu que le grand Patriache retinst les plainctz aux plainctz de Marie, ny les cris aux cris des Maries. Veit quand Iehan accepta la mere de Christ pour mere, & elle luy pour filz. Et bien que ie ne le die, Il ueit diuiser ses uestemẽts, & ietter le sort dessus. Leut en la cyme au chef de luy le tiltre, qui dõna occasion à sa mort. Ouit le reproche de destruire, & de refaire le Temple en trois iours. Ouit dire aux iniques, Toy qui peulx sauluer les aultres, saulue toy mesmes, descendz de la croix filz de Dieu. Et encores ouit le larron dextre, qui reprint les dictz du senestre, & ouit Iesus, qui dist au bon, Tu seras auiourdhuy en paradis auec moy. Il ouit la grand uoix du Saulueur, qui inuoque Hely, Ouit la multitude des mauluais qui dient, Il crye Helye, or uoions s'il uiendra à le deliurer. Et luy ouit dire, I'ay soif. Comme ueit Noé ilz luy tendirent sus une canne l'esponge plongée en fiel, & en uinaigre, & escriãt une aultre foys rendist hors l'esperit: tellement que l'homme qui dort, estonné du diuisement du Tẽple en deux pars, des tenebres qui aueuglerent le monde dés l'heure de Sexte iusques à Nonne, du bruict des tonnoirres, & du rompre des sepultures desquelles les corps de plusieurs Sainctz ressusciterent, pour lesquelz miracles le Centurion confessa, qu'il estoit filz de Dieu, fust non seulement pour s'esueiller, mais pour deffaillir en la nouueaulté de la paour, & le tint en soy le uouloir de celluy, qui luy monstre ses merueilles.

Il ne uouloit moindre spectacle pour reconsoler

le cou

le couraige estonné de l'horreur de la fin de Iesus, lequel il ueit tirer de la Croix, & le mettre au monumẽt nouueau au Iardin, q̃ le ressusciter de mort. Noé fichée la ueue aux gardes, au sepulchre au plus profond de leur sommeil ouit, & ueit rumeur, & splẽdeur tresgrãde au sourtir Christ du uaisseau, sus le bord duquel uoyant seoir l'Ange, qui auoit rẽuersé la pierre du cercueil, ouit luy dire aux femmes, qui uenoyẽt, Vous cerchez Iesus de Nazareth crucifié, mais il est ressuscité, & nest icy: uoiez le lieu ou il fut mis, & puis annõcez le à Pierre, & aux aultres, ausquelz il ira audeuant en Galilée. Entant sembla au sainct uieillart estre aux tenebres de l'abisme ensemble auec la multitude, & auec la compaignie des Patriarches, & des Prophetes. Aduis luy est que Dauid ayant repris les esperitz de la future congnoissance, conuerty en nouuelle liesse, dit, Realegrez uous antiques & saínctz Peres, que uoicy le dechanté Iesus, uoicy la lumiere, qui fend la nuict perpetuelle de ce centre. Et en le disant ueit Christ, qui rompist les huis de l'enfer auec les parolles, & auec les piedz. Celle ioye ineffable, ce ieu incomprehensible, & ce plaisir irracomptable, que les colomnes, & les cloches de la uieille loy prouuerẽt, quand la misericorde de Iesus les tira des lymbes. Magdeleine à genoux deuant Christ, qui en forme de Iardinier luy dict, Marie? Il ouit luy estre respondu, Maistre? Puis courant auec la promptitude de la ueue aux unze, qui craintifz en la creãce qui les mettoit, au suspect du nom ressusciter de celluy, qui ressuscité entra entre eulx, leur disant auec le salut de Dieu

Paix soit à uous. Il les ueit confuz, & ioyeux : confuz pour la rougeur de l'incredulité, & ioyeux pour la presence de leur precepteur. Voicy qu'il uoit Thomas, qui le doigt mis en la playe de son cousté repentant de la creance, qu'il ne donna aux freres quand au ressusciter de luy, crye, O mon Seigneur, & Dieu? dont il luy ouit respõdre de Dieu, Ne me deffailles plus en foy, si tu ne ueulx que ie te deffaille en grace. subioingnãt, Bien heureux ceulx, qui non uoiantz croiront. Voicy que Noé appercoit le Nazarien en habit estrange qui suruenantz au chemin Cleophas, & Lucas, qui raisonnoient de son mortel, & de son immortalité, & les uoiant oyt, qu'ilz dient à luy qui leur demande dequoy ilz raisonnent, Doncques toy seul Pelerin en Hierusalem ne scais les accidẽs de ces iours. Et pource que Iesus apres leur auoir racompté sa passion, leur ouurist les huis secretz des escriptures, le retindrent à manger auec eulx, dont apres ilz le congueurẽt au rompre du pain. Demesuré estonnemẽt occupoit la pensée de Noé à ueoir, à comprendre, & confesser les choses du futur Messias, se resentãt tout à le ueoir en la premiere ueille de la nuict au riuaige de la mer, auquel lieu saulua la nef, qui molestée de la tẽpeste perissoit les Apostres, qui la guidoient. Veit cheminer le Galileen sus l'eau luy semblant de profunder en bas, au summerger le pied du filz de Iona, lequel luy estant fuy pour la paour le chauld des reins, & des os, est occasion, q̃ Christ luy dict, Dequoy doubtes tu peu de foy? Noé ueit tout le proces de luy, & le mãger du poissõ, & du miel, Faire tirer la nef ou

la re

la retirẽt les disciples plaine de proye auec le nõbre dict par Iesus. Ouit luy dire, Ie ne suis ne songe, ne umbre, mais dos, & de chair. Ouit apres auoir dict trois fois, Pierre m'aymes tu? luy donner comme à bon pasteur la cure de ses brebis, disant, Ceulx seront absoulz au Ciel, que tu absouldras en terre. Veit soufler le sainct esperit au uisaige des freres, dont ilz entẽdirent la diuersité du langaige des nouuelles langues. Ouit leur commander qu'ilz baptisassent au nom de la Trinité à la fin de ce, que la uision luy feit comprendre. Il le ueit monter à son Pere, & au nostre. Il le ueit saulter en Paradis ce pendant qu'il estoit sus le mont au milieu des apostres. Et pource que les compassions de ses misericordes, est la pluye du sang pleu de ses ueines, mena auec soy les prisonniers du lymbe. Noé conuerty tout en la figure de la uision, qui luy monstra si beaulx mysteres, saulta au Ciel au nombre des esleus.

Il comparut lassus luy estant aduis sentir toute la ioye, que prouuent les bienheureux, au dormir ayant paour de non estre esueillé. Il disoit auec soy, Ie ne dors poinct. Et retournant auec le pensier aux solẽnitez du biẽ, dequoy on iouist lassus, paissoit la ferueur de la grace, qui sourtoit du tresadmirable aspect de Christ seand à la dextre du Pere, enuironné des Choeurs, des Dominations, de Throsnes, des Puissances, des Vertus, des Cherubins, des Seraphins, des Anges, des Archanges. Et estant en la foy preparée à luy par la bonté de Dieu, regardoit les sieges uuydes par le peché des sectateurs de Lucifer dediez aux sectateurs de Iesus. Et se recordant des uoix de Chriſt diſant, Ie uiendray ſus les nues, & ſeront ſignes en la Lune, au Soleil, & aux Eſtoilles apparoiſſantz faulx Prophetes ſe intitulantz auec mon nom. Regardant au front du Redempteur, comme mirouer ou ſont toutes les choſes paſſées, preſentes, & futures, apperceut la ſomme de ces ſie=cles preſcripts par la uoulēté, & par la puiſſance de Dieu à la uie du monde. Et retirant le quand, qui demeure au ſecret de celluy, qui feit toutes les mer ueilles, & toutes les choſes, ueit deſcendre du Ciel la Colombe, qui reſpandant par la bouche Raiz de feu diuin, meſpartit les langues des Apoſtres predi=cateurs du nom de Ieſus. Veit Luc, Iehan, Marc, Matthieu, ſcripteurs de l'Euangile. Veit deſcendre Chriſt du Ciel. Et eſtant le uaiſſeau de election eſ=blouy de ſa clarté, diſt, Saul Saul, pourquoy me perſecutes tu? Apres tel miracle ouit le cris de ſa do ctrine, de ſa foy & de ſa uerité, entonner toutes les oreilles de luniuers. Veit apres les martyrs pour la=mour de Chriſt ſe rallegrer es laqs, aux fornaiſes, aux charbons, aux pierres, aux roues, aux ſyes, aux chauldieres, aux cepz, leur eſtantz conſacrez pour cela, temples, aultelz, ſtatues, & hymnes. Et à la fin des miracles faictz au nom de Ieſus par ſes ſainctz, ouit le ſon, la terreur, & la rumeur des trompettes Angeliques, l'horrible du ſon deſquelles citoit les mortz, & les uiuantz à la grand ſentence.

Trois Anges de toute la militie eternelle gui=gnez par le ſourcil de Dieu prinſes les trompettes terribles, ſe meirent alencontre des trois partz de luniuers, & leur donnans le ſon auec le ſoufle de la uolenté du Createur, Trembla le Soleil, se sescouit la Lune, s'estonnerẽt les estoilles, se espouuenterent les Elementz, se dispersa la nature, uint paresseux le temps, se marrisserent les gentz, & se occist soymesmes le monde, & l'Antechrist auec les tourbes croyantz en la faulseté de ses miracles, perdue la louenge de l'iniquité, & la puissance de la predication, ne sachantz que ce faire, erroit en la confusion du peché, le illicite duquel perilloit en l'eternel de la penitẽce. En tant l'air diminuissoit la uiuacité de son Esperit penetrant, dont le mordent de son frais se sentoit uain. Le feu attiedié la chaleur ardoit auec lumiere morne, Leau perdoit la substance de sa proprieté, la Terre se deséchoit en la mesme humeur, le uoler des oyseaulz, le nager des poissons, le courir, & serper des animaulx demeuré sans alaine, n'auoit plus la uigueur du mouuement. Les entendementz, les couraiges, & les sens, & les membres des gentz non seulement de l'Ocean Scytique, & des peuples autour du sein Hircanien, & des persones enuironnantz Meotis, mais des creatures de toute l'Europe, de toute l'Asie, de toute l'Aphrique deuindrent sans entendementz, sans couraige, sans sens, & sans membres. Les alimentz perdirent la saueur, le goust, & l'appetit de son nourrir. Les herbes, les fueilles, & les fruictz deuindrent comme sont les roses, & les uiolettes au suruenir du chauld, pource que leurs racines auoient perdu le uif, que la nature y enclost. Toutes les choses deffaillirent de l'estre du parauant, le temps cheu en la fin de son cours, sec, & horride demeuroit tout recueilly au dernier de ſes extremes ans. Les paulpieres des ſourcilz cheantz en bas luy couuroyent le ſpirail de la clarté. Sa bouche ſans dentz ne ſe ouuroit point, la barbe blãche & la teſte chaulue le teſmoigne n'auoir plus Iuriſdiction en ſon enuieillir. Voicy la nature qui perdit le nom de mere, reduicte ſterile, ne peult poinct (bien qu'elle les preſſe) tirer laict de ſes mammelles infinies auec leſquelles elle ſoubſtenoit le gendre des hommes, des animaulx, & des plantes. Aux uiuantz eſtoit une tremeur, une palleur, une langueur, non point differente de la tremeur, de la palleur, de la langueur, que les enſeignes de la mort deſplient au front d'autruy, laquelle chaſſées des tombes, des foſſes, des ſepulchres, des monumentz, des arches, & des repoſitoires ſe esbahiſſoit des os, des reliques, des corps & des charoignes reſtaurez par le uital des eſperitz, leſquelz meuz par les uertus, quilz eurent cependant qu'ilz habiterent aux uies regies par eulx, retournoyent en ceulx cy, & en ceulx là, comme mouſches à miel en leurs maiſons. Bãdes de Colõbes couuertes de plumes blanches comme la purité de leur innocence ſembloyent les ames, qui eſueilloyent le ſommeil des bons, & ſemblables aux compaignies de Corbeaulz ueſtuz de plumes noires comme l'auſterité de leur durté eſtoyent celles, qui rompoyent le dormir des mauuais. Mais quelle merueille, quelle nouueaulté ſi Dieu miraculeux enuoyant le grand pouuoir de ſon infini uouloir au uentre des Balaines, aux creux des beſtes, & aux entrailles du terrain, & en l'eſtomach du feu, reprint

print ensemble les pouldres consumées de leur uiolence, luy estant facile l'impossible? Ne crea il pas le Ciel, & la Terre de rien? Sa parolle ne feit elle la lumiere disant, Soit faicte la lumiere? C'est fureur de pensée, & iniquité de cueur, & cruaulté d'ame à uoloir cercher en quelle mode, & en quelle maniere les gentz mortz en tant de Siecles, les membres desquelz ont esté uiande aux fains d'aultruy, retournassent entieres au grand iour, ueu par le sommeil de Noé, lequel ueit les ressuscitez pleins de melancholie. Ilz ont escript au front les operations des biens, & des maulx commis à louenge, & à honte de Dieu. On ne uoit plus aux personnes la cure des choses. Les marys ne congnoissent leurs femmes, ne les filz les Peres. L'or, les Perles, & les ioyaulx sont tumbez du sein de l'auarice. Le lascif de la luxure, & le superbe de la pompe est en despris des executeurs du uice, & de la uanité. Le conseil & le couraige, qui sont les premiers à fuir au souuenir du peril, ont abandõnez les saiges, & les ualeureux. La conscience comparue en public ouure la porte de tous les cueurs. Le preuoir, ne sachant que faire du sens, ne exhorte, & ne preuoit. La repentance n'a plus espace de s'amender. Les degrez, les corõnes, & les sceptres ont perdu l'honneur, & l'obeissance. La noblesse, & le populaire n'ont plus cure de l'haultesse ne de la bassesse. La uoulenté ne desire plus, & l'engin ne se industrie. Seulement le pensier du salut, & de la damnation se exercite en aultruy. Les termes des champs tombent, les facultez diuisées se meslent ensemble, les richesses perdent leur pris, & les uertuz la gloire, la gentillesse, & la rusticité n'a qui la garde, ne qui la fuye. Entant le son terrible sollicite les uifz, & les mortz, qui se faisoyent paour l'ung l'aultre, pource qu'ung mesme iugement les debuoit condamner, & absouldre.

Il n'est spectacle de comparaison ce nombre sans semblance des ressuscitantz de mort. Pource ie ne le esgale sinon à la multitude de ceulx, qui au iour paoureux sortiront des uaisseaulx, partie nudz, & partie moytié deuestuz, & partie enueloup pez en ces habitz funebres, & en ces linceulx miserables, auec lesquelz les meres, les femmes, & les freres, & les amis soubterrent les filz, les marys, les sœurs, & les compaignons. Au comparoistre en l'espace estably à attendre Christ sus les nues, se uoyoient les genealogies des parentaiges de tout le mõde: Et la nature pour ses dernieres fatigues diuisoit les caterues des races de chascũ, les filz alloyent au pere, & à l'ayeul, au bisayeul, & de degré en degré à son moyen, & à son commencement. Ilz sembloyent especes d'animaulx separez de l'espece indifferente, bien que l'affection du sang, encores que la congnoissance des siens y fust, ne attẽdrissoit l humanité de la chair: pource que au mesme esperer, & en la propre crainte estoit mise l'intẽtiõ de ceulx, qui esperoient au Paradis, & qui attendoient l'Enfer, ne se peult imaginer sinon auec l'interne consideration la chaulche, & la foule des gentz resuscitées, & non mortes, les femmes, & les pucelles sans uoyle, & sans garlande se restraingnoyent au penſif d'elles meſmes, quaſi colõbes recueillies au craintif, auquel les arreſte le fouyr de la tempeſte, la deſeſperation, qui guidoit les errantz, qui ſouſpirantz, & gemiſſantz ſe grattoyent la teſte, & ſe mordoyẽt le doigt, auec les robes deſsirées, & auec les cheueulx arrachez mauldiſoit ſes iour. Et l'eſperance, qui apperceuoit les iuſtes, qui iubilãtz, & reſiouyſſantz haulſoyent le uiſaige, & regardoient le ciel, cloſe en ſes draps beniſſoit les iours dediez aux ſacrifices. Les intitulez aux armes, les conſacrez aux deſertz, les uierges, les uefues, les eſpouſes, les nonnains, les ermites, les publiques, tout ſexe, tout ordre, & tout eage ſe remeſlent enſemble. Les plaintz ſonnent, les palmes ſe battent, les uiſaiges s'eſgratignent, les poictrines ſe frappẽt, les cheueulx ſe deſſirent, les uoix eſcryent. Pource que les mauluais uoyent les princes des abyſmes, les regarder auec l'horrible du ſemblãt, uoyent les peines armées de ſerpentz, & de feu menacer l'eſtonné de leurs coulpes, les poix bouillent, les ſoulfres fument, & s'endurciſſent les glaces. la l'extreme de la paour eſpãd le dormir de ſes froidz, & de ſes palleurs aux entrailles, & aux uiſaiges des pecheurs. Deux ſortes de Heroes ſont apart, ceulx, qui uainquirẽt le monde, & ceulx qui ſe ſubiuguerẽt eulx meſmes. Mais auec uarié aſpect. Pource que qui uaĩquit aultruy demeure priſonnier du centre, & qui uainquit ſoy meſmes triumphe du ciel. Les martyrs auec le diadeſme de clarté, ornez de palmes eſtantz pres du pris, que le ieuſne, l'oraiſon, l'aulmoſne, la haire, la chaſteté,la continence,leur ont acquis. Regardent les Ducz coronnez de laurier, & couuertz de gemmes,qui eſtantz au couſté du dõmage,que la faim, la ſoif,le peril,la tolerance,le ſang,& la uie, leur ont auancé,uoyent les uanitez de la femme, laquelle demeure là auec les aesles deſplumées cheute entre les roues de ſes chariotz.

Apres que le Soleil ſe monſtra ſanguineux, obſcur & horrible,& dés que la Lune apparut, melãcolique,eſpouĕtable,& riẽ,ſoubdain que les Eſtoilles ſe laiſſerẽt ueoir timides,eſtainctes, & mõſtrueuſes, le ſimulacre de la guerre couuert de feu eſmeut gent contre gent, regne contre regne, la peſte umbre de ſoymeſmes,palle,& layde entra entre les peuples uniuerſelz la ſuyuant auec le uiſaige maigre,& auec la peau ſus les os, la faim accõpaignée de toutes les eſpeces des maulx irremediables, tellement que la mort fauorie de tels meſſagiers deſtruict la multitude uainquãt le nombre des fueilles,des arenes,& du triſé de la pouldre,dont en ung traict deſfaillit le gendre né aupres de la lõgueur du temps, mais il arriue le dernier iour des iours. Voicy Chriſt ſus les nues eſpaiſsies par le tranſparent de ſa lumiere, la militie eternelle retirée en la ſplẽdeur celeſte,& aux merueilles immortelles,reſplendit,& ſe taict.Michel,Raphael Gabriel ouſté le ſoufle aux trompettes penetrées au ſommeil des mortz,& des uifz rapaiſantz les aesles, regardãtz le Pere, le Filz, & le Sainct Eſperit,qui forma une uoix de iuſtice, & une de miſericorde, le cruel, & le compaſsionable

ble desquelles doibt finir la sentence du iugement: pource quil n'y aura plus demerite,ne merite. L'occasion du punir, & du pardonner se oste. Dieu ne ueult plus auoir auec quoy nous sauluer, & auec quoy nous dãner. Le faire bien & le faire mal n'aura plus matiere. La uertu,& le uice se resoluẽt auec leur obiect. L'esperance est consumée: pource que tout desir est conduict au terme. Mais cecy est peu. la la terreur de Dieu seigneurie les couraiges de ceulx qui tard se repentent, d'auoir preuariqué au sainct des loix. Le cõpte,que leurs faultes doibuent donner,les tourmentes. Les lasciuetez,les pompes, les monarchies, les delices, les tresors,& les felicitez les tourmentent plus,qu'elles ne pleurent. Le ie feray, ne le ie diray n'a plus les aydes de la pitié. Et pource le silence, qui leur occupoit le cueur tremblant,la pensée desuoyée, & le couraige perdu, redoubla la paour en son horreur. Pource que Iesus seand sus le luysant des nues scintillantes & lampeãtes s'esmeut tout soymesmes, dõt les cieulx se lamẽterent,les planettes pleurerent,le soleil plaingnit, la lune se doulut,la terre se secouyt, & les eaues bouillirẽt. Mais uoicy de la bouche sacrosaincte de Dieu sonner, Venez à moy iustes, & allez à Satan mauluais.

Cecy dict,les paroles se diuiserẽt en deux traictz, l'ung de lumiere, l'aultre de tenebres. Celluy toucha les citoyẽs de paradis, & cestuy les habitateurs de l'enfer, en tel moyen & non aultrement, que si les pechez des perduz eussent faict ung fleau d'eulx

prop

propres, & auec luy battiſſent les eſpaules, ſe meurent enuers l'abyſme. Et premier n'y arriuerent, que la grinſeur des dentz ne feiſt ce ſigne, que faict une armée, qui hurte aux nefz ennemyes, & dont le bruict de ſes artilleries ſe faict ouyr auec le terrible du tonnoirre: & comme ſi aux ſauluez euſſent eſté preſtées les plumes dorées des anges, ſe ueirent haulſer au uol, & benictz du pere eternel, & reſtez auec ſa maieſté à iouyr le touſiours, et le ꝑpetuel du ſempiternel, & de l'immortel de la gloire de luy.

Voicy que la mer gonfle, uoicy que la terre enfle, & en ung inſtant deſconflée, & deſenflée lune & lautre, les poiſſons, & les beſtes mugiſſantz, & ſtridentz ſe deffirent, mourut la nature, & le temps, auec le lieu du fut, auec l'eſpace du ſera, & auec le chāp du eſtoit, les momentz, les heures, le ce matin, le ce ſoir, le hyer, & le huy perdirēt le nom, le peu, & le trop, tirez par lextreme deuindrēt le tout de l'enſemble. En oubly allerēt les memoires des choſes, le que fus ie, & le que ſeray ie. Se oublia le paſſé, & le futur. Moururent les cieulx, ſerrerent leurs yeulx. Et ſe deffaiſantz ſe ouyt la Fatalité, qui ſe la mētoit de la preſumptiō à elle donnée par leurs influēces, les puiſſances deſquelz oſerent cōcourir auec celle de Dieu. Et pource perirent au peché de l'orgueil de Lucifer, & de Adā. Au perir du ſoleil, de la lune, des eſtoilles, ſe ſecouyt la ſituatiō de tout climat, de tout emiſphere, & de toute regiō, auec ce tremblable de la derniere rumeur. Et ſe diſſoluant la machine elemētale, le Taurus, le Sinay, & le Apēnin

nin auec tout aultre mont, en la fin de l'uniuers retournerent ce quilz furent deuant le mõde, demeurant en soy present l'empire de Dieu, & le regne du diable. Et les bienheureux restituez en l'eage plus flourie, & plus splendissante seyoent par leurs sieges, quand Noé, pour auoir l'ame enclose en la prison de la chair, ne pouuant souffrir l'ineffable de la ioye, quil prouuoit aux entrailles, chassa les larues du sommeil, & s'esueilla.

FIN DV PREMIER LIVRE.

SECONDE PARTIE DV GENESE.

A Pensee de Noé se tournoit aux estonnementz à luy manifestez par le sommeil, & aux miracles à luy descouuertz par la uision, quand Dieu s'esmeut à luy dire, sors de l'arche, & sors en auec ta femme, & auec les enfantz de ta semence, & enfantez de son uentre, uien hors auec les animaulx de toutes les especes: Car ainsi est bien, que tu le faces. Et luy, Seigneur uoicy que ie obeis à la uoix de ta uoulenté. Et ce disant ouurist l'huis de l'edifice, & uint en l'ouuert de l'air tout pur, & tout reasseuré, le suyuit la compaignie, & la generation, que Dieu luy donna. Les animaulx de toute sorte leur uindrent apres, non aultrement priuez au sourtir du logis, que à y entrer, & à y demeurer. Nulle ferocité, nulle saulvaigesse estoit aux couples, quil diuisoit cependãt que le Seigneur les benissantz tous dist, Croissez, & multipliez rẽplissãtz le uuide de la terre. Parquoy le second pere de l'humain gendre auoir edifié, & desdié l'autel, offrit en sacrifice de chascun animal pur, & de quelconque oyseau monde. Et ardent le feu

feu de odeur, & de suauité, adorant Dieu dist ainsi auec le feruent du cueur, Ces feux, Seigneur, que ie te allume, ces encens, que ie te ardz, & ces uictimes, que ie te consacre sont tesmoingz de la religion, que en gloire de Dieu doibuẽt obseruer ceulx qui naistront de moy, & apres moy par l'ordre de ta clemence, les compassions de laquelle ont comporté, que ie reuoye la face de la terre purgée. Ie uoy les lieux des adulteres, des homicides, des sacrileges, des faulsetez, des incestes lauez netz, & mõdez par les eaues de ton deluge, l'abondance desquelles feit du mõde une mer sans riuage. Et ce causa le peché des gentz uniuerselles, lesquelles nõ aultremẽt, que si elles eussent coniuré de faire mal, mettoyent en œuure toute sorte de uice. Dont la iustice, qui de moy eut esté encores louée bien quelle se fut demõstrée en la destructiõ de ces os, & de ceste chair, est inundée sus les uies, & sus les ames de ceulx, que les eaues ont englotiz. Et pource leurs charoignes ne apparoissent ne par les uallées, ne par les montz. Cecy dict Noé se tourna à sa fẽme auec dire, Voicy toute la terre, la uoícy en nostre puissance, mercy de la bonté du Seigneur, & nõ mercy de la bonté mienne. Beny Dieu femme, benissez le enfantz, & soyent les uoyes de uous iustes, & charitables. Ne uous naisse en la pensée pensier qui desconuienne au don de luy. La pudicité, la pieté, la continence, & la fortitude uous embellisse le couraige, & uous pare de l'ornemẽt des aultres nobles mœurs. Vous estes arbres bons, & telz doibuent estre les fruictz. Les pasteurs exaulceront le commencemẽt de leur origine

origine, si de uoz cueurs sort la crainte de Dieu, & l'humilité des hommes. Fuyez le temeraire de l'orgueil, affin que qui naistra de la semence, que uous espandrez, ne uienne en hayne au ciel, & au monde. Combien tel peché desplaist au Seigneur en faict foy le premier ange, & le premier hōme, car pource lung fut chassé du paradis supernel, & l'aultre du terrestre. Cependant que le tressacré uieillart parloit à Sem, Cam, & Iaphet, ouyt sonner la uoix de Dieu, q à luy deuisant luy dist, Il me plaict que les descendentz de ta seppe, auec l'exemple de la peine, que mes eaues ont donné à la cōmune erreur, apprennēt à estre meilleurs, & auec la crainte de tel chastoy cheminent par tes uoyes, imprimātz en terre les trasses, que tu imprimes. Mais le bras de ma iustice ne esmouuera plus sa ualeur cōtre la maledictiō de la terre. Pource que la misericorde auec laquelle ie soubstiens aultruy, ne ueult plus, que les hommes perissent, pource que le sentimēt, & le pensier du cueur humain emporte dés le berceau le desir du mal. Il peche pour estre le pecher obiect de ses actions, & origine de sa naissance. Parquoy auec la fatigue du labourer, du semer, du froit, et du chault ie luy leueray layse de l'oysiueté inuenteresse de la luxure, de larrecin, de la gueulle, de la paresse, de l'orgueil, de l'ire, de l'auarice. L'oysiueté auec le paresseux du repos uague au champ de toutes tes delices. Le pensier inutile, & rebelle deriue de ses pensementz. Pource l'esté, l'hyuer, la nuict, & le iour ie esmouueray la necessité des choses à l'usaige de l'hōme. Ceci dict il beniet les filz de Noé, repliquant,

Croissez

Croiſſez & multipliez, & rempliſſez le uain de ſi grād eſpace de mōde. Soit la crainte de uoſtre ſens, & la terreur de uoſtre force ſus tous les oyſeaulx, ſus tous animaulx, & ſus tous les poiſſons. La main de uous leur ſoit retz en leur air, lacz en leur terre, & eſpie en leur eau. Parquoy la chair de chaſcung uous ſera uiande, & alimēt, ſaulue, que ie ne ueulx ql uous ſoit licite de gouſter chair auec ſang, pour ce que ie le cercheray de uoz ames, & la griffe des beſtes uous ouurira les ueines de la uie, & la main de la perſonne oſtera l'eſperit le frere au frere, quād lhomme eſpandra le ſang de laultre homme. Pour ce que le genre raiſonnable eſt facture de Dieu, & ame de ſon ſoufle. Dieu ſeul congnoit le ſecret des cueurs, & à luy eſt le punir. Quiconque uiue ne s'empeſche de loffice, qu'a moy conuiēt. Il n'eſt dō- né à uous l'entendement, qui cache la uoulēté, que ie tiens auec l'homme. Incomprehenſible eſt la fin de mes miſericordes enuers ſon chef. Pource qui l'occit ſe rendantz ennemyes toutes les uertuz des cieulx mourra ſempiternellemēt. Pource que l'hō- me eſt image de Dieu, & ſa ſemblāce. Ainſi luy par la le Seigneur, & le rebeniſſantz repliqua la tierce foys, Croiſſez, et multipliez. Puys pacha auec eulx, leurs promettant uſer la uertu de ſa pitié, & non la fureur de ſon deluge au preuariquer daultruy, & pour ſigne de ce, diſt, Ie mettray aux nues du ciel mon arc, lequel ſera teſmoing de la deliberation fai- ćte entre moy, & la terre.

Soubdain que le parler de Dieu feit ſilēce, Noé amaiſtriſa ſes enfantz en l'induſtrie de lart. Pource qu'elle pourchasse le necessaire au besoing du uiure. Elle est une apprehension des choses, sans lesquelles l'homme ne peult faire. Parquoy le pere de tous les peres se dõna à cultiuer la terre, il comenca à luy rompre le dur des superficies, respandant en son morbide les semences. Planta les premieres uignes. Et a essayer la liqueur de leur fruict, le uin, & le fumeux, & le puissant du uin luy confusa la memoire. Par laquelle chose occupé par le sommeil de l'ebrieté, cheut en l'espace de son tabernacle. Dont Cam de qui descendit Canaan iettant les yeulx inaduertiz au nud de qui l'engendra, ueit ce, qui ne se doibt regarder. Et en ayant dict ung mot à ses freres, lesquelz reprindrent la licence de sa ueue, la temerité de laquelle pourchassa seruitude à la liberté du filz Sem & Iaphet ayant prins le manteau, & le mettant sus les espaules, auec le debuoir de la reuerence tournant la face en arriere, recouurirent auec l'honneur du drap la uergoigne de la chair, tellement que Noé resueillé du uin, entẽdue la presumption de Cam dernier entre les aultres deux, tout enflammé du feu de l'honnesteté dist, Soit Canaan soubmys à l'obeissance des seruiteurs de ses freres. Benisse le Seigneur benict Sem, & le Dieu de Iaphet multiplie, & habite aux maisons de luy. Bel exemple de mœurs, & de l'honneur, que au deuãt nous la discretion, qui couurit le membre de la uergoigne, comme requiert la reuerence qu'on doibt au pere. Mais si nous meritons la sentence de la malediction seulemẽt pour dresser le regard au secret de la personne, quel precipice est celluy, qu'a nous

on

on represente deuant le cours, s'il aduient, que nous le iniurions auec l'effect des paroles? Noé uesquit apres le Deluge cent cinquãte ans, & le nombre de tous ses iours furent neuf siecles, & dix lustres.

Au cercle de toute la terre estoit ung seul langaige, & une mesme langue proferoit les conceptz des uouloirs d'aultruy : sans interpreteur les natiõs de luniuers entendoyẽt les dictz de lung & de laultre. La simplicité des communes occurrences ne cerchoit point l'exquisite de la faconde. Le terse des uocables ne enasprissoit le doulx de l'accent, ne le suaue de la uoix. Et ainsi eust esté tousiours, si les enfantz de Adam uenantz d'Orient aux champs de Senaar n'eussent tenté de toucher le ciel auec le chief de la tour. Eulx stimulez des haultesses de l'orgueil consulterent ensemble de cuire les pierres, & de user pour mourtier du cymẽt, dont ilz peussent faire une cité apte à donner nom entre les diuerses, & uniuerselles gentz. Ia la fame estoit née en la bouche de l'homme. La louenge ayant regardé aux merites de celluy, & de cestuy, l'enfanta de ses uoix, & l'ambition humaine la meit en grace de la generosité. Dont les cueurs nobles tournoyantz le pensier, esiouyz de ses honneurs, & de ses cris, pour en faire acquest commencerent par ce à despriser le sang, & la uie estimantz plus l'eternel de la memoire, que le brief du uiure, leur semblant par tel moyen arracher les bras à la mort. Les tourbes predictes esmeues d'une telle uanité, se meirent en la sueur de si grande entreprinse. Ia l'artifice congnoissoit en quelque part le correspondent de la proportion, l'ordre du desseing tenant l'oeil à la largeur, & à la longueur des mesures, se estendoit ia au conuenant de l'Architecture. Et si le Dorique, le Ionique, le Corinthe, & le Composé auec les distāces, & auec les soubstenementz des columnes, n'estoit là, on y uoyoit le souldé du murer, & le ferme des murs, & l'engin de mille, l'intellect de deux mille, & le iugement d'aultretantz, auec les fatigues, & auec la solicitude de la multitude disposée à conduire au sommet de la exterminée haulteur le droict de la grand roche, paraduenture auec intention de faire guerre à Dieu, ou urayement de se egaller à sa puissance. Entant les boys, & les traux forgettez hors du mur dōne ayse à qui tire la matiere, l'eau, & les pierres pour la matiere de la superbe fabrique. Les porteurs des choses, que les maistres de tel art mettent en œuure, semblent les formies chargées de semences, & de uiandes, qui greuées, & lassées cerchent leurs habitations. Eulx clinez auec le chief rude, & auec les mains calleuses attachées au poix, qui leur pressant les espaules leur tire eau du front, & alaines de lesprit, monstrent au ployer des genoulx le las des membres qui le continuel de la fatigue leur a brisées. Les iuges de la machine demeurent icy bas, & lassus hault, donnant laduis des conseilz, & le conseil des aduis à l'accroissement du mur. Bruyent les roues des charrettes, qui chargées uiennent, & deschargées uont. Cy se paye, & là se pache. Toute chose cy est occupée des choses necessaires à la tour. Les chanures desueloupez, & enueloupez du ensus, & du embas

embas de ses soubleuementz, & contournementz, font ouyr le rauche des instrumentz, qui exercitent leur ayde. Mais l'air non accoustumée à ueoir cymes si haultes, ne moles si desmesurées, estonnée à se ueoir passer par telle nouueaulté adumbrée en soymesmes debilitoit l'esprit, dont la rumeur de la chiorme, qui refrappoit en la uiuacité de son uif, ne resonnoit en l'accoustumé de la nature, laquelle cause la reflexion des uoix.

La maiesté de Dieu, qui des haultz sieges uoit en quel mode l'arrogant de l'insolence humaine presume de se haulser à l'humble de la bonté diuine, se monstrant auec le semblant de la iustice, dist, Donques nostre face doibt estre comprinse par la ueue de ceulx, que iay formé de la fange? Doibs ie soubstenir, que les maisons empirées soient dominées par les habitations terrestres? Sera iamais que les hommes conuersent auec les Dieux? Les familles du ciel ne sont elles differentes de celles du monde? Les secretz de la uolenté, qu'est en moy, ont ilz à estre publiez par la temerité des gentz, qui osent espouuenter mes spheres, & mes estoilles auec la sommité de la tour, qui autant croict, que en ceulx, qui en sont cause, diminuist la craincte de Dieu? Ainsi ne sera. le ueulx, que l'homme demeure en son erreur. A' peyne eut ce proferé, que la confusion se espandist en la pronuntiation de leur parole, tellement que en ung moment l'estrangeté des langues estrangement se diffusa en la conformité des premieres notes, dont le contraire com mença à desaccorder le droict des choses opportunes. Le mourtier estoit entẽdu pour l'eau, & l'eau pour le mourtier, les pierres crues pour les pierres cuyttes, & les pierres cuyttes pour les crues. Qui debuoit aller s'arrestoit, & qui debuoit s'arrester alloit. Le cy se croyoit estre le là, & le là le cy. A qui estoit dict, Tais toy, parloit, & à qui on disoit, Parle, se taisoit. Les signes entrelassoient les faictz, & les faictz destournoyent les signes. Le Non deuint Ouy, & le Ouy Non. Et se estant chascung tiré au geste de la merueille, & l'acte de la desesperation, celluy prouerbioit cestuy, & cestuy reprenoit celluy, dont l'ire allumãt les couraiges de chascung prouoquoit l'iniure entre tous. Entãt la tour soubleuée sus la face des fondementz auec terrible expectation ne ua plus en hault. Les matieres de la muraille se sechent. Les doctes en telle art se amuettissent. Les ministres pour cecy estonnez, se regardant lung laultre ne scauent que faire. Les chemins sont attrauersez des cheuaulx, & des chameaulx portant l'areyne, & la chaulx. Les charretiers pensifz en eulx mesmes n'entendoient les aultres, ne les aultres eulx. Ne pour si hault miracle se congnoit le uouloir du Seigneur, la uoix duquel les chassa de l'œuure. Et leur faisant laisser l'edifier de la cité, & de la roche les diuisa en toutes les terres, & en la face de toutes les regions, & le lieu s'appella Babel.

En ces iours là le Seigneur parla à Abram filz de Tharé oncle de Loth, & mary de Sara, luy disant: Sors dehors de ta patrie, & separes toy de tes parentz, abandõne la maison paternelle, & uien en

la ter

la terre que ie te monstreray. Tu as trouué grace enuers moy. Parquoy tu croistras en gent tresgrande, Ie magnifieray ton nom. Et ceulx seront beniɛtz de moy, qui te beniront, & mauldiɛtz, qui te mauldiront. Abram non transgressant le commandement de Dieu sourtit de Aran auec Loth, & auec Sara, portant, & menant auec soy tout son auoir, & toutes ses familles. Et estantz paruenuz au pays de Canaan, Abram passa par telle situation iusques au lieu de Sichem, & iusques dedens la uallée Illustre. En ce temps le Cananien estoit en terre. Et le Seigneur apparu à Abram dist, Ie donneray ce contour à ta semence. L'homme sainct le remercia. Et luy dediant laultel, & l'ayant inuoqué auec la bouche du cueur, & auec la langue de l'ame esté dit son tabernacle au mont, qui se rencontre auec l'orient de Bethel. En celle haulteur sacra ung aultre aultel à Dieu, inuoquant mesmement le nom de luy auec les accoustumées affections. Et à son uenir aux parties du midy la faim feit sentir la chierté de ses choses aux gentz. On uoyoit la paupureté cheoir au public des uoyes sans aulcune pitié. Grand marrissement mettoit aux cueurs des meres la simplicité des enfantz, qui criantz & plaingnantz leur demandoyent du pain. La charité uie de la necessité estoit en tous desuoyée. les herbes, & leurs racines soubstenoyent le debile des uies cheātes, & tremblātes. Le prouchain ne pouuoit ayder le uoisin, ne le uoisin le prouchain, tellemēt que qui n'estoit puissant d'or ou d'argent, luy deffaillant la uiande au disner, & au souper cōstituez par ordre de nature au ieun du corps, de peu à peu mouroit. Parquoy Abram espouēté dung si cruel spectacle, craingnāt le mesaise de soy, & des siēs se meut uers Egypte presupposant peregriner là iusques que les habitātz du pays restaurassent la terre auec copie de l'abondāce. Et pour se rēdre plus seur de la uie, dict à sa femme aymée, Affin que par toy me soit bien, fais que tu dies m'estre sœur. Aultrement ie doubte, que mon ame ne uiue point, mais elle demeurera auec moy si tu ueulx. Sara ne respōdist au tēdre de la priere de son tresbon cōsort: car les lhermes non seulemēt luy esblouyssoient les lumieres, mais luy plouuātz bas par le uisaige, engorgeāt elle plusieurs senglotissant, & gemissant, auec le chief au sein fiché demonstroit le dolent de son affliction. A la fin recouuerte la uoix des paroles luy promict de faire ainsi, comme il luy enchargeoit.

Comme Abram meit le pied dedens les termes des Egyptiēs, la splēdeur qui sourtoit des yeulx de Sara, reserena l'air repercuté des raiz, q̄ scintilloyēt grace, & amour. Les cheueulx allumez de la uiuacité de la blōdesse luy estoiēt cōtournées en teste auec si doulx noudx, & auec si gayes tresses, que plustost ilz sembloyent cheueulx d'ange, que de femme. Le suaue de ses manieres, tiroit l'immobile de l'estōnemēt à q̄cōque la regardoit. Parquoy les princes adnoncerēt à la maiesté de Pharaō cōme en son royaume estoit cōparue une fēme, en la beaulté de laquelle se complaisoit nō seulemēt la nature, mais encores l'enuye. Soubdain, que le roy ouyst le cris de la rare beaulté, l'affectiō de la uolupté, que le lascif

lascif du desir respand par les os, le feit tout resentir auec le tremblãt des mẽbres, & auec le battemẽt du cueur, ne luy estãt aduis quil fut possible de suppor ter l'interualle d'ung brief espace, se cõsommoit en la retardãce du demeurer, lequel s'entremettoit entre le desir de luy, & la uenue d'elle: mais uoicy Sara, qui apparue à son cõspect, accreur auec le singu lier de la presence les promesses, que la fame luy auoit faictes. La modestie de l'honnesteté de la seruante de Dieu admonnestoit la licence des yeulx, qui osoyent la regarder auec le masle du pensier. En somme sa gayeté sans aultremẽt former paroles auec la tresbelle bouche armaire des perles, des Rubins, & des odeurs, impetra si grande faueur au mary, que les familles, les serfz, les bœufz, les Asnes les Pecores, les Chameaulx de Abram allerent, demeurerent, paisserent, & se receurent comme silz eussent estez en leurs possessiõs propres. Mais Dieu, qui uoit ce que ne se discerne, & discerne ce qui ne se uoit, ne souffrit la uiolẽce faicte au pudique uouloir de sa familiere. Parquoy il frappa Pharaon de tresgriefues playes luy flagellant sa maison de pesti feres accidentz. Tellement que le Roy appellé à soy Abram dist, De ta coulpe naist ma peine. Ie merite pardon, puis que la fiction, que tu m'as usée, à permis l'erreur, auec lequel ie t'ay offensé. Excuse moy mõ croire, qu'elle te fut sœur, non femme. Ainsi di sant là luy restitua, cõmandãt à plusieurs, qu'ilz me nassent ailleurs elle, luy, & toute aultre chose leur.

Grand simplicité fut celle de ces temps, grand fiance, qu'ilz eurẽt en Dieu, grãd seurté d'hõneur.

Voicy Abram, qui aymant ſans ialouſie cõſent, que ſa femme appaiſe ſes crainctes au lict d'aultruy, & non penſant au deſhonneſte du uice, attent que le Seigneur pouruoye au ſalut matrimonial. En tel les perſonnes n'eſtoit la uoulenté de Venus en la delectation de ſe complaire: mais la copule ſe uſoit, comme acte de ſacrement, & de religion, & pour remplir la terre d'ames uiuantes, & de ſerfz du Seigneur, la bonté duquel ne ſupporte, qu'auec l'adultere ſoit uiolé le diuin des loix, qui ne ſe doibuent rompre à la requeſte de la uilité d'ung appetit laid comme le peché, que on commet à le faire. Abram ſe partit d'Egypte auec toute ſa brigade, & auec toute ſa ſubſtãce, & ſen alla auec Loth en la partie du midy. En grande copie eſtoyent les richeſſes du ueritable amy de Dieu. Il abondoit oultre l'argent, & l'or, de quelconque commodité, que ſe requiert au noble uſaige de la uie. Luy retournant par le chemin, par lequel il uint, ſ'arreſta entre Bethel, & Hai, ou il meit premierement le tabernacle, & au lieu ou ia il feit l'autel. Il ora au Seigneur le remerciant de la ſauluetė à l'aller, & au tourner. Mais le long, & le large encombre des trouppeaulx, des parcz, des loges, des utenſiles, & des gentz, n'eſtant capable à la reception de l'oncle, & du nepueu, fut occaſion que leſtroiſſeur du lieu eſmeut debat entre les paſteurs, qui iuſqu'alors demeurerẽt enſemble auec le paiſible de la paix. Et leuée la rumeur grande, eſtoit pour en ſourtir ſang, & mort, ſi la bonté de Abram ne ſe fuſt entremiſe à leur audace. Il dict à Loth, Voicy deuant toy toute la terre:
&

& pource eslys en celle quantité, qui te aggrée, & ua t'en en celle part, qui te plaict: Car pour moy ie te ueulx demeurer frere en grace, & amour, pardonnant à la folie de l'insolence des gardiens de noz choses. Certes si tu te plais à la dextre, ie me cõtenteray de la senestre. Et si la senestre te delecte, à moy sera chere la dextre, mais que seulement non conseruions la charité du sang ie me satisfay.

Loth leuant les yeulx ueit toute la region du Iordain, de qui les eaues auant que Dieu submergeast Sodome, & Gomorre, arrousoyent la grandeur du pays, comme le Paradis du Seigneur, & comme l'Egypte à ceulx, qui uiennent en Segor, diuise les personnes, & les facultez, non les cueurs, ne les couraiges. Abraam habita en la situation de Chanaan, & Loth aux champs de Sodome, patrie d'hommes impies, comme luy pie. Les pechez de telz Citoyẽs se haulsoyent par dessus les faultes humaines. Et la nature offensée par le detestable de leurs uices, prioit tousiours Dieu, qu'il les oustast de la face de la terre. Mais uoicy le Seigneur que dict à Abram, Tournes tes yeulx en arriere, regarde à present ou tu es. Regarde à Aquilon, à Midy, à Orient, à Occident. Saches que ie donneray à toy, & à ta semence eternellement ce, que tu uoys. Si aucung peult nombrer les grains de la terre, il nombrera encores tes descendentz. Parquoy lieue toy sus, & cerche par toute contrée, que tout est don, que ma courtoysie t'eslargit. Abram apres le dict du Seigneur transporta son tabernacle aupres de la uallée de Mambre, laquelle est en Hebron, & là haul haulſa l'aultel à Dieu. Et cepēdant qu'il demeuroit aux ſeruices de celluy, qui faict reluyre les Eſtoilles, luy ſacrifiant Hoſties, & luy offrant prieres, uoicy que ung eſchappé du conflict luy adnonce comme Codorlaomor, Thadal, Amraphel, & Arioch Roys des Elamites, & des gentz de Sennaar, & de Ponte congregez en la uallée ſylueſtre auec tous les exercites, ont frappé Raphaim en Heſtatror, & auec eulx Carnaim, et Zuzim, Emim la plaine de Cariathaïn & en Corey, & aux montz de Seyr, & iuſques aux lieux champeſtres de Pharan. Il luy compta en quelle mode ilz eſtoyent apres tranſcouruz à la fontaine de Meſpat, & en quelle maniere ilz occupent la region des Amalecites, des Amorées. En fin luy narra, que ſe oppoſantz à leurs armes le Roy de Sodome, le Roy de Gomorre, le Roy de Adama, le Roy de Seboim, & celuy de Bale, cōbien que ayent eſté cinq corōnes cōtre quatre, ont tournez les eſpaules aux ennemys, reffuyātz au mōt tous ceulx, qui ne trebucherent aux puiz du ciment. Tout le diſcours de te telle guerre Abrā auoit premier entendu exceptée la fin. Et en luy diſant la fuitte du camp, comme au ſaccager de Sodome Loth eſtoit demeuré priſonnier, tout l'air du uiſaige d'Abram ſe couurit de nues en entendant le cas du filz de ſon frere, & emblanchiſſant la face, luy battant le cueur, demonſtra l'extime, qu'il faiſoit de l'homme, & du ſang. Et ſ'allumant en ung traict du feu de ualeur, & du deſdain, reduiſt en une trouppe, CCCXVIII. hommes utiles, & robuſtes nez ſoubz les toictz de ſes maiſons, parfaictz en loyaulté, & en ob obseruance. Luy auec tel nombre sans aultres trompettes, & sans aultre militie le guydãt Dieu suruint aux ennemis en Dan. Et les assaillantz de nuict, & les auoir mys en fuitte, les poursuiuit iusques en Soba, & à Phenice assise à la senestre partie de Damas, & recõquestée la grãd proye, & l'aymé Loth, retourna auec la uictoire, triumphant, en rendant graces au Seigneur occasion de toute occasion, Ayantz ouye la renommée de cecy le Roy de Sodome, & les Femmes, auec tout le peuple, retournantz eulx de la bataille, luy sourtyrent au deuant. Et Melchisedech Roy de Salẽ & Prebstre du Dieu treshault, offrit au uainqueur pain, & uin, disant, Soit beneict Abram du treshault Dieu Createur du Ciel, & de la terre. Et Dieu treshault soit beneict pource q̃ sa protection te à mys l'ennemy en main. Entant Abram restitua au Roy de Sodome toutes les animes, & tendant les mains ioinctes en hault dist, Tesmoing le Seigneur, comme ie ne tireray du fil tissu soubz les robes, iusques à la courroye des souliers de toutes choses, qui perdues par aultres, ont esté par moy reprinses. Pource que la bontê de Dieu m'abonda en la largesse de chascung bien. Parquoy ie te rendz ce, que en auons, excepté ce, que ont mangé ceulx, qui m'ayderent à l'entreprise, que la mercy du Seigneur m'a faict obtenir.

Apres le discours predict, Dieu glorieuz parla à Abram en la uision luy disant, Nayes paour : car ie suis ton protecteur, & ta garde, & ta guide, pour estre ton merite de bien grand guerdon. Et il à luy, Seigneur, pardonne au peché, que ie commectz en desi desirer l'heritier de la faculté, que ta grace me multiplie. Pource que le desirer cecy est uolenté naturelle aux peres, lesquelz errent à non attendre, que Dieu leur pouruoye de myeulx. Vrayement ie remetz toute chose à ton uouloir. Toutesfoys si mes uœutz peuuent rien auec la clemence diuine, plaise toy que mon serf ne succede point au domaine de ma maison libre. Et Dieu le consolant auec luy promettre heritier legitime, le mena hors. Et luy apart faict regarder le Ciel dist, Ainsi comme ne se peult compter le nombre des Estoilles, ainsi ne se pourront nombrer les gentz de ton lignaige. Abram le creut, & ce luy fut attribué à Iustice. Et luy reparlant le Seigneur dist, Ie suis celluy, qui te tira hors de Hur, & des Caldees pour t'enseigneurier de ceste terre. Dont Abram luy respondit, Comment men puis ie certifier? Et Dieu à luy, Porte moy une Vache, une Chiepure, ung Mouton de troys ans, apres ung Tourdre, & une Colombe apres. Il feit ainsi. Et les diuisa par moytié, & en meit deuant soy moytie du cousté droict, & moytie du senestre: mais il ne separa les oyseaulx, que non craignantz ce, quil les chassoit, descendoyent sus les mortz animaulx. Mais uoicy au tramonter du Soleil le sommeil, qui assaillit Abram. Parquoy le grief & le tenebreux de l'horreur l'occupant auec les paours des formes uariables, luy feit monstrer par le songe le futur peregriner des siens par les terres daultruy estantz soubmis aux loix de la seruitude, & par quatre siecles affligez. Il luy monstra encor, pour l'ouster de la confusion, apres telz euenemētz les grandz substan ſtances. qui le debuoyent conſoler auec la felicité de leur abondance. Il l'aſſeura en ſa bõne uieilleſſe eſtre enſepuely auec ſes peres en paix, leſquelz retourneroyent en ce lieu en la quarte generation. Apres que l'air fut embruny ia anuictant, uoicy leſpais d'une nue, qui ſembloit faire une aultre nuict auec l'obſcur des umbraiges de ſon condenſement. Et dedẽs telle matiere apparut comme fornaiſe ardẽte, le feu de laquelle exhaloit par toutes les fentes. Ces choſes ſe ueirent le propre iour, que Dieu pacha auec Abram promettant à ſa race dés le fleuue d'Egypte, iuſques à Euphrates, dedẽs les confins deſquelz ſont les Cinées, les Cinezées, les Cethomées, les Ethées, les Pherezées, les Amorrées, les Chananées, les Gergeſées, & les Iebuſées, & encor Raphaim.

Sara fẽme d'Abrã eſmeue p l'intrinſeq de la bõté laqlle cõſentoit à recõgnoiſtre ſoymeſmes, penſant en ſoy à la ſucceſsion lhermoya pour ſe ſentir inutile à la concepuoir, & à l'enfanter. Et pource que la modeſtie, & l'hõneſteté d'une ſienne chambriere Egyptienne luy plaiſoit, dict à ſon mary, Puis que le Seigneur cõſent, que de moy ne ſourte le tien heritier, entre à Agar noſtre ſerue: car parauẽture Dieu lequel uoit le profond des intentions humaines, te concedera en elle ce, qu'il te nye en moy. Ie deſire que tu cerches le fruict de l'arbre d'elle. Et ne croy, que auec la bouche ie die ce, que le cueur abhorriſt mais ie te parle de ſa uoulenté, & il te dict, que ainſi le faces, comme ie te prie. Conſentit Abram aux paroles de ſa femme, & congneut la ſeruante comme legitime. Et ce fut dix ans apres ſon habiter en la ter terre de Chanaan. Mais qui peult refrener la haultaineté feminine? Qui leur peult imposer le peché des loix? Qui les peult commoderer auec les admonestementz de la discretion? Voicy Agar, qui par le conseil de sa maistresse se conioinct auec Abram & par ses prieres luy deuient sa compaigne, soubdain qu'elle se sentit enceincte de luy il la print en usaige. Dont la reuerente matrone se retournant au uenerable mary dist, Tu œuures iniquement contre le pur de ma conscience, mercy de laquelle le couraige te rid pour l'acquest d'ũg nouueau enfantement. Ie t'ay baillé ma seruante au gyron, non pour en estre sinon remerciée, aumoins nõ desprisée. Doncques le Seigneur iuge de nous deux. Abrã demeura aucunement pensif en soymesmes comme homme, qui iustement delibere. Et congnoissant le saige de l'une, & le rebelle de l'autre dist, La uoilà en tes mains, saulue la, & condemne la cõme te semblera: Car i'en demeureray à ta sentence. Sara ne se peult contenir de celle impetuosité, que la fureur esmeut au couraige de la femme. Parquoy luy esgratignant le uisaige, & luy arrachant les cheueulx deschargea le noble desdain, qui iustement la mouuoit à se uenger de la uillainie, qui la prouoquoit à ce faire. Et la miserable fuyant au deuant elle courut aupres de la fontaine de la solitude. Et l'Ange du Seigneur luy apparoissant là, se ouit dire par luy, Agar seruante de Sara dou uiens tu? & ou uas tu? Ie fuys, respondit elle, sa presence. Et l'Ange à elle, Retournes, & te humilies en son obeissance: car ainsi se doibt, & ainsi le feras. La ieune s'arresta, &

au

au tournoyer de ſa penſée ſaduiſa de l'orgueil de l'erreur cõmiſe. Entant l'Ange luy dict, Multipliant multiplieray ta ſemẽce, la multitude de laquelle ſera en nombre immenſe. ſubioingnãt, Voicy, que tu as creu, dont tu enfanteras ung filz, lequel tu nommeras Iſmael, & ce ſoit don concedé de Dieu à ton affliction, combien que celluy, qui naiſtra de toy ſera homme cruel. Et ainſi cõme ſes mains ſe eſmouueront contre tous, ainſi celles de tous ouureront contre luy. Certes il mettra les tabernacles en chaſcune region des freres de luy. Agar appella le nom du Seigneur, le loua, le beniſt luy diſant, Toy Dieu, qui m'as ueue, t'es toutesfoys daigné, que ie te uoye par les eſpaulles. Et par tel myſtere naſquit, que la fontaine entre Gades, & Barad ſ'appella le Puis du uiuant, & uoyant. De tel lieu ſe partit Agar. Et admonneſtée par le meſſagier celeſte retourna toute repentante deuant la face de Sara. Et auoir impetré pardon par le moyen des lhermes, & de lhumilité ſe confeſſant eſtre ſeruante, & elle maiſtreſſe, elle parit le predict Iſmael eſtant Abram greué du poix de octante quatre ans.

Contant Abram la ſomme de douze moys moins d'ung ſiecle, Dieu luy apparut luy diſant, Ie ſuis le Seigneur omnipotent. Parquoy ua deuant moy, & chemine par mes ſentiers en uertu, & en perfection. Ie mettray mon pache entre moy, & toy, multipliant ta lignée auec grandeur, & auec proſperité. Abram cheut auec la face en terre, & l'adora. Dieu luy parla, & luy diſt, Ie conuiendray auec toy en pache, & feras pere d'infinie generation : & plus ne te sera dict Abram, mais Abraham : pource que ie t'ay constitué origine de tresgrande gent, & de toy sourtiront les Roys. Nostre appoinctement montera en ta descendence auec fermeté sempiternelle, & seray Dieu des tiens, comme ie suis le tien. Parquoy ie leur donneray la terre de ta peregrination, & le païs de Chanaan sera leur possession eternelle. Pource garderas l'ordre que ie establis auec toy, & auec quiconque naistra de toy. Voicy mon pache, & le tien est, que tous les masles de uous soyent circoncis en la peau de uostre membre. Soit circoncis l'enfant de huict iours, & ne demeure sans le caractere que ie dy, ne le libre, ne le serf, ne le forestier, & soit mon pache en uostre chair en perpetuelle promission. Et l'ame de celluy qui demeurera incirconcis, sera cancellée de son peuple, comme romperesse du pache du Seigneur. Oultre ce Dieu dict à Abraham, doresenauant nomme ta femme Sara, & ie la beniray, t'en donnant ung filz signé de ma benediction. Elle sera aux nations, & de luy naistront les Roys des peuples. Abraham recheut auec le uisaige en bas. Et son cueur dist riant en soy, Doibs ie croyre, qu'ung filz naisse d'ung home de cent ans, & d'une femme de nonante ? Plaise toutesfoys Dieu, que Ismael uiue deuant toy. Asseure toy, dist le Seigneur, que l'an suiuant en ce temps Sara parira de ta semence Isaac, car tel nom tu luy mettras, & ie ordonneray auec luy mon pache, affin qu'il se obserue auec le sempiternel de la promission de quelconques uiendra apres luy. Oultre ce ie t'ay exau exaulcé de Ismael: ie le beniray, & l'accroistray en grande gent. Il engendrera douze ducz, & en ma grace il sestablira en terre. Finy le parler de Dieu, Abraham print son filz, & les serfz nez en sa maison, les personnes achetées, & tout aultre masle mys aux affaires de ses seruices, & les circoncist en gloire de la loy, q̃ le Seigneur determina auec luy. Il se tailla soymesmes, & Ismael. Mirables, & haultz sont les effectz des secretz de Dieu, du profond desquelz sourtit l'acte de la circoncision, obseruée par Christ, pour estre non seulement caractere de la foy, colomne de la loy, mais encor figure de baptesme. Mais toutesfois estoit extreme la grace de Abraham, & le merite de telz fut tresgrand. Puis que Dieu à toutes les heures, en chascun temps, & en tout lieu il se monstroit à eulx aux nues, aux songes, & aux transfigurations. Mais plus heureux fut l'homme, qui eut Dieu pour protecteur. Et ce se ueit au predict Patriarche, la bonté duquel le Seigneur apparut luy estant à se seoir sus la porte de son tabernacle à la plus grande chaleur du iour, luy leuant les yeulx ueit comparoistre troys personnes. Et les uoyant de grand aspect, de modes haultz, & de cheminer celeste, leur courut encontre, & adora le Seigneur disant, Si i'ay trouué grace en tes yeulx ne passe ton seruiteur, qui à genoulx confesse la deité, que tu ueulx, que ie comprenne en toy. Voicy que ie porteray l'eau, affin que uoz piedz se lauent. Reposez uous soubs l'arbre, & ie uous conforteray le cueur auec la piece du pain, dont consolez uous en irez. Les troys hommes luy respondirent,Fais comme tu as dict.Soubdain que sa charité fut acceptée par eulx,alla à Sara luy disant, Mesle soliciteusement la fleur de la farine, & de la paste de troys mesures,& fais des pains,& les cuitz soubz les cendres. Entant luy eslisant le plus tendre ueau du trouppeau le feit cuyre par l'ung de ses familiers. Puis print laict, & beurre, & le mettant auec aultres choses deuant ses hostes, contempla leur essence auec la syncerité de cueur. Et eulx ayant estaincte la faim,dirent, Abraham ou est Sara ta femme? Elle est au tabernacle Seigneur. Et eulx à luy,Retournant sain, & seul, ie uiendray à toy en tel temps. Mais allegre toy, que ta femme aura ung filz. Sara rid,qui ce ouit de là ou elle estoit dedens. Tous deux estoyent d'eage decrepite. Et en elle n'apparoissoyent plus les signes par la matiere desquelz sengendre le plaisir charnel. ne l'esmouuoit le desir, ne les embrassementz du mariage chaste. Pource Sara s'en moucqua. Et le Seigneur dist: O Abraham,ta compaigne a rid de mes dictz, qui annoncent l'enfantement à sa uieillesse, comme si à Dieu ne fut facile toute chose. Sara estonnée en la paour du Seigneur nyoit celà, qu'elle ne luy pouuoit absc͠odre. Se estantz leuez les hommes assis au conuis,tournerent le regard enuers Sodome, & la feirent trembler auec le signe. Et allant Abraham ensemble auec eulx, pleut à Dieu luy reueler la ruyne des deux Citez.Et se partantz allerent à Sodome, & à Gomorre,& il demeura deuant le Seigneur,la iustice duquel ne uoulant plus souffrir la puanteur du peché de inique generation, haulsoit

des

desia le bras pour punir les coulpes des mauuais, & des errantz sans aulcune crainte de Dieu, & sans aulcune uergoigne des hommes. Et Abraham au Seigneur, Doncques se doibt perdre le bon pour le mauuais? Si en la Cité seront cinquante iustes ne pardonneras tu à tel lieu par leur bonté? Et Dieu à luy, Trouuant ce que tu dys, ie la saulueray. Puis que ta mansuetude concede de parler à moy, qui suis cendre, & umbre, dy moy, Si tu destruiras la Cité en deffaillãtz cinq du nõbre predict? Quand, dist Dieu, sera que ilz y seront quarantecinq tres-bons, ie la saulueray. Suiuit Abraham, Et en y estãt quarante? Ie ne la destruiray, dist le Seigneur. Et luy, Ne te desdaigne si la temerité mienne tente de retirer ton secret. Pource que l'affection du prochain me force à te demãder, Si là s'en trouue trẽte, la iustice, qui est en toy, se esmouuera elle à misericorde? Elle se esmouuera, respõdist Dieu. Et s'il n'y auoit plus que uingt, replique le uieillart, que sera? Ie les saulueray tous si ainsi est, suiuit le seigneur. Et Abraham nõ sans rougissemẽt des importunes requestes auec faire excuse de son trop deuiser, dist, Dea Seigneur, ressoulz moy, Si quand les parfaictz fussent dix, les occiras tu? Ie respãdray sus telles gentz le benict de ma grace, s'il aduiẽt que entre les milliers des tresmauuais ilz y en uiuẽt dix en la craĩcte de dieu.

Se teut le Pere digne de reuerence, & de gloire: dressant les yeulx de l'esperit aux compassiõs, que le Createur à des ames des hommes, & plaignit auec ceulx du front le louant, & le remerciant. Mais quelle plus claire uerité se peuuent imaginer

les Infideles quand à l'essence du Pere, du Filz, & du sainct Esperit, & de Christ auoir à estre chair, & os comme il fut: que le tesmoignage des trois personnes apparues à Abraham, lesquelles il adora en la trinité d'ung seul Dieu, luy les uoyant separées, & toutes ensemble parla au Seigneur seulement, lequel beut, & mangea demonstrant en tel acte l'humanité du filz, qui apres faict homme souffrit humainement la faim, la soif. Et pour acheuer de reseruer l'air obtenebré au doubteux du pensier, uoicy que Dieu resta auec Abraham. Et sa parole, & sa uoulenté en forme d'Anges allerent uers Sodome sus le faire du soir. Et les uoyant Loth, qui seoit sus ung des costez de ses portes, touché de la lumiere, dequoy leurs faces resplendissoyent, apres qu'il se fut ietté en terre auec les genoulx, & qu'il les eut adorez, les efforca auec prieres à s'en uenir au couuert de son habitatiõ. Et eulx apres auoir faict semblant de uouloir demeurer en la place, se laisserent conduire en la maison du seruiteur de Dieu, lequel ayant ordonné le conuys, & cuict le pain azime attendit aux seruices, qui se requierent à l'interual de leur manger. Loth admiroit la grauité des sourcilz des deux, consideroit la maiesté, qui residoit au my lieu de leur front. Se estonnoit uoyant la grace de l'ũg, & de l'autre uisaige. Les mains de celluy, & de cestuy sembloyent d'alabastre conuerty en laict, & en sang. Ilz se respandoyent les cheueulx en bas par les espaules, & les filz de l'or, & les raiz du Soleil n'estoyent point si subtilz, ne si resplendissantz. Les uoix des accentz de chascun sonnoit comme ceulx
de

de Dieu. Et ne se pouuoyent bien regarder, pource que les lumieres terrestres ne passent point auec la uertu de la ueue aux lueurs supernelles. Et cependant, que Loth iouissoit de la merueille de la contemplation, uoicy que la rumeur se lieue, uoicy son huis enuironné des trouppes des ennemis des loix diuines, & humaines. La renommée soubdain, que les Anges comparurẽt là, diuulga de uoix en uoix leur uenue, tellement que les meschantz, qui là uiuoyẽt sans crainte de Dieu, sans respect de nature, & sans front de uergoigne, coururent à la maison du nepueu d'Abraham. Et la secouãt auec la main de l'impetuosité crierent, Donne nous en nostre pouuoir les deux ieunes, qui maintenãt uindrent uers toy. Loth ouyant ce sourtit dehors, reserrant la porte apres luy. Et les uoyant en fureur leur dict, He hommes ne uueillez, ne uueillez commettre tel mal sus les yeulx du Ciel. Regardent uoz ames à l'offẽse, q̃ en ce se faict à Dieu, & à la nature. Regardent uos cueurs à l'inhumanité du peché, la puanteur de qui est abhorrie iusques à l'enfer. I'ay deux filles non touchées, & uierges, uoicy que ie les uous donneray supportant plustost la uiolence au sang, que l'iniure au Seigneur. Loth uouloit auec la reprehension leur mettre au deuant le continent des bestes, lesquelles obseruent l'ordre de leur sexe. Et eut uolẽtiers auec l'humanité des paroles ĩtroduict le fleau, qui pour l'abhominable d'ung si enorme uice leur estoit dessus. Mais les mauluais, les obstinez, les peruers, auec face de pecheurs, & auec sourcil de dãnez luy entrerompãtz les admonitions dirent

rent en uoix haulte, & imperieuse, Doncques ung hõme estrãger nous doibt iuger? Eulx luy reprouchant estre là forestier, le mesprisant en tout eussent abbatuz les huys de la maison de luy, si les Anges, se estant Loth retiré dedens, ne se fussent opposez à leurs forces. Parquoy eulx surprins de l'ire, se tournantz à eulx auec la ferocité de la lãgue, auec le maling du couraige, & auec l'effors du pouuoir, iuroyẽt de punir & luy, & ceulx q se reposoyẽt à l'ũbre de son toict. Mais la bõté du Seigneur entremise entre le tresbõ de Loth, & le tresmauluais de telz l'asseura de la cruauté du fer de Sodome. Les nobles & le populaire estoyẽt auec tous effors deliberez de abatre le logis de Loth, & ia l'auoyẽt ceinct auec irremediable assault. Parquoy les murs, & non seulement les portes, denotoyẽt le peril de la ruine cõmune. Par laq̃lle chose les uisaiges Angeliques resplẽdirent auec lueur de lumiere terrible, laq̃lle frappant auec le fouldroyer de ses esclairs les yeulx de chascũ quasi aueugles du tout perduz en la cõfusion, q les esblouist, desuoyez les sens croyãtz cõbatre la maison de Loth, frappoient les leurs mesmes, estãtz en telle erreur toute la nuict: la Lune, & les estoilles de laquelle furent les dernieres qu'ilz ueirent. Voicy à la poincte du iour les Anges, qui s'apperceurent de nõ leur estre creu ce, quilz auoient reuelé à l'hõme de Dieu, prindrent la main de ses filliastres, de ses gendres, de sa femme, & de ses enfantz. Et leur disantz, Le Seigneur abysmera ceste uille, les guiderẽt hors de ses portes, affin quilz ne perissent en l'iniquité d'aultruy. Et admonestant la compaigne de

Loth

Loth de nõ ſe retourner pour aulcune choſe ueue, ou ouye, concedent au prier de Loth meſmes deſirant de pourchaſſer ſalut à ſon ame, quil uoiſe habiter au petit ſein de la cité uoiſine, qui par luy fut appellée Segor, pource que par ſa mercy le Seigneur la conſerua. Mais uoicy leuer le ſoleil, uoicy que ſon regard reſplendiſſant regarde de trauers la mauldicte citê. Ia le ciel murmure, Ia la terre tremble, Ia la terreur de Dieu cerche les uoyes des entrailles, des penſiers, des entẽdementz du peuple de Sodome. Eulx frappez dung ſoubdain eſpouuentement ont perduz l'arrogance, & les paroles. Ilz n'ont plus couraige, ne cueur. Seulement l'intention du mal en pys eſt auec eulx. Mais l'heure des peines des coulpes uniuerſelles eſt arriuée. Voicy Dieu, qui leur enuoye deſſus pluye de ſoulphre, & de feu, de qui l'odeur moleſte empoiſonnant les oyſeaulx, & les animaulx de l'air, & de la terre, qui couuroient Sodome, & à Sodome ſeruoyent, les faict cheoir par tout ſentier. Le liquide du feu, & le ſubtil des flammes ſe diſtillantz aux chairs, & aux os de la treſmauluaiſe generation les frioit, & affligeoit auec teſmoingnage de crys, et blaſphemies de la deſeſperation. Ilz en couroyent à l'eau. Ilz s'en tiroient aux puys. Ilz s'en gettoyent par les feneſtres. Le penetratif de l'embraſement ſe fichoit entre pierre, & pierre les conſumant cõme cyre. Auec le poix du plomb deſtruict, cheoit en bas l'ardent de la pluye, gaſtant les faces, & deuorãt les membres. La raige, l'ire, & la fureur eſtoient entrez en la poictrine de chaſcun. Dont ne ſe ouyoit aultre, que hay, helas. Les mourãtz au ſerrãt de la pluye de feu ſembloyent mõceaulx de ſerpentz, qui cepẽdant qu'elles ardent, eſtendent, & retirẽt la longueur de leurs corps. La iuſtice diuine ne cõſentoit, que les errantz ſe occiſſent auec lacz, ny auec coulteau, ny auec uenin ; car ce auroit eſté felicité de leur miſere. Tous furent puniz ſelon le tourment conſtitué à leur peché, auec les uiolences de qui ilz meurtrirent l'honneſteté de la nature, publiant à la meſchantiſe le ſecret de ſes uergoignes, roubantz la ſemence au fertile de ſes iardins. La femme de Loth, qui ouyoit eſcrier le miſerable des uoix des mourantz ne ſe peult abſtenir de non ſe retourner en derrier, preuaricant au commandement du Seigneur, le ſigne de qui l'affigea. Et luy ouſtant le mol de la chair, le uif de l'eſperit, & la couleur du ſang, ſe ſentant elle la bouche ſauourie, & les membres roydes, ſe conuertit en une ſtatue de ſel blanc comme neige, non ſans eſpouentement du mary, qui recourãt à Dieu, dict, Garde mõ ame Seigneur, & me fais fort à obſeruer tes cõmandementz. Pource que qui les oublye, meurt, & qui les recorde, ueit.

Se leuant Abraham du lieu ou le matin il auoit eſté en parlement auec Dieu, ietta la ueue uers Sodome, & Gomorre. Et uoyant une fumée pleine de ſcintilles, qui en mode de cela qui exhale de la bouche de la fornaiſe, ſaultoit auec legiers cõtournoyementz enuers le ciel ſe monſtrant quaſi nue condẽſée de l'obſcur des tenebres. Se eſtonnant inuoqua le Seigneur diſant, Deliure la uoulenté mienne, & de ma ſemence du plaiſir de la uolupté. Occys les plai plaiſirs mondains, qui me pourroyent naiſtre au cueur pour eſtre moy homme de chair. Et quand ſera que les œuures de mes actions n'ayent à te dõner louenge, honneur & gloire, ſoit ce iour le dernier de mes iours. Dieu ouyt le dict de ſon seruiteur, & pource ſe recorda de Loth, ſe recordant de luy. Luy apres la deſtruction des deux citez ſe partit de Segor. Et craingnant le demeurer là ſe transporta au mont. Et ſe retirant auec les deux filles au ſolitaire de la cauerne, y demeuroit remerciant le Seigneur. En telz moyens diſt la plus grande ſœur à la moindre, Voicy noſtre pere eſt uieulx, & n'eſt demeuré aulcun hõme, que puiſsions entrer à luy ſelon la couſtume du pays. Donques uien, & l'enyurons, affin que dormantz auec luy puiſsions cõſeruer la ſemence de ſa bonté. Ce dict la nuict ſuyuant le remplirent de uin. Et luy ayant mys le ſommeil aux yeulx auec la uertu de telle liqueur, la plus grãde fille de Loth ſe conioingnit auec luy ſans luy s'en apperceuoir ny au coucher, ny au leuer. Apres elle la plus petite conſeillée par la premiere redonna du uin au pere. Et luy redoublãt l'yurongnerie geut auec luy, ne ſachant luy, qu'elle ſe fuſt approuchée, ou deſapprouchée de ſes flancs. Adonques les deux filles conceurent du geniteur. La premiere enfanta ung filz, le nom de qui fut Moab pere des Moabites: & la ſecõde appella le ſien Ammon, interpreté filz de mon peuple, & de luy deſcendirent les Ammonites, qui regnent encores auiourdhuy. Loth ne erra à l'engroiſſer les propres filles, pource qu'en tel acte la chair meſme ne ne fut touchee de la uoulenté, ne de la cõgnoissance. Et autãt pecha luy q̃ qui iouit de ses amours en songeãt. La simplicité, & l'ignorãce, esmeurẽt les deux ieunettes à ce faire, leur semblãt estre biẽ de sauluer la memoire dung si iuste, & dung si modeste hõme. Et paraduenture le permit Dieu, l'œil de qui discerne la fin de tous les tresbons euenementz.

Apres la destruction des nidz de ce peché, qui cele à aultruy la face de Dieu, & l'aspect de la nature, Abraham s'en alla aux champs des terres Australes, faisant residence entre Gades, & Assur, peregrinãt en Geraris, imposa une aultre foys à Sara qu'elle dist de luy estre sœur, & non femme. Dont Abimelech roy de Geraris ayant entendue la renõmée de sa souueraine beaulté, ardent au desir d'elle, se la feit presenter deuant. Et quand il pensa iouyr de sa plaisance, Dieu luy dict en songe, Voicy que tu mourras de mort pour l'amour de la femme oustée au uray mary. Le roy, qui ne l'auoit uiolée, trẽbla, & plaingnit disant, Seigneur occiras tu la gent non moins ignorante, que iuste? admonestes luy & elle. Pource quil me dist qu'elle estoit sœur, & elle quil estoit frere. Parquoy i'entroys au lict auec elle auec la simplicité de cueur, & non auec l'astuce de la uolupté. Dieu accepta le ueritable de ses excuses: car il scauoit bien, quil ne mentoit point. Et pource luy dist, Restitue la à Abraham, & luy, qui est prophete, priera pour ton salut, & l'impetrera. & ne fault de m'obeyr : car la fin de toy, & de toutes les choses tiennes est bien pres. Abimelech espouenté de si grãde commission, ainsi nuict comme il estoit,

se ue

se ueſtit. Et appellez à ſoy chaſcun de ſes ſeruiteurs meit à leurs oreilles le ſecret de Dieu. Dōt la paour leur occupa la penseé, & le couraige de ſorte, quilz sembloyent perſonnes desquelles le ſommeil eſt tiré du feu, & du fer. Et au comparoiſtre de Abrahā Abimelech luy diſt, Que t'auōs nous faict Hebreu, pourquoy tu nous deuſſes offenſer auec telle iniure? Le peché, que tu induys ſus mon chef, & ſus mō royaume eſt de ta coulpe. & ce ne merite le recept, que ie t'ay cōcedé en la terre paternelle. Apres ſubioingnit, Quel prouffict eſt à toy d'auoir ce faict? Le prys auquel ie tiens la uie, que Dieu me donna, m'a incité (reſpondit Abraham) de uſer la uerité auec l'artifice, croyāt que cy ne fut point crainte de Dieu, ny aulcune cognoiſſance de la loy, ny aulcun zele de la religiō. Parquoy ie me perſuadāt la mort, ie me meus à te dire, qu'elle ne m'eſtoit liée auec la corde du mariage: car certes ouſtée la cerimonie de ce, elle m'eſt ſœur du couſté du pere, & non de mere. Mes prieres perſuadées de la crainte, que ie t'ay dicte, & non fraude aulcune la feirēt penſer à la miſericorde, qu'elle euſt de ceſte ame, & de ce corps. Parquoy l'erreur eſt piteuſe, & l'obeiſſance iuſte. Aultre choſe ne reſpondiſt le roy. Mais luy auoir baillé les pecores, les beufz, les ſeruiteurs, les ſeruātes, & ſa femme, luy diſt, La terre eſt deuant toy: pource habite en celle part, qui plus t'aggrée. Puis tourné à Sara luy diſt, I'ay dōné mille deniers d'argent à ton frere, affin que de tel uoile ſoyent couuers tes yeulx, & de ceulx, qui ſont auec toy. Et en quelconque lieu tu iras ſouuienne toy, que tu fus

reten

retenue ſans macule de uitupere. Ainſi dict il. Et Abraham faiſant prieres à Dieu tresbon treſgrand impetra la ſanté royalle. Parquoy la compaigne, & les ſeruantes de Abimelech conceurent, & parirent mercy des oraiſons de celluy des reinz de qui ſourtit Iſaac.

Le grand Dieu, qui iamais ne ment, pour n'eſtre la tromperie, ne la menſonge congneue de luy, ny iamais oublye les promeſſes, pour non auoir toully iuriſdiction aueques luy, uiſita Sara auec le don de l'enfantement au temps, au iour, à lheure à elle preſcripte par ſa parole. Dont elle ueit naiſtre de la ſemence de Abraham, & de ſon uentre le tant deſiré, & le tant attendu filz. Ia la maiſon eſt en proye de l'extreme de la lieſſe, & touchee de la conſolatiõ cõmune ne ſcait que ſe faire. Tout la meſgnie gouſte le fruict de l'allegreſſe. Tout cueur, toute langue haulſe le nom du treshault Dieu. Voicy Sara chargée de iours, qui iubile au lict, luy ſemblant touteſfoys ſonger le uray. Abraham auec les yeulx molz de la rouſée de la conſolation, auec les mains en hault louant le Seigneur plaingnit content au dernier de ſon eage decrepite. Et affin que le pache entre Dieu, & l'homme ſe obſerue, uoicy que le huictieſme iour de ſa natiuité il le circoncit auec le ſacre de la cerimonie. Sara uoulut puys que Dieu luy auoit rid, celebrer le miracle du filz né au pere de cent ans. Parquoy Abrahã ordonna, auec deues ſolennitez ung grand feſtin au iour quil fut ſeuré, luy ayant offertes hoſties ſus le ſacré de l'autel, & renduz les honneurs, & les graces au Seigneur, inuita

uita non seulement les parentz de sa femme, & les siens, mais consentit, que en tel disner se assissent a= uec soy à table les tourbes des masles, & des fẽmes nez en sa maison, les seruiteurs, les seruantes libres, & achetées, les pasteurs des trouppeaulx, les gar= diens du bestial, les bouuiers, les cheuriers. Et des re liques des aigneaulx, des cheureaulx, & des ueaulx restez se saoulerent les pouures de Dieu, la bonté duquel regardant la charité, que l'amyable du bon uieillart feit ensemble auec sa loyalle famille, le be= nict en accroissement de lignée, & abondance de bledz,, en nombre d'animaulx. Sara se leua de l'en fantement auant le Seigneur, & uiuãt auec son ma ry nourrissoit son filz en la crainte, & aux seruices de Dieu. Mais ne pouuant souffrir, que aux ieux pueriles Ismael né de Agar Egyptienne, feist mal à Isaac, dist à Abraham, Enuoye hors la seruãte auec son filz, enuoye le di ie. Pource quil n'est licite quil herite les facultez ensemble auec le nostre, le chauld uouloir de la tresbonne femme poingnit le cueur de l'hõme iuste, & aymãt Ismael, pource quil estoit aussi sourty de sa chair, souspiroit, & taisoit. Mais uoicy le Seigneur q luy dist, Ne te semblera aspre le desdaing de Sara sus l'enfãt, & sus sa mere. Pour ce oy sa uoix, & luy obeys: car ta semence sera ap= pellée en Isaac. Mais ie te prometz, que le filz de ta seruante croistra en grand gent, pour estre descen= du de toy. Abrahã obserua la cõmission de Dieu: & se leuant le matin print du pain, & de l'eau, & l'ayant mys sus les espaules à l'Egyptiẽne dist, Va, que le Seigneur sera, & uoulant proferer auec toy, les

les lhermes, que la tendresse luy feit tūber des yeulx luy en deffendirent. Et elle pleine d'affliction sen alla pelerine au solitaire de Bersabée. Et estant ia consumée l'eau, esmeue de l'esguillon de douleur iecta l'enfant soubz ung arbre né en ce lieu. Et seand le traict d'une fonde loing de luy auec le front au contraire de sa face dist, Aumoins ne le uerray ie mourir. Entant l'enfant haulsa la uoix se recommādant au ciel auec les plainctz, tellement que Dieu ouye la simplicité des tēdres quereles exhaulsa son intention. Dont l'ange appella Agar luy disant, Ne crains point, pource que le Seigneur à entendu l'innocēt de la uoix du garson du lieu ou il est. Parquoy lieue toy, & prens la main de luy, car ie le magnifieray en mainte generation. Ouy le parler angelique, Agar se leua, & cependant qu'elle alloit uers l'enfant, uoicy Dieu, qui luy ouure les yeulx, dont elle apperceut ung puys bouillonāt d'eau uiue, & s'en resiouyssant courut uers celluy. Et auoir emplie sa cruche retourna uers l'affligé, & luy dōna à boyre. Et demeurant apres en la solitude, creut le ieune enfant, & uiuoit au desert de Pharan de ce, quil frappoit auec les traictz de l'arc, quil apprint à tirer. Et ne passa beaucoup, que la mere luy dōna femme de sa patrie.

Non gueres apres, que Abimelech auec Phicol prince de ses exercites, conuint auec Abraham en ligne de perpetuelle amitié, iurant paix entre eulx, & les successeurs des deux, luy donnant pource Abraham brebis, & beufz, auec les sept aigneaulx tesmoignage du pache, qui entre eulx se feit pour occasion

occasion du puys chaué par Abraham, lequel plā-ta le boys de Bersabée. Voicy Dieu qui ouurāt les nues auec le raiz de sa lumiere, esclarcit l'obscur de la nuict, & rompt les tenebres du sommeil d'Abraham. Et luy reueillāt la pēsée, & le couraige, & le pēsier endormiz sans perturbatiō de nuisance aulcune, luy dict, Prēs Isaac tō filz unique, et aymé de toy cōme les espritz de ta propre uie, et cōme les ueines de ton mesme sang. Prens le, te di ie, & ten uas auec luy en la terre de la uisiō, & là offre le moy en sacrifice sus lung des montz, que ie te mōstreray. Le dict du Seigneur ne tua point Abrahā, pource que les paroles de Dieu sont immortelles, & prolōguēt, & n'accourcissent point les iours des iustes. Mais il en sentit tel coup, que l'ame en plainct, & son cueur. Parquoy recueillie ensemble la memoire, & les sens faisoit les mesmes contournemētz, ausquelz se tourmente celluy, qui ne peult souffrir la uiolence, que les douleurs de celle mort, qui l'enuironne, usast auec luy. Les souspirs bende à bende esclatoyēt hors de lestomac auec son de pitie, & de peine. Les lhermes bouillantes luy cheantz en bas luy cuisoyēt les ioues. Luy esperonné de la plusgrāde passion, que pour luy, ne pour aultre se peult imaginer, se leua sus, & alluma du feu. Apres auoir assez tournoié se meit à se seoir, & rengée la ioue sus la palme de la main, auec le uisaige fiché en bas alloit auec l'examē de la iustice cerchant tous les faictz de la conscience seulement pour retirer de sa confession pourquoy Dieu le punissoit auec si puissant supplice. Il disoit auec soymesmes, Le Seigneur a eu paraducture en

 despris

desprís le demesuré de la liesse, que moy, Sara, & toutes les animes de mes familles sentirent le iour, que Isaac ouurit les yeulx. Possible que les grans magnificēces du grand cōuis faict en gloire de son estre tiré des mãmelles de la mere m'a esté attribué à orgueil. Peult estre que Dieu croit, que nous pour la felicité de tel filz nous ayōs à oublier sa beatitude. Helas que biē ie scay, que à toy Seigneur appertiēnent tous les cueurs, & tous les desirs, & que noz prosperitez sont nulles ne le consentant toy. Ie te ueulx obeyr, & ne plainctz pource que l'obeissance me deulle: mais ie le fay, car ainsi le ueult nature, q participe du sang, de la chair, des os, & de la peau de Isaac. Elle se tort comme ie me tors, elle se deult cōme ie me deul. Oultre ce mon esperit s'estōne au crier, que fera la fame de gent en gent, & de peuple en peuple. Me semble ouyr les uoix des iustes, Voyez là Abraham, qui ingrat aux dons de Dieu, n'a sceu recongnoistre quel filz sa bonté luy a miraculeusement concedé en sa derniere uieillesse.

Sara s'esueilla aux quereles du mary. Et le croyant au lict estendit la main pour luy dire, Pourquoy te affliges tu en dormãt? & ne le trouuant auec le tast, haulsant la teste le ueit seand auec ung caleil, qui à tous coupz sans s'en apperceuoir luy, estoit pour sestaindre. Parquoy se estant uestue en ung traict auec la modestie des prieres le coniure à luy descouurir l'occasion du nouueau accident. Le sainct Hebreu redoubla le souspirer, & le plaindre le prouoquãt sa femme à luy dire le uray de sa marrisson. Et retardant à deslier lentrelas de la parole, se

ouyt

ouyt dire par elle, Dieu est il paraducture courrou cé auec l'humanité de noz erreurs? S'il est auec nous en ire, nous debuons nous desesperer de sa mi sericorde? Abraham ne uouloit respondre, mais les sanglotz luy trisoyent les dures notes, tellemẽt qu'à peine fut entendu de la prestãte uieille, la noblesse du couraige de laquelle attendant de entendre tou te aultre chose, que celle, que toutesfoys elle enten dit, dist, Renforce toy auec la uertu de la fortitu de, & plaise à toy ce, que plaict au Seigneur. A' sa bonté (respondit le grand Patriarche, & le grand Prophete) agrée, que Isaac filz donné par luy à toy, & à moy, luy soit sacrifié. Le cueur de Sara cheut ouyant cecy, luy cheut la face, luy cheut la langue. Elle, qui estoit femme, ne peult souffrir le coup à elle donné au tendre de la nature par la perte de son bien. Et si tost ne se reuint, qu'elle forma dictz pleins de la plus tendre, de la plus lhermoyante, & de la plus doulente compas sion, qui sourtit iamais de douleur feminine. O' Dieu, dist elle, uoicy la peine, que tu dõnes à la coul pe du rys, que feit ma bouche ouyant dire par ta uoix, Sara enfantera en l'extreme eage d'elle. Ie ne mesprisay auec tel signe ta puissance, ne ta bonté, mais ma uieillesse, & ma sterilité. Reuoque ta sentẽ ce, Seigneur clement, & accepte moy, quelle que ie soye en oblation. Le fer sacré, & le feu sainct frappe, & arde ces membres, & que luy se garde pour se mence de la grand gent, & de la succesion promise à nous par tes paroles inuiolables, & irreuocables. Et quand sera, que ainsi tu le uouldras, reprens ce ſoufle, recois ceſte ame. Elle ne peut dire, que tu m'as concedée, pource que luy faillant l'alaine fut rapportée par les chambrieres courues au bruict de ſon languir là ou elle s'eſtoit leuée.

Abraham combien que les angoiſſes le moleſtoient auec toutes les eſpeces de la paſsion, uouloit accomplir le uouloir de Dieu. Mais il eſtoit retardé de l'amour du garſon, et de la peine de Sara, luy eſſayant la force du couraige pour s'en armer la poictrine de l'affection, affin que ſes doulceurs s'en durciſſent tellement, quil peuſt executer l'office, autant la trouua hardie, qu'il penſa à Dieu. Ouſtée de telle reuerence, elle eſtoit de la debilité, que ſont celles des peres, qui ayment leurs filz, comme luy ayma le ſien. Parquoy ſe eſtant reduict au rompemẽt des plainctz il euſt eſtainct le deſir de la lignée, à qui en eut iamais enuie. O' Iſaac dernier refrigere de mon tardif ſoulas. O' delices de mes anciennes delectations, diſoit il, en quel pris tiendray ie mes yeulx toy n'eſtant plus icy, qui es leur obiect? Que doibs ie faire de mes oreilles, n'ayant plus à ouyr les organes de tes doulces paroles? Qu'appellera plus ma langue non proferant ton nom? Qui ſierra plus en mon giron, qui ceindra mes bras, qui baiſera ma bouche toy ne ſeãd plus icy, nõ te ceingnãt, & moy non te baiſant? Ainſi eſcrioit il, quand le plus ſaige eſperit luy touchant le ſentiment le reprint modeſtement luy diſant, Prepoſe l'amour du Seigneur à l'affect des filz: & ne te ſemble eſtrãge luy rẽdre ce, quil t'a donné. Toute choſe eſt ſienne. Sont ſiennes les eſtoilles, la lune, le ſoleil, les cieulx, le monde, les

anim

animaulx, & les gentz. Pource cõuertis en marbre le cueur mol. Va, & metz le bast à ton asne, & satisfays au uouloir de celluy, qui peult ce quil ueult. Qui scait, peult estre, que Dieu, q œuure tousiours bien, reduira la tristesse en ioye. Nous ne pouuons auec l'imagination trespasser aux fins de ses conceptions. Le tresmoriginé uieillard se rappaisa au conseil de linterieur intellect. Et s'en alloit à l'estable pour accoustrer sa beste, & l'eust faict asseurément si les crys, qui resusciterent au resueiller de Sara, ne luy deffendissent. Elle sourtie hors du lict uouloit auec la fureur de la doleãce courue au prompt des mains, se uẽger auec le ridé de la face, & auec le chanu des cheueulx, si le mary n'y entremettoit les prieres, les admonitiõs, & les forces. Abraham auoit nõ seulement à temperer le dueil, qui le pressoit trop desordõnément, mais encor celluy de sa femme, à laquelle en son bas il dist, Que auõs nous iamais guerdonné le Seigneur des graces receues de sa clemẽce? Cest estre, & ces nostres accroissementz auec quoy ont ilz à estre payez? La familiarité, que moy, qui luy suis serf, tiens auec luy, doibt elle estre remunerée auec les odeurs, auec les aultelz, & auec les offrãdes? Voicy que sa prouidẽce ouure les yeulx de nostre ignorance, & se glorifie auec ce, qui plus couste à noz cueurs, & noz ames. Pource louons le, & benissons le. Et toy cline les espaules aux poix, que sa uoulenté nous impose. Il luy disoit ainsi auec la bouche, mais l'intrinseque de son couraige se fondoit trescordialement. Mais quelle uantance de saigesse, quelle promesse de conseil se uanta iamais, &

iamais, pmit de rappaiser auec les cōsortz une mere q ayt son filz unique mort deuāt soy? Sara ne disoit mot, mais auec les yeulx fichez au uisaige d'Abraham faisoit signe de sa douleur incōprehensible. Et ayāt esté ainsi quelque peu rōpit les lyēs du silēce disant, Mary, seigneur, et pere miē, ua et īuoque Dieu, & dy luy que cōbiē q̄ les cōpassiōs de ses misericordes n'ayēt besoing de croistre en bōté ne en gloire, ql me face une seule grace, ql prolōge ceste siēne uolūté iusques à tāt, q̄ i'appreigne à supporter l'absence de Isaac, ou urayemēt, quil ne m'en souuiēne par uoye de la mort. Ie me l'ousteray de la phantasie en pēsant à luy, & en luy sacrifiāt plus, q̄ ie n'ay pēsé, ne sacrifié. Et quand toutesfoys sa pitié le nyera, me uoicy à ressasier auec le pur de l'affectiō q̄ ie porte au filz, q̄ luy me cōceda, q̄l cōque souffrir q̄ ce soit.

Le promettre de interceder au Seigneur, que Abraham luy feit, la reduist aux bras de l'esperance. Il luy dict, Femme conforte toy: car ie te iure par ceste dextre, laquelle selon le uouloir diuin doibt estre ministre d'une nouuelle uictime, & dūg noueau sacrifice, que le cueur de ce sein, & l'ame de ceste poictrine, que ie touche en le disant se tournera en sorte auec ses uœutz au Createur, q̄ ie ne doubte d'esmouuoir la pitié de luy à nous cōsoler. Cepēdant prie encores toy, & te uoue. Car toute grace se peult esperer de Dieu. en ce point ie iray. Et puis que i'ay terme huict iours à obeyr au Seigneur: ie meneray Isaac dehors, affin que ses prieres ioinctes aux nostres aydēt à toutes ensemble. Il dict cinq iours de plus pour nō la descouraiger auec la soubdaineté dainetê du tẽps. À la fin l'auoir laisſée ẽtre le doubteux, & le ſeur ſe meit au chemin auec le filz deuãt, & auec deux aultres ieunes apres. Iſaac eſtoit ung des plus beaulx enfantz, que iamais on ueit. Le gaycage ſien luy nombroit autãt de iours, quilz ſommoyent unze ans. Il auoit les cheueulx du chef, cõme ung buiſſon d'aneaulx de celle couleur, que pend en blõde & reluict. Sa face sembloit la ſemblãce d'ung ange. Les lebures de ſa petite bouche luy rioyẽt. Les yeulx du grãd front luy ardoyẽt. Le uermeil de la graine, & le blanc du laict repris enſemble trẽbloyent en la tẽdreſſe de ſes ioues. Il eſtoit lõguet de perſonne. Et les bras, & les mains, & les iambes, & les piedz de luy enſeignoient les meſures des ieunes corps à la facon de la proportion. Et qui auoit iugement congnoiſſoit aux modes, & aux geſtes, auec leſquelz il ſe mouoit, le graue, le uenerable, le ſacré, & le ſainct de ſon uiure futur. Mais les graces des beaultez, & des qualitez de l'enfant eſtoient les poinctes des eſpines, qui ſe fichoyent au cueur du pere, le uoyant luy en l'excellent degré de la uenuſté, luy ſeparoit leſtomac, & en tiroit le cueur. Ne ſoit creu, que la fermeté, auec laquelle il delibera d'executer la parole de Dieu, demeuraſt ferme au propos de cecy: car il n'auroit eſté pere, ny homme. Et le Seigneur n'auroit compris auec quel, & auec combien grand effect Abraham l'obſeruoit, ſil fut couru ſans aultre penſier à le luy offrir en ſacrifice. Dieu regarda plus à l'impoſsible de ſa douleur, quil ne conſentit à la main ia meue pour accomplir l'effect. Les choſes cheres,

& qui deullent sont acceptables à luy, & non les uiles, & qu'on ne sent point. Et encores Christ ora affin que sa passion se transportast en aultruy. Mais uoicy quil dict aux deux menez auec soy, Attendez icy auec l'asne, que nous retournerons à uous soubdain, que Dieu sera adoré par nous. Il ne dict autre chose. Et ayant mis le boys, quil auoit taillé pour l'allumer en sacrifice, sus les espaulles innocentes du ieune enfant, portant luy en la dextre le coulteau, & la senestre le feu, prit le chemin enuers le lieu à luy commandé par le Seigneur. Et cependant quilz alloyent montantz la montaigne, Isaac dict, Pere? & Abraham, filz? ou est la beste du sacrifice? Dieu pouruoyra à soy, & à nous, respondist le uieillart auec les flocz de la parole, & auec le tremblant du cueur. Et retenant les lhermes auec la main de la fortitude fut pour exhaler l'esperit quand apres troys iours il ueit l'espace sus lequel il debuoit offrir à Dieu son ame conioincte auec celle de son filz. Soubdain quilz paruindrēt là, la lumiere des yeulx d'Abraham deuint confuse, & uoulant dresser l'aultel ne scauoit quil faisoit. Le courage, qui iusqu'alors l'auoit tenu en piedz auec sa ualeur, s'estonna en telle maniere, que tous les membres luy deuindrēt malades. Toutesfoys il usoit des remedes des uertuz interieures. Parquoy auec leur moyen edifia l'aultel, & y accoustra dessus la pyre, se distillant en la passion à se ueoir ayder par Isaac, la simplicité du quel regardant Abrahā, qui fichez les yeulx en arriere, palle au uisaige, auec les lebures mortes, & auec la barbe molle des pleurs, dist, Que uous

uous deult Pere? & luy iectant les bras au col le baisa, mais bien le tresperca. Et sinon que la grace supernelle le retint, il cheoit en terre. Deux grandes passions ioustoyēt au champ de sa poictrine, tēdresse humaine, & reuerēce diuine. L'une regardoit au filz, l'autre à Dieu. En somme la craincte du Seigneur uainquit l'amour du sang. Parquoy ayant prinses les tendres mains de Isaac les ceingnit auec noud fort respondant à l'enfant, qui, s'estant faict aux chairs, & au uisaige tout de la couleur de la cendre, luy disoit, O Pere aye de moy compassion. Ha non Pere. Dieu, mon filz, & non moy t'a lié. Sa uoulenté te ouurira la poictrine, & te trouēra la gueule. Ne pleure, car ie meurs, & ne crye car ie tombe. Soubstiens le coup en bonté du Seigneur, soubstiens le mort de mon ame, & uie de mes os. Et toy Dieu omnipotēt excuse moy enuers le monde. Pource que le bras que ie meus auec le fer, est ta uoulenté, & non cruaulté mienne. L'enfant s'estraingnit au mesme de ses propres membres au esclairer de l'espée. A laquelle ayant fiché le regard, & croyant, que sa poincte se deubt cacher en luy, dist, O dieu, O Mere?

Voulant Abraham decliner le coup, qu'il haulsa deliberé de se priuer plustost de son filz, que de la grace du Seigneur, se sentit prendre le bras. Et s'estant retourné auec le uisaige ou naissoit le miracle, ueit au cercle de plusieurs raiz l'Ange de Dieu, auec la face de pourpre enflammée, tout suspendu sus la ualeur des aesles resplendissantes. Et l'ayant refiguré au diadesme, & à la lumiere, ouit sōner par ſa uoix, Ne eſtendz la main ſus l'innocence de ton filz: mais allegre toy en la fortitude de l'obeiſſance. Car Dieu ſcait ores bien, que tu l'aymes, & crains. Le Vieillard digne de gloire demeura une grande piece immobile au geſte auquel il ſe rengea uoulant faire ce, qu'il creut, que le Seigneur uoulut, qu'il executaſt. Pource que tant grande fut la lieſſe, qui luy ſurprint les ſens, & les eſperitz, qu'il ſembla eſtre tranſformé en la figure, que de luy nous uoy-ons quand le ſculpteur l'entaille en l'acte, auquel le rengea l'effect, qui n'eut effect. La uenerable barbe eſparſe par tout le ſein reſplendiſſoit au ſubtil de ſon argent. La face haultaine en la grauité naifue don-noit maieſté à lair, auquel il ſe haulſoit. La bouche ung peu ouuerte pleine de l'aure de la uie s'accor-doit auec le ferme des yeulx tẽduz au ſemblant du meſſagier du Roy du Ciel. L'habit ſuccint luy deſ-couuroit aucunement des iambes nues & tous les bras, bonté des manches renuerſées ſus le confin de l'une, & l'autre eſpaulle. Abraham demeura bonne eſpace en proye de l'obeiſſement. Et ſe retirant de ſes occupations parla auec le cueur à Dieu. Et cecy ſe cõgneut au murmurer dedens au ſecret des leb-ures. Entant ouit le beeler d'ung moutõ qui tenoit appuyées les cornes aux eſpines d'ung buiſſon, qui là eſtoit. Parquoy il le ſacrifia en change du filz, au-quel il dict en le desliãt des liẽs, A toy les membres, à moy le cueur, à toy les bras, à moy la uie, à toy les mains, à moy l'ame ces laqs ont lié. Ce coulteau, qui ne t'a touché, m'a frappé, & ce feu, qui ne t'a point ars, m'a bruslé. Pourtãt aure de mon alaine,

&

& lumiere de ma ueue benis Dieu, & resiouis toy en son nom, que bien tu le doibs faire, puis que la grandeur du pouuoir de luy exercite les bontez de ses uoulentez suis noz intẽtions. Et l'ayant embrassé en luy disant ce que i'ay dict, le desencombra de celle paour, qu'il luy auoit laissé au couraige, non encores asseuré par la hardiesse uirile. Cecy faict appella le mont ou le Seigneur uoit. Et retourné aux deux ieunes les consola auec lallegre de la face, & le ioyeux des paroles. Et s'acheminant enuers l'habitation, uoicy l'Ange, qui luy apparoit une aultre fois luy disant, Homme sans faulte Dieu à iuré par soymesmes, & ueult, puis que tu n'as pardonné à l'unique de ta semence en gloire sienne, que tu abondes aux fruictz, qui meurissent les graces des benedictions de sa grace: dont les estoilles du Ciel, & l'areine de la Mer seront moins, que les descendantz de toy.

A moy souffit, respondit Abraham au messagier de Dieu, que la nature, qui s'estoit attrauersée entre ma main, & sa uoulenté, affin que ie n'accomplisse ce, qu'il na uoulu, q̃ i'aye fini, ayt peu moins, que le craindre, que l'aymer, que luy obeir de mon cueur. Il me souffit d'auoir uaincu moymesmes en obseruant les uoulentez sainctes du Seigneur, la puissance duquel ie magnifieray, & glorifieray eternellement. Cecy dict mit Isaac sus le dos de l'Asne, luy estant aduis que l'espouuentement, qui luy estoit entré au sein pour la paour de mourir, luy eust respandue la debilité, & la lasseté par tout le uigoureux des membres. Et luy ayant pris le Pere par

par la main s'en uenoit uers la maison auec le cueur plein de plaisir. Soubdain que Abraham s'approucha de là, ou il laissa Sara, dist à ung de ses familiers, Va courant à ma femme, & luy dis, que nostre filz uit en l'affection de Dieu, & en lassumption de la chair. Ainsi comme la femme ne peut refrener la douleance, ainsi elle ne peult occulter la ioye. A peine le seruiteur ouurit la bouche, que elle, qui luy apperceut le semblant ioyeux, & la uoix ferme, cria, O Seigneur, tes operations sont seurement grandes, elles sont seurement haultes, elles sont seuremēt sainctes. Certes ie me deul de m'estre douleue de ce, que ie debuoys appaiser au giron de la patience. Mais excuse moy enuers toy, le fragile de mon sens nō apte à soubtenir les coupz de la raison, en laquelle tes intentions se complaisent. Et elle touchée de l'extreme de l'allegresse, non autrement, que les nues se desliēt par le soufler du uēt, chassa du front ce palle, ce melancolique, & ce morne, qui se fiche au uisaige de celluy, qui languit auec le cueur, & plainct auec l'ame. Et en la maniere, q̃ apres le fuir des uoiles, qui l'encombrent, l'air demeure, resta son semblant au receuoir l'aduis, ne pouuant attendre le retardement, ainsi mal accoustrée, ainsi desprisée comme elle estoit se meut alencontre du mary, & du filz sans toutesfois attendre les chambrieres, qui la soloyent accompaigner. Mais soubdain qu'elle haulsa les yeulx elle les ueit. Dont la ioye fut si grande, que ce oh, oh, que forme le son de la uoix empeschée par la cōsolation, qu'on tire au reueoir les choses cheres, ne se peult faire ouyr. Et peu s'en

fal

fallut, que en luy iettant le bras au col, & la bouche aux lebures de Isaac, l'allegresse ne luy ousta l'esperit, que la douleur luy auoit laissé. Elle auec la face blanchie, & auec le cueur auily, molle d'une sueur froide uint moins. Dont Abraham la delassant, & alectissant donna ayde au soufle engrossi en l'angoisse. Mais l'esperit ressuscité au souuenir de ses aduentures, retourna en soy auec soy. Et reembrassant son filz, & faicte la feste grande, uoulut, que toutes ses familles autant d'ung sexe, que d'aultre rendantz graces au Ciel offrissēt à l'aultel du Seigneur. Et ornez des drapz des solennitez iusques aux gardiens des brebis, & du bestial, exulterēt en Dieu. Pource que Isaac, q estoit & leur filz legitime, & successeur iuste, tesmoignoit combiem Abraham, & Sara estoyent aymez du treshault, la leur ayant donné sa maiesté quand la nature confessant le inutile de la sterilité, ceda au chanu, & au chaulue du Temps.

Les choses predictes ensuiuies, fut adnoncé à Abraham qui habitoit en Bersabée, cōme Nachor son frere, auoit eu ung filz de Melcha sa femme, laquelle chose luy redoubla la ioye: pource que les nepueux sont aux oncles les reparations auec lesquelles ilz asseurent le cheoir des heritaiges, s'il aduient, que le repentin de la mort les priue des cousins, le second degré, que au sang, & en l'amour les filz des sœurs, & des freres d'aultruy tiennent, se conuertit au premier, au cas que les accidentz du mourir, que ie dy, se y entremettēt. Hus, Buz, Chamees geniteur des Sires. Caseph, Azau, Thedos, Edia, & Ebatuel, de qui nasquit Rebecca, descendirent

rent du susdict Nachor. Et l'amie siēne, qui sappel. la Roma, enfanta Thabée, Ragō, Thanaas, & Maacha. Mais pource que nous, qui sommes de terre nous debuons à elle uendre, luy demeurant sus l. dos de la uie la charge de cent uingt sept ans fut pr. occupée de la mort, passiō naturelle, & uniuerselle Qui naist doibt mourir, & q meurt est né. Ainsi es l'ordre estably par le Dieu immortel. Pource qu. luy seul fut tousiours, & tousiours seul sera, combien que l'immense, & l'incōprehensible de sa magnitude participe de l'eternité de son perpetuel, & le perpetuel de son sempiternel auec le tousiours d. noz ames. La reuerente matrone estant uenu le dernier de ses iours appella à soy Abraham, & Isaac, & leur dict, Mary à moy donné par la loy, & par la uoulenté du Seigneur, uoicy que ie meurs, mai. bien renays, puis que mourant ie te uoy homme d. Dieu, et par Dieu cōseruē par l'accroissemēt des humaines creatures. Ie, qui cy ay tāt de tēps uescu, ay comme femme cheminé aux uoies du Seigneur, & aux tiennes. Dont à sa misericorde, & à ta mansuetute en requiers pardon. Et toy filz, qui me fais sembler uiue ceste fin, garde tes doulceurs, tes reuerences, tes mœurs, tes modesties, aux seruices de to. Dieu, & au passetemps de ton pere. Or donnez à ces lebures froides, & à ceste bouche morte l'extreme baise, car ie m'en uay. Et se haulsant enuers les uisaiges, que les deux abaissoient enuers le sien, les baisa, & mourut.

Morte Sara en la Cité de Arbée assise en Hebrō en la terre de Chanaan, Abraham la pleura auec les lhermes de la uieillesse, & s'en querella auec les lamentations de la grauité, recordant au marrisse= ment de ses dommaiges, l'hõnesteté, la modestie, & la sainctecté, dons d'elle cependant qu'elle uesquit. L'estre demeuré sans toy femme, disoit il, m'est fort dur, & mal à propos, les cures de si grand mesnaige me deuiẽnent plusgrande charge en tayãt perdu. La suffisance de ta prestance estoit utile à qui nous heberge, & à qui nous sert en la maison. A moy hõme ne sont les aduisemẽtz auec lesquelz tu regissois, & gouuernois, cõme mere cõmune, la multitude des substances, & des familles nostres. Ores tu es morte, que puis ie plus sinon m'appaiser en Dieu, & en luy esperer le demeurãt des ans, qui ia me sont pesant, & inutile? Osté de l'office du mar rissement deu, & religieux parla au filz de Heth disant, Puis que ie suis aupres de uous estrangier, cõcedez moy le droict de sepulture, comme si ie fus se de uoz genealogies. Plaise à la discretion de uoz nobles couraiges, que le mort, qui me griefue la ueue auec la despartance, soit logé au libre de son long repos. Consentez, que les os sacrez de ma con= sorte participent de la raison, que les aultres corps ont aux legitimes monumẽtz, & ne me soit nyé de l'humaine consuetude la pitié attendue. Fut respon du à Abraham, Estant toy prince de Dieu aupres de nous, il n'est licite, que te donnions arbitre en la puissance de toymesmes. Pource ensepuelis ton de= funct en l'arche plus esleue, & soit paix à tõ cueur en sa quietude. Abraham lhermoya à obtenir le ueu, & adora le peuple de ce lieu. Apres meu

de la

de la generosité de sa courtoisie dist, Puis que uous me consentez le lieu pour les reliques de celle, qui m'est trespassée, daignez uous puis qu'il plait à uostre ame, que les cendres des miens se couurent aux tombeaux dediez aux pouldres des uostres, de interceder pour moy enuers Ephrõ filz de Seor, quil me concede la cauerne double, laquelle il a en la partie extreme de son chãp. Ie luy en satisferay auec le deu du pris, m'en donnãt possession de sepulchre, auec tesmoignaige de uostre presence. Ephron ayãt entendu le conuoiteux de l'intention de Abraham luy dist, Seigneur cõplais à ton desir, car ie te donne l'ample de la liberté, auec la licẽce de laquelle metz ton mort. Pource que le champ, & la spelõque t'est consignée par ma generosité au cõspect du peuple, qui me obeit. Abrahã adora le Seigneur, puis dist, Ie remercie la gẽtillesse de ta noblesse Ephron. Mais ie ne suis pour loger le corps de Sara, si premierement tu n'acceptes la pecune, que merite le terrain, que ie te demande. Pource que ie ueulx, que les os d'elle dormẽt le lõg de leur sommeil sans craindre, que la raison d'autruy destourbe le piteux du sommeil mortel auec le protest de iurisdictiõ. Et ne suis pour iamais cõsentir, que les cercueilz du prochain reprouche le peregrin du fourestier, au corps mort d'une telle uieille. Et luy disant telles parolles luy nombra quatre cens sicles d'argent à luy demãdez, auec la foy de toutes les tourbes entrées en la porte de la Cité. Et ainsi enclouit Sara au depos, que plus luy pleut, la baignant auec les eaues chauldes, & salées du dernier dueil.

Voicy

Voicy, que la pesanteur de l'eage, & la debilité du corps auec le tardif, & auec le uain surmõtoyẽt le corps decrepite d'Abraham. La chaleur uirile, & la uigueur naturelle à peine le mouuoyent. Et le lent de ses membres le faisoyẽt recheoir comme silz fussent sans poulx, & sans alayne. Parquoy luy, qui bien congnoissoit le poix de ses ans, pour l'occasion desquelz il ne pouuoit plus tirer le pas, appella à soy le general ministre de la maison, de la substance, & de sa famille. Il uint à luy auec la deue reuerence. Et estant deuant luy submis & humble, se ouit dire par le grand Pere, Il à pleu à Dieu, que tu soys enuieilly en mes seruices auec entiere loyaulté, & auec grande prudence, & pource ie t'ay tousiours ueu auec amour, & en charité, confiant tout mon auoir au discret de ton estre. Et estant ainsi ie ueulx encores remettre en toy la cure de Isaac, & l'heritaige de luy auec pache, que tu me mettes la main soubz le flans, me iurant par le facteur du Ciel, & de la Terre, que apres mes iours tu ne bailleras en espouse à mon filz aulcune femme des Cananées, entre lesquelz ie habite. Mais pourchasse luy en du lignage de qui ie tiens l'origine. Et le seruiteur à luy, Quand il sera, que la femme nye le uenir, le doy ie reduire au lieu duquel tu es party? Non, respondit Abraham, & ne doubtes, que tout ce, que ie te impose, ne succede. Pource que Dieu, qui m'ousta de la maison paternelle, & de la Cité en laquelle ie nasquis, à promis celle terre à ma semence. Parquoy ua t'en: Car son Ange te guidera. Le bon Vieillart se restraingnant aux espaulles dist, Seigneur de ma liberté, tu ſcais de quelle ſorte eſt le feal, & l'agreable de celluy, que ie ſuis. A moy iamais ne faillit aultre, que te ſcauoir, & te pouuoir myeulx ſeruir, que ie n'ay ſceu, ne peu. Et ſi pour une parfaicte uoulenté de ayder, & ſi par ung tresbon zele de complaire ſe merite point de croyãce, ie merite, que tu croyes, que ie feray autant, que tu me commanderas que ie face, & ce, que tu deſires, qu'il ſoit faict. Abraham le beniſt, & il luy meit la main ou il luy cõmanda, & ſe obligea à luy en iurement. Puis print dix Chameaulx chargez des choſes neceſſaires au uiure, & aultres importentes au pris, & ſen alla uers Meſopotamie à la Cité de Nachor. Et paruenu au chaſteau, lequel eſt pres du puis, à l'heure, que les filles ont de couſtume uenir le ſoir tirer d'eau, faiſant repoſer ſes beſtes deſchargées de leur ſomme ora au Seigneur de ſon Seigneur diſant, Confirme ô Dieu d'Abraham la mienne foy en la uoulenté de celluy, qui tãt d'ans, & tant, m'a donné non ſeulement le pain, mais l'arbitre de toute ſa faculté. Fais moy grace, que la langue auec laquelle mon cueur te ſupplye auec le dict de ſes uoix, congnoiſſe celle, qui doibt eſtre eſpouſe de Iſaac. Aultrement ie me contriſteray en la miſericorde, que le pere, & le filz, qui te ſont ſeruiteurs, n'ont trouuée en toy. Ainſi diſt l'homme ſyncere. Et ſe eſtant leué ſus, uoicy la ieune deſdiée par le Seigneur en femme du tresbon enfant. Elle eſtoit gayement gaillarde, & gaillardement gaye. Elle reſplendiſſoit en la grace de la couleur auec regardee beaulté. Et ne ſe ueit iamais aptitude apte comme le deslié de la perſonne d'elle. La

diſcr

discretion la monstroit au doigt, & la diligence. La noblesse de la modestie luy ouuroit la bouche, & la crainte de l'honneur luy tournoit les yeulx. Elle meue par l'hõnesteté de la conuenable hardiesse s'en uint au uaisseau plain d'eau de ueyne. Soubdain que le familier de Abraham l'apperceut, il se sentit presser le cueur d'ung ie ne scay quoy de ioyeux, & de felicité. Et auoir regardée la uierge auec la ueue de la preuoyance dist, Ieune fille si le Seigneur t'appaise auec ses beatitudes, donne moy à boire, donne m'en: car ie t'en prie pour Dieu.

Aux ioues de telle fille s'espandit le sang de la uergoigne, dõt il sembloit, qu'elles ardissent auec les flammes de son tresgentil feu. Et sus ce, elle estendit les bras auec dire, Boy quiconque tu soys, que uou lentiers ie t'en donne. Le Vieillart mit le sec des lebures aux bors de la seille à luy offerte de la uoulenté du Seigneur, & de la courtoisie de la pucelle, lad uisement de laquelle tira d'aultre eau, & la uersant au canal de pierre là mis pour l'aise des brebis, & du bestial, dist, Refraiche auec ceste cy encores tes Chameaulx. La personne iuste estoit conuerty en ung aultre au uoir la femme dire, & ce faire. Et tenant pour ferme d'auoir faict prospere chemin, luy demanda en don le uray de son nom. Et elle à luy, Rebecca fille de Bathuel né de Melcha suis ie. Le messagier d'Abraham s'agenouilla en terre. Et auoir rendue louenge, & gloire à Dieu, baille à la tresbelle, et treschaste femme aneaulx par les mains, pendantz par la poictrine, bagues par la gueule, ioyaulx par les oreilles disant, Cestuy est le gaige des nopces, q̃ le Ciel t'appareille. Et elle doubteuse en soymesmes ne les eust iamais prins, si Dieu ne l'eust inspirée à les prendre. Non scaichant auec aultre mercy luy en rendre guerdon, le pria de s'en uenir au logis du pere, en laquelle cõmodité estoit l'abondance de tous les besoings pour luy, & pour ses bestes. Luy ayant accepté le conuiement, se retourna à Dieu, & l'adorant dist, Benict soys tu, qui n'as remeué ta clemence en la uerité de mon Seigneur me conduisant en la maison de son sang. Laban frere de Rebecca, courue à racõpter les choses rencontrées au puis, uint audeuant de celluy, qui auec les dons luy auoit enrichie sa sœur. Et l'ayant salué auec la paix de Dieu, le mena en l'aise de ses demeurances. Et l'ayant faict desencombrer les doz des Chameaulx, du bagaige, & des selles, & quand il le eut aise, & les hommes, qui l'accompaignoyent, leur meit le pain deuant, affin qu'ilz se restaurassent. Mais premierement qu'il essayast morceau auoir impetré le parler, dist, Ie suis non pour suffisance, qui soit en moy, mais par la bonté, qu'est en luy, celluy qui non comme seruiteur, mais bien comme Seigneur, gouuerne comme ie scay & puis les biens d'Abraham sainct de Dieu en terre. luy inspiré du Seigneur, duquel la benediction l'accroict, & magnifie en toutes les choses humaines, me commanda, que ie entrasse en uoyage, me disant, que l'Ange de Dieu seroit ma guide, & que à son Isaac ie pourueusse une espouse de la descendence de son parentaige, m'asseurant que ie seroys innocent de sa malediction si la femme requise en ma en mariage reffusoit son filz pour mary. Parquoy moy, combien que ie soys homme de coulpes, & de pechez, auec la faueur supernelle soubdain que ie ueis Rebecca pleine d'humble doulceur se cliner pour donner à boire à moy, & pour ressasier la soif de ces Chameaulx là, ie dis, Ceste est la seruante de Dieu: ceste est la femme de mon moindre Seigneur. Et presaige de telle aduēture luy dōnay les ioyaulx, dequoy elle reluict, & se aorne. Ores rōpez le silence, qui uous tient la langue, & serre les lebures. Et si ne uous desplaict ce, qu'il plaict au Seigneur du Paradis, & du monde, reenchainez estroictement la race reconioingnāt ensemble la semblāce du tronc dōt uous estes sourtiz. Car ie uous iure par la uie de cest esprit, que le Soleil ne uoit personne plus saige, ne homme plus continent, ne uieillart plus raisonnable, ne Prince plus clemēt, ne creature plus noble, ne ame plus saincte, que luy. Et les richesses sont les plus basses choses, qu'il possede. Parquoy resoluez moy en cela, dont ie puisse aller à la dextre, ou à la senestre main. Le pere de Rebecca ayant entendu le parler de l'homme treshonneste, compris le miracle que Dieu monstra en la fille tirant l'eau, & scaichāt combien estoient sacrées, & glorieuses, les qualitez, & les œuures d'Abraham son conioinct, tournant la pensée à l'honneur, & au bien de la ieune fille, nō seulement se disposa à le faire: mais auec les yeulx obfusquez de l'humeur du contentement, dist, Tu doubtes doncques, qu'en moy soit tant de temerité, & de folie, que ie retarde au consentement de si haulte grace? Voicy, Dieu eternel, que ie obeis au ſigne de ta uoulenté,& ſoit Rebecca compaigne de Iſaac,ſoit elle ſienne:car ainſi le ueult ma femme, & noz filz,& elle encores elle ainſi le uouldra. La mere de la Vierge,& les freres, leſquelz craingnoiēt le Seigneur,reallegrez de telle choſe cōſentirent auec le ouy du cueur proferé par la parole à l'eſtre filiaſtre, & couſins d'Abraham . Et la fille touchée du conſentement diuin,accepta le nouueau mary.Et le meſſagier de telle lieſſe ayant tirez hors les uaſes d'argent,& les couppes d'or, & les ueſtementz de pourpre,diſt,O Rebecca,uoicy les teſmoingz de tes grandeurs,& des graces, que en toy a pleu le Dieu de mon ieune Seigneur. Ores iouys de ſi grandes magnificences.La fille print le treſor,& formāt aulcunes parolles remercia Dieu, & le donneur de ce, cōme luy ſceut dicter la ſimplicité puerile . Le creé d'Abrahā,apres qu'il eut offertz les dōs à la mere, & aux freres d'elle,auoir adoré le Seigneur ſe meit au banquet,auec mainte ioyeuſeté du couraige, & auec mainte allegreſſe du uiſaige.Et Rebecca reluyſante aux habitz,& aux gēmes nuptiales reſſemblāt choſe de Dieu, ſerenoit les ueues,& tranquilloit les cueurs de tous les circonſtantz.Et pource que l'exe cuteur des nopces ſolēnelles ſollicité du uouloir laſſus ainſi uoulut,la fille ayant receu la paternelle, & maternelle benedictiō,meslée auec les baiſez,et auec les l'hermes,accōpaignée de pluſieurs ſeruātes ſiennes,mōtée ſus ung chameau de treſriche ornemēt, ſen uint à ceſtuy,auquel elle ſen debuoit uenir.Mais celle foy eſtoit demeſurée,que la bōté de telz hōmes auoit en la puiſſace de Dieu. Teſmoing le ſeruiteur d'A d'Abrahã, q seulemẽt pour remẽteuoir le seigneur, & seulemẽt pour dire le Seigneur à dict, le seigneur à promis, ousta du plaisir du pere, & de la tendresse de la mere, & de l'amitié des freres celle, qui ayant ueu Isaac de loing dist. Quel hõme est celluy, qui se pourmeine par ce chãp? Il nous regarde. Il uiẽt uers nous. Dame, il est le tien mary, & le mien Seigneur, respondist il. Soubdain q̃ Rebecca sceut celluy estre qu'il estoit, enflamma toute le uisaige, & se couurãt auec le manteau trẽbloit toute de liesse, & de hõnesteté. Dont Isaac ayãt entẽdu par le seruiteur tout le discours des choses obtenues par ses diligẽces, & par ses sagesses, auec le graue de la modestie, & auec la maiesté des mœurs luy uint alẽcõtre, & elle desmõtée reuerẽmẽt le salua, & uirginalemẽt l'embrassa. Et pource q̃ Isaac se cõpleut en l'ardẽt de ses yeulx, au flamboiãt de ses ioues, & au uiuãt de ses lebures, tẽpera en grãde part la douleur des molesties de laquelle il estoit occupé, & affligé par la mort de la uenerable Sara, tresaymée mere siẽne. Et la doulceur d'une tresieune fille fut occasion de reuerdir l'eage d'Abrahã le tresbõ, & grãd uieillard. Soubdain ql ueit Rebecca ora au Seigneur, puis layant baisée au frõt luy dict, Crois en mille milliers, & Dieu adioingne les iours, que iay trop uescu, aux tiẽs, & de mõ filz. Vostre semẽce ouure les portes ennemyes et triumphe des aduersaires de Dieu, & nostres. Et cõbiẽ q̃ Cethura m'ait enfanté Zabrã, Gessan, & Madã, & biẽ q̃ Madiã, & Lesboc soient mes nepueux, & Assurim, Lathusim, & Laomi leurs filz, & pere de Epha, de Epher, de Enoch, de Abida, de Heldaa, ie constitue en heritier legitime Isaac testant en luy les seruiteurs, les seruãtes, les trouppeaulx, les parcz, les champs, les harnois, les argentz, les ors, que i'ay possedé. Cela faict il distribua la richesse de plusieurs dons es partz de ses amies, & les diuisa d'auec son filz plus cher, & les ordõna en paix, & en cõmodité.

Abrahã uiuoit aux cõtrées Orientalles quãd la multitude des ans, qui luy auoyẽt chargé le superfluz de la uie, n'ayãt plus lieu au chauld, q regit les corps aux cõtraires de leurs humeurs, ne goustant plus les alimẽtz, la substãce desqlz ne les laisse perir, ne destruire, le coucha au dernier repos du lict. Parquoy luy, qui s'aduisa de sa fin, apres les accoustremẽtz de tout son faict dist, Isaac mõ filz ie me meurs & ne me deult la mort, puis q̃ i'ay Dieu au Ciel, & toy au mõde. Aultre chose ne scay q̃ dire à toy, qui nasquis, uiuras, & mourras seruiteur du Seigneur, sauf q̃ tu remesles mes os auec ceulx de ta mere. Il m'ayde de scauoir q̃ tu le feras, & me semble receuoir cõsolatiõ cepẽdãt q̃ ie pense d'approucher mes reliques aux siennes. Le repos eternel nous gardera iusqs au dernier iour. Et ainsi la paix, q̃ nous auõs en uie, ne nous sera ostée en la mort. Et ne te deuls de la perte de moy: Pource q̃ riẽ ne te diminuist en te priuãt d'ung, qui n'est plus necessaire ne à toy, ne à la terre, en laquelle q plus y uit, à uescu ung iour. Pource desprise le cours humain. Et si toutesfois tu l'aymes, fais le pour despẽdre plus d'heures aux seruices de Dieu. Abrahã au rẽdre de l'ame eut uoulẽtiers baisé sa succession: mais il ne le feit pour nõ luy creuer le cueur auec le marrissemẽt de la double tẽdres dreſſe. Iſaac, & Iſmael auec l'infinité des ſouſpirs, & auec la foule des lamentations ordõnerẽt les obſeqs à leur treſſainct pere. Trente des ieunes gentz nez à l'umbre de ſon toict diuiſez en troys changes leuerẽt ſus les eſpaulles le cercueil composé de palmes, & de oliuiers. Et audeuant du corps ſacré alloyent tous les trouppeaulx, & toutes les multitudes des beſtes heritées par Iſaac. Et les plus uieulx paſteurs en habit de compaſsion, auec les uerges en main, & auec mallettes aux flancz, racóntoyẽt en la cõmune plaincte, l'honneſteté, les charitez, les iuſtices, les miſericordes de leur Seigneur. Apres uenoyent les commiz des chairs, des laictz, du grain, du uin, & de l'huile retiré de la fertilite de ſes treſgrãdz reuenuz. A' telz ſuyuoient les facteurs des poſſeſsiõs auec les liures de leur maniement en main. Autour de la biere eſtoient les petitz enfantz, les nourriſſes, & les meres des ſerfz, & de ceulx de ſa famille. Derrier plaingnoit Iſaac, & Iſmael, auec tout le reſte de tous leurs deſcendentz. Les chambrieres, les ſeruantes, les filles, les garſons, les femmes, les matrones, & les uieilles, non toutesfoys pour orgueil de pompe, mais pour gloire de grace, portoyent en main hanaps, taſſes, baſsins, uaſes, calices, & couppes diuerſes, en uariables formes ouurées, & en l'or de la meſme matiere. Rebecca uoilée de noir, ſoubdain que le mort paruint à la cauerne double uis à uis de Mambre, uoulut enſemble auec ſon mary, & auec ſon couſin adminiſtrer les odeurs, les aromates, les unguentz funebres. Et à louurir du monument deffendit auec ſes dextres doulceurs à ſon eſpoux

 de

de ueoir les reliques de sa mere. Ismael ayda à l'office pitoyable, & deplourable tout circonfus du clair
des lumieres innumerables.

Dieu apres la mort de Abraham benict Isaac, lequel tenoit son siege aupres du puys du uoyant, &
uiuant. Ayant ueu le frere de race illustre, de qui de
scendit Nabaioth, Cedar, Abdehel, Mabsan & les
aultres, il supplia au Seigneur pour emmaladier la
sterilité de Rebecca. Et estant exaulcé de sa nõ née
bonté, la feit grosse de soy auec esbahissement de la
prudente nature. Pource que les creatures uenu
quasi le terme de uenir essayer le doulx, & l'amer
du uiure, iouent ensemble dedens le uentre maternel, dont la mere, qui s'en resentoit, dist, Si la discor
de esmeut mes filz deuant leur natiuité, quel prouffict m'est de les auoir conceuz? Et en demanda con
seil à Dieu. Luy fut respondu, En ton uentre sont
deux generations. De toy naistrõt deux filz en ung
enfantement, des monarchies desquelz se diuiserõt
deux peuples, & lung aura puissance sus laultre, &
le moindre seigneurisera le grand. Ia s'approuchoit
l'heure de l'enfanter de Rebecca, Voicy qu'elle est
oppressée des molesties auec lesquelles nous tuons
meres, qui produisent à la lumiere des iours, et aux
tenebres des nuictz. Or uoicy que d'elle sort le pre
mier enfant tout rouge, & tout uellu, appellé Esau,
& laultre, qui naissant tenoit auec la main la plante
du pied de son frere, fut dict Iacob. L'eage de Isaac
nombroit dix lustres, & dix ans quand nasquirent
les deux enfantz. Apres quilz furent creuz, lung
deulx fut docte à chasser les bestes, & en l'art d'a-
gri

griculture,& laultre estoit homme simple,& habitateur des tabernacles. Mais comme aduient souuent, que l'affection issue du zele du pere, & de la mere, partit en l'amour des enfantz, Isaac auoit le cueur à Esau,pour la delectatiõ de sa chasse,& Rebecca estoit tendre de Iacob, lequel non pour l'inique de la naturelle malice s'esmeut à contreuenir à son frere au uentre, & à le prendre par le pied luy naissant apres, mais le secret du uouloir de Dieu le incita à ce faire, & à acheter la primogeniture, laquelle luy uendit Esau, qui ignorãt le degré de son importance,ayant mãgée lescuelle des lẽtilles beues, & iura de obseruer la promesse de la uente.

La faim estoit creue sus la terre auec la plus steri le chierté que iamais fust aux iours des hommes.Et n'estant possible à s'en reparer,Isaac fut constrainct de s'en aller auec tout son mesnaige en Geraris de Abimelech roy des Palestins, auquel lieu Dieu luy apparut, & luy dist, Ne peregrines point en Egypte:mais reposes toy là, ou te dira mon signe, & là tu erreras,pource que ie seray auec toy, & te beniray donnant ceste region à ta progenie, accomplissant le iurement, que par moy fut faict à ton pere. Et pource que Abraham obeyt à mes uoix,obserua mes commandementz,maintint mes loix, honnoura mes cerimonies, magnifia mes religions, & exalta mes sacrifices, oultre ce que ceulx, qui naistront de toy uaincront le nombre des fleurs que la primeuere produict, & les fueilles que l'autõne disperse,ie ueulx quilz possedent les plaines,les uallées, les montz que tu uerras auec les yeulx. Cecy dict

dict Isaac se ueit demeurer ou pleut au Seigneur. Et estant par les hommes de ce pays interrogué de sa femme, il dist qu'elle estoit sa sœur, craingnant que la grand beaulté de Rebecca ne causast la mort de luy. Mais le roy Abimelech ayant ueu quil s'apriuoisoit auec elle en seurté de mary, auoir faict appellé à soy Isaac le reprīt de son auoir mēty, qu'elle estoit ce, qu'elle ne luy estoit. Et il à luy, La uie mienne, qui se pensoit periller en la beaulté d'elle, à faict menteuse la uerité, qui iamais ne se partit de mes intentions: tellement que l'erreur merite pitié. Cōme le roy ouyt l'occasiō du uray mescongneu, commanda auec protest de la uie, que aulcun mys soubz la loy de son empire, ne osast uioler telle dame. Ayāt Isaac, lequel sema la terre, quil tenoit pour patrie, recueilly cent pour ung, rēdit graces au Seigneur, la benediction duquel engrossoit de sorte les semences de ses bledz, que en brief il creut en large commodité. Mais pource que la crainte est en toutes les choses des princes, le Monarche de celle region ne supporta, que en sa maison demeurast aulcune persone, qui commēceast à concourir de puissance auec soy. Parquoy il feit dire au filz d'Abraham, quil se transportast ailleurs. Et luy ayant comprins l'enuie, que les Palestins luy auoiēt porté aux puyz quilz luy auoient rēpliz, se partāt paruint au torrēt de Geraris. Et là restaura les lieux, que son pere feit cauer pour tirer l'eau, mais non sans contention. Pource que les peuples du roy, duquel il se oufta, assaillirent ses pasteurs, & questionnerēt ensemble uoulant chascun, que le uiuant de la ueine fust sien.

sien. Parquoy le puys se nõma Calumnie. Ilz cauerent le second, & s'en ensuyuant encore brigue, fut appellée fontaine des Inimitiez. Ilz descouurirẽt le tiers en aultre situatiõ, & pour estre l'œuure pacifique, s'appella Largesse, congnoissant en celà estre la grace supernelle. Et si soubdain ne paruint Isaac en Bersabee, que le Seigneur luy apparut, & luy dict, Ne crains point: car tel seray à toy, que ie suis, & estoys à luy. Alors Isaac luy sacra là l'autel, & l'auoir adoré auec le feruent du cueur, estendit son tabernacle commandãt à ses seruiteurs quilz cerchassent les eaues pour leurs necessitez. Mais cepẽdãt q̃ le puys se commẽce, uoicy à luy Abimelech, & Phicol duc des cheuallíers, q ung peu parauant l'auoit bãny de son royaume. Et Isaac à eulx deux, A' quel le fin uenez uous cercher celluy, que uous auez en hayne, & pource luy niastes iusques à l'eau de la terre, que tu roy domines? Dieu, qui est auec toy, comme il fut auec ton geniteur, m'admoneste à me lier en tõ amitié auec les lacz du iuremẽt. Parquoy aymõs nous eternellemẽt. Et la generosité de quoy tu resplendis, efface le uillain de la crainte, qui me incita à te ouster de mes yeulx, auec ce desdaing que ie te debuoys cercher. La mansuetude, auec laquelle nasquit Isaac, luy estendit les bras, ceingnãt auec eulx le col royal. Et ayant ordonné le conuy, & auoir iouy de ses uiandes, dist, La paix, que tu me demandes, soit en noz couraiges à iamais. Ie t'accepte pour amy, t'asseurãt du pouuoir de mes forces en tout temps. Et luy baillant la dextre, Prens, dist il, le gaige de la foy, qui doibt obseruer la cõuention de

la

la concorde future. Abimelech le mercia & l'eut en reuerence pour l'aduenir, comme meritoit le degré auquel le grãd Dieu tint le sacré seruiteur sien. Au partir du roy les familiers de Isaac uindrent à luy pleins d'allegresse luy adnoncant l'eau trouuée par leur industrie, & par leur trauail. Et pource qu'elle sourtoit par les caues, quilz uuiderent en grand copie, s'appella Abondance. Mais ayant Esau son filz ia quarante ans, se conioingnit en mariage auec Iudith fille de Heri Hetee. Et apres elle espousa Basemath lignée de Elon cité d'une mesme patrie. Mais tel parentaige offensa estrangemẽt le cueur de Isaac, & en feit signe, ayant entendue la nouuelle, auec le graue des souspirs, & auec le fort des q̃relles. Toutesfoys il se restraingnit auec le tacite de la patience louant Dieu de toute chose.

Ayant l'extreme de la derniere uieillesse derobé les raiz de la ueue de Isaac, & luy estant partie toute la ueue des yeulx, il ne uoyoit plus l'aulbe du iour, ne l'umbre de la nuict, & usant des oreilles en lieu des lumieres, recongnoissoit aux uoix ceulx, quil ne pouuoit apperceuoir aux uisaiges, en son aueuglement il appella Esau, aymé de luy, disant, Arme toy filz de l'arc, & de la trousse, sors en l'ouuert des champs, & des forestz, & ce que frapperas, & ce que tu feras proye, cuys le moy en uiande en la mode, que mon goust a de coustume de sen complaire. ua mõ filz à la chasse. Pource que soubdain, que i'auray mangé la uiande de ta sueur, ie te beniray auec l'affection qui estrainct les entrailles paternelles. Et Dieu par sa grande misericorde confirme

ra

ra mes uoluntez en toy, premier que ie meure. Les aduis de la femme sont soubdains, & apperceuantz. Et soubdain, qu'elle oyt, ou uoyt, trouue l'enuers de ce, qu'elle ueult. Et de ce faict foy Rebecca, qui ayant entendu le mary, qui ordonne Esau en l'heritaige, desirante tout bien en Iacob, luy dist, Va filz, ua, & m'apporte deux cheureaulx du parc. Pource que les accoustreray en si solennel condiment, que ton pere, qui ueult laisser ton frere en son lieu apres soy, s'en ressasiera non aultrement, que si le past fust chasse des traictz de Esau. Et ne dis aultre quant à la doulceur de tes chairs, pource que ie te feray uelu comme il est. Et quand seroit, que uostre pere s'en apperceut, soit la malediction sienne sus mon ame. Le ieune homme alla, & apporta à elle les filz de deux chieures. Parquoy elle en ayāt faict ung manger par trop friand, auoir uestu Iacob de robe suaue, & riche, & luy ayant accoustré autour du nud du col, & sus le dos des mais partie de plus petites peaulx des animaulx, le presenta au cōspect de Isaac: auec les pains cuictz, & auec le uin attrempé. Mais pource que l'odeur du disné apporté par uint plustost au né de luy que lapporteur deuant luy, dist le bon uieillart, Esau, moult preste à esté la chasse, & l'appareiller de la uiande. La uoulenté de Dieu a ouuré pour moy, cher pere, respondist il. Le Seigneur, qui te gouuerne dressa le fer de la flesche de mon arc en la chair, que ie te baille. Parquoy māge, & cōsole toy. Et Isaac à luy, Approuche toy mō filz, affin qu'en te maniant ie certifie le doubte, lequel ueult scauoir si tu es Esau, ou urayement Iacob

cob, ainsi cõme sonne la uoix. Il s'approucha de luy trẽblãt. Mais soubdain q̃ le pere luy toucha les parties couuertes de peau, se asseura. Pource que le uieillart sentant le suaue de l'odeur, que ses uestementz precieux spiroient, le tint pour son premier né. Et auoir gousté le prouffit, que luy feit la uiãde à luy donnée, dist ainsi, Ta face me baille sang de mes ueines, & donne moy la bouche, que ie t'ay faict en uertu de ma semence, pource que ie la ueulx succer auec l'affection piteuse, & auec la tẽdre ferueur du dernier baisé. Le garson luy en bailla. Et Isaac auec le consentement de l'ame le benist, soubioingnant, L'odeur de mon filz semble la refragrãce des chãps pleins de fleurs, & des fruictz de leurs delices, & les pres d'Apuril, & les iardins de May il uainct de suauité. Et pource le Seigneur de noz ayeulz, & le Dieu de noz oncles te accroisse en biens de sa terre. Le ciel uerse dessus tes espics, sus tes uignes, sus tes oliuiers, si largemẽt rousée, qu'elle remplisse les semences de leurs fertilitez. En toutes saisons soyent les temperãces de l'air en salut de tes trouppeaulx, de tes parcz, & de tout le bestail, de qui ie te laisseray heritier. A' toy seruẽt les tribuz, obeissent à toy les peuples, & tes freres te seruent, & à toy s'enclinent les enfantementz de celle, de qui tu nasquis. soit precipité qui te hait, & soit releué qui te ayme.

A' peine finit la derniere parole, que uoicy Esau auec le tresdelicat manger. Auoir ueu son pere, apres le salut, Mange, dist il, la uiande de la chasse desirée, mange la pere, & soit la benediction à moy selon ta uerité, & ne soit niée à moy né en premier le

pre

premier loyer. Isaac s'espouenta ouyant le son de l'accent de Esau, & n'estant licite de luy mentir, souspirant rememoroit en la pensée la fraulde à luy usée. Et pource que le filz trompé par la mere, & mocqué par le frere, auec les querelles de la plaincte luy demandoit le droict de sa natiuité, respondit, Celluy que i'ay beny, doibt estre benict. Pource que la mensonge n'a point esté congneue par moy. Il ne conuient aux seruiteurs de Dieu gouster les choses dictes, & faictes, les ayantz mesmement faictes & dictes auec le syncere de lintention. Esau ouyant cecy tira ung cry formé du profond du cueur, & enflammé du iuste du desdaing, dist, Donques pour moy deschargé de toute coulpe, & plein de toute raison, n'est demeurée charité aulcune? He pere regarde toy, qui es bon, au tort de mon legitime debuoir. Auec quelle iniure t'ay ie donné occasion de m'apauurir? Auec quel peché te prouoque ie à m'oster ce qui m'est deu par ta loy, & par la bonté de Dieu? Auec grãd peine luy respõdit Isaac, L'astuce de ton frere a contaminé l'integrité de ma iustice. Et n'estant possible que la benediction se rõpe, plaise au Seigneur, q̃ tu engrãdisses en la graisse de la terre, & en la rosée celeste. Tu uiuras au coulteau seruant à Iacob seigneur des facultez paternelles. Esau combien que le pere predist son auoir à deliurer le col du ioug de l'empire de celluy, qui luy oustant de la main la primogeniture & l'heritaige, le feit de Seigneur serf, s'appaisa auec la taciturnité du maltalent. Mais premier quil imposa silence à soymesmes, dist, Sil aduient iamais, que Isaac cloue les yeulx, ie donneray à toy, qui es urayemẽt Iacob, ung chastoy, qui sera en exemple du monde. Esau estoit fier, & cault: pource Rebecca craingnant que son ire ne proceda enuers son moindre frere, meit tant de prieres parmy que Iacob creut à sa mere, qui luy prognostiquoit la mort demeurant en la maison. Va, dist elle, filz à Laban ton oncle, & mon frere. Et ne te soit grief de demeurer auec luy iusques à ce que Esau refroidisse les mauluaises uolentez. Le temps mitigue tous desdaings. Parquoy tãtost sera, que toy & luy uiurez en la consolation de la pacifique charnalité. Dieu se y entremettra. Pource donne lieu au peril, car tout brief terme, que tu demeureras loingtain d'icy, enseuelira la fraternelle indignation en la fosse de l'oubly perpetuel. Mais d'une seule chose ie te prie, & une seule grace ie te demande, que tu ne prennes femme de ceste terre. Car si tu la prẽs le uiure me faschera en ta desobeissance. Quand ie ne meriterois aultre chose pour te estre mere, ie merite assez te ayant donné la puissance des richesses appartenantes à ton frere auec la seigneurie des filz de Isaac, & des miens. Parquoy cõplais moy en cecy si tu ueulx, que mon ame se reallegre en toy. Iacob la conforta, & l'appaisa auec la foy du iurement.

Estant Isaac consaichant des exhortations, & des admonestemẽtz faictz & donnez à Iacob le feit uenir deuant soy. Et apres quil eut benict luy cõmanda, quil n'espousast aulcune des filles nées de la progenie de Chanaan: mais luy conseilla de sen aller en Mesopotamie de Syrie, & s'aparenter en la maison

de

de Bathuel son ayeul. Cecy dict leua les mains, & les lumieres en hault priant le pere omnipotẽt quil esmeut sa misericorde sus les actions de son filz, accomplissant la promesse d'accroistre, & de multiplier sa semence. Iacob licẽcié de son geniteur, & de sa mere, meit le pied au sentier à luy mõstré par les paroles, & par le desir de lung & de laultre. Cependãt quil sen alloit, uoicy Esau, qui remply de raige, & de colere, ne peult souffrir de plus demeurer ou il habitoit. Auoir ueu en quelle mode Iacob luy ousta la benediction deue, & pour plus grand honte auoir esté enuoyé en lieu de saulueté, & de liesse, delibera de sen partir, pource que la mere luy en donnoit occasion, pource aussi que le pere ne sen soucioit. Et mettant le pensier en effect se transporta aux habitations de Ismael, & là se conioingnit auec Melech sa fille, & sœur de Nabaioth. Entant Iacob surprins du soir, & du trauail du cheminer, cedãt à lasseté, se accõmodant aulcunes pierres soubz le chief, s'endormit au descouuert du serain, et ne fut si tost en proye au sommeil, que les miracles de Dieu se delecterẽt en son dormir. Par laquelle chose il ueit une eschelle d'or, qui touchoit le ciel auec la cyme, & auec l'extremité la terre. Elle estoit tãt luisante, & tãt fouldroyante, qu'on ne la pouuoit souffrir auec l'aigu de la ueue. Et les anges, qui montoyent, & descendoyent par le hault, & par le bas de celle, remplissoiẽt toute chose de lumiere, le Seigneur demeuroit appuyé au chef de leschelle dorée, & le Paradis auoit ouuert tout le contour, q̃ occupoit Dieu, monstroit partie de ses beaultez, le feu, de quoy ard la militie supernelle, descouuroit le throsne engemmé de Seraphins, auquel sied le Dieu treshault, & les Chœurs des familles celestes resembloyent esperitz fichez en l'œil du soleil, & ne pouuoit on discerner le uif des raiz, que les flammes de leur beatitude mouuoient. Cependant que Iacob cõuerty en la doulceur de la cõsolation regardoit celà, qui ne se pouuoit regarder, & uoioit ce, qui ne se pouuoit uoir, ouyt que le Seigneur luy dict, Ie, qui suis le Dieu d'Abraham, & d'Isaac, te prometz, & te dõneray la terre, en laquelle tu dors. Et la posterité de ta semence la dominera encores, & le bras de ta iurisdiction s'estendra du Leuãt au Ponent, & du Septentriõ au Midy, & ne me partiray iamais d'auec toy, iusques à ce, que iaye accõply les choses, que ie te dy. Iacob espouenté de la uoix formée du son de la langue de Dieu, confus du ardoir des choses diuines, & couraige de la bonté du Seigneur, se esueilla plein d'esperãce, & de paour, & aulcunemẽt recoux de l'estonnement, auoir ouuert les yeulx dist, Dieu est en ce lieu, il habite icy. puys subioinct, Cõme est terrible tel circuit, certes icy n'est aultre, q̃ la maison du Seigneur, & la porte du ciel. Ainsi il disoit, et se clinãt en terre print la pierre, qui luy auoit esté cheuet, & la dressant sus la respãdit d'huille appellant le lieu Bethel: oultre ce se uoua, que quãd seroit, que le Seigneur le guidast par le chemĩ, & luy donnant le uiure, & l'habiller, le ramenast en la maison du pere, de luy offrir les decimes de tous reuenuz, promettãt d'appeller la pierre esleuée par luy, en tiltre, Maison de Dieu.

Apres

Apres que Iacob eut salué le lieu de son siege, & auoir remercie le dō de son Seigneur, ayāt regardé plusieursfoys les terres, les fleuues, & les boys de ce pays, en estāt ia esiouy meut le pas allieurs, & apres maintes lieues paruint en la situatiō d'Oriēt, dedēs l'espace dung beau champ, au mylieu duquel estoit mys ung large puys, & aupres de ses bors gisoient troys parcz de brebis, la soif desquelles s'estaingnoit auec les eaues, que apres abreuer les bestes, lon couuroit auec le grief d'une grāde pierre. Iacob ayant ueu aulcuns pasteurs d'aspect agreable, & de semblant discret, leur demāda d'ou ilz estoiēt. & eulx à luy, Nous sommes de Aran. Dictes moy freres, si en uous est aulcune cōgnoissance de Laban filz de Nachor? Ouy, luy respōdirēt ilz. & il dict, Est il en bon estre de la personne? Ouy, respōdirent les hommes courtoys. Il leur dist encor, Pourquoy estant si hault le iour ne donnez uous à boyre à uoz pecores, les reduisant au pasturage? Pource, respōdirent les gardiēs de celles, que nous ne pouuōs iusques à ce, que tous les trouppeaulx soyent reuniz ensemble, affin que chascun mette en œuure ses forces en sorte, que le couuercle, qui clod la bouche du puys, se remeue du lieu. Cependāt quilz parloiēt auec Iacob apparut Rachel, une des plus plaisantes, & des plus delicates pastourelles, qui iamais pressa herbe, cueillist fleurs, & porta garlande. Iamais fille plus gaye, ne uierge uague, se regarda en ruysseau, ne se assist à l'umbre. Il sembloit, que son pied reuerdist les riues, & refleurist les prez. Elle uenoit au puys se iouāt tousiours auec ses brebietes, la simplicité desquelles

quelles sembloit, qu'elle se esiouyst dune telle gardiẽne. La belle iouuẽcelle tenoit une brãche de saulse & en donnant ores sus la crouppe de ceste, & sus la teste de celle, auoit grãd plaisir de ueoir courir celle, & ceste. Iacob regardoit les manieres, & les facõs de celle, qui apres sera sa femme. En se approuchant d'elle auec luy aller alencõtre luy rõpist une chanson, q̃ la purité de ses uoix chãtoit en pieces, Pource que le iouer des bestellettes les luy oustoit de la bouche uers à uers. Rachel ne congnoissoit point son parẽt. Pource en uoulãt luy la baiser elle le repoulsa en arriere auec les poinctes des mains. Et faicte toute de la couleur des roses uermeilles ne scauoit que faire. Sus ce Iacob auec les lhermes sus les yeulx donna telz signes de la condition de luy, que en le croyant elle l'accueillit cõme personne de son sang, & leuant la pierre de soymesmes cõmenca Iacob à mõstrer les forces d'amour. Laban auoit entendu de sa fille le cas du forestier, estre couru uers luy, dist en le baisant, Tu es chair & os de ma race, pource ie te uoy, & accueille cõme chose propre. Ie uiẽs à toy me dediãt, quel que ie sois, à tes seruices, parla le noble garson. auquel l'oncle respondist, Il n'est licite que tu me serues sans loyer. Parquoy demande moy guerdõ cõuenable, car ie suis pour te satisfaire. Soit Rachel la remuneration de toute ma sueur, consens qu'elle deuienne mon espouse, si tant meritera le loyal de ma seruitude. Sera ce que tu demandes, respõdist Laban. Car certes tu ne pouuois demãder chose plus iuste, ne à mon plus grãd contentemẽt. Commence donc à entrer aux affai-

res

res necessaires à la maisõ,& aux biẽs desquelz nous sommes seigneurs:car ma fille ne se diuisera au tẽps deu du lict de tõ mariage. Iacob se rallegra d'estre mys en l'sperãce d'elle,& ainsi dõna cõmẽcement à sa lõgue seruitude.Et se doibt croire,que luy estant bon par nature, adioustãt apres amour à telle bõté siẽne,quil ne faillit de cure, ne de foy,ne de solicitude,ne de obeissance, ne de chose aulcune appertenãte au debuoir du seruir. En ce temps ne se pouuoit uoir air doulx,ne uisaige beau,cõme l'air, & le uisaige de Rachel. Et n'est de merueille s'il s'enflãma au premier rẽcontre, pource que elle auoit ce ie ne scay quoy aux yeulx,q̃ ne se peult exprimer, mais ce peult biẽ auec le pouuoir de son incõprehẽsible en mourir. Soubdain qu'elle affichoit le regard au semblãt de Iacob, elle le faisoit craindre, & le faisoit trẽbler,& le faisoit esperer auec ses uagues cõtournoyemẽs, auec ses suaues modes,auec ses ioyeux actes,qu'elle le regardoit.Paraducture que ses lumieres n'estoiẽt iamais meues des regardz de l'affectiõne du courroux.Il y apperceut tousiours la modestie, la mansuetude, la pitié, la liesse, l'amour, & l'hõnesteté du couraige en la ieune fille. Dõt il sembloit à Iacob en seruãt estre seruy. Et la lõgueur du tẽps,qui a de coustume de se redoubler aux amãtz, faisant d'une heure quatre, mais biẽ uinct, uouloit deuãt l'attẽdre de luy. Et ce luy aduenoit pour nõ auoir la ialousie,& la fureur lieu en son cueur.Il passoit les iours auec la force de la patiẽce luy suffisant de la ueoir,& de luy parler,& de la certaineté, quil auoit de iouir delle.Telle foys la trouua aux chãps, aux uoyes,& en la maison propre sans aulcune cõpaignie,& deuenãt tout rouge, il auoit plus grand paour de la uergoigne uirile, q̃ nõ elle de l'hõneur feminin. Et seul se cõplaisoit quãd ousté de toute cure, il la caressoit à cachettes baisant aulcunes des premieres fleurs, et des premieres roses cueillies,& touchées d'elle, lesquelles il tenoit contregardées cõme ioyaulx de grand ualeur. Telle heure il prenoit le coulteau, & escriuãt le nom d'elle en l'escorce d'ũg arbre, ou au poly dune pierre tendre, apres l'auoir leu deux, ou troys foys le baisoit,& gastoit, se repẽtant apres de l'auoir escript,& gasté,& luy faschoit de l'auoir escript, craignãt qu'elle le scaichãt ne s'en desdaingnast,& se douloit de l'auoir gasté luy semblãt l'auoir offensée en rasant si suaues lettres. En telle guise uiuoit le seruiteur de dieu,& iamais ne crea pẽsier, q̃ ne cedast à celluy auec lequel il speculoit la misericorde du seigneur, aymãt apres la fillette auec toute la pẽsée. Et mille foys la nuict, quãd le sõmeil s'en fuyoit des yeulx deliberoit de soymesmes soubdain q̃ le iour apparoistroit d'aller au ruysseau ou Rachel se souloit lauer les piedz, et y tirãt dedẽs une pierre luy baigner ses habitz. Et se leuant auec telle uoulẽté print la pierre, &.cepẽdãt qu'elle se lauoit ne osa iamais la tirer en bas. Par foys il mettoit ensemble aulcunes paroles, lesquelles luy debuoiẽt dire de quelle grãdeur estoit son amour, & de quelle lõgueur l'attẽte d'elle, & cõme il la seruoit en estãt Seigneur, seulement pour l'obtenir en femme. Et esmeu auec couraige seur la trouuant soubz une cauerne, ou sus ung fleuue la parole luy mouroit en la bouche de sorte, & de maniere luy serroit la poictrine, qu'il luy sembloit auoir assez faict de sen tourner uif arriere. O amour saincte, o affection simple, pourquoy n'entres tu auec l'honnesteté, & auec les modesties aux armes d'aultruy, ainsi cõme tu entras en celle de telle personne? Car si ainsi fut, les gentz, qui te croyent, uiuroyent auec les esperitz de la uie, & ne mourroyent auec les umbres de la mort. Mitigue ung iour en nous les accidents de tes passions, & donne nous uoye de pouuoir en te seruant, & aymãt aultruy, nous garder des tourmẽtz, comme Iacob s'en gardoit. Et nous faictz aymer auec les sacrées intentions, auec lesquelles ayma la syncerité de son cueur. Sans compter les moys, ne les ans, il paruint au poinct du terme, qui luy debuoit consigner la meritée espouse. Parquoy mise à part la continence du respect, s'estant faict hardy en la sueur de la seruitude usée, dist à Laban, Donne moy la femme, que les trauaulx de ceste uie ont sceu acquerir. Celluy qui en fin luy fut beaupere, ne pouuant repliquer auec la tardité du ferons, ny auec la lenteur du dirons, auec ioyeux uisaige dist, Bien est le debuoir, mon gendre, que ma fille soit ta compaigne. Et auoir ordonné le banquet matrimonial, des uiandes duquel les plus prochains parentz, & amis iouirent, Iacob fut assis en la cime de la table auec Rachel resplendissante, en la couleur, & en la lueur des uestementz & des gẽmes. Ia la hardiesse, & l'audace mouuoit la langue, & les mains du ieune homme. Ia la continence se douloit de perdre ses cerimonies. La nuict uint, & Celpha seruante de Lya femme prestante, estantz estainctes les lumieres par le commandement du pere introduiſt Iacob à ſa maiſtreſſe. Et luy incité de l'enuie du deſir & de la couuoitiſe de l'amour conſuma auec ſoy les actes des nopces non aultrement, que ſi ce euſt eſté Rachel. Et ne ſoit creu, que le matin, qu'il deſcouurit la trõperie, il meiſt le trompé ſus le prompt de la furie, mais bien luy, qui eſtoit compoſé de facilité humaine, auoir eſté une piece ſus ſoy, en ayant remercié Dieu, diſt auec doulce bouche, Pour Rachel i'ay ſeruy ſept ans, & non pour Lya, ô Laban, & me deul m'eſtant toy celluy, qu'ores tu m'es, & eſtois premierement, plus pour le iurement rompu par toy, que pour la fraude, que tu m'as uſée. Laban loua en ſoymeſmes la prudence de ſes parolles, puis auec ioyeux uiſaige luy diſt, Mon filz il ma ſemblé moindre erreur le faillir de la promeſſe, que l'offenſer de la loy. Icy n'eſt conuenant, & cy ne fut iamais la couſtume, que aux nopces la moindre ſœur precede l'aiſnée. Et ie repute aſſez plus mal rompre l'uſance, que la foy. Pource que au garder ceſte on iniure tout le peuple, & au mẽtir de celle on deſplaiſt à ung ſeul hõme. Mais accomplis la ſepmaine de la copule de ces iours, car apres tu entreras à laultre. Iacob s'appaiſa au capable des iuſtes raiſons de ſon beaupere, & ſans point de deſdaing attendit le poinct eſperé, & deſiré, accareſſant cependant Lya, qui ſ'apperceuante de la tromperie de ſon couſin, & de ſon mary demeuroit toute penſifue. Et bien auoit raiſon de l'eſtre: pource que au poſſeder qu'il feit de Rachel il meſpriſa ſes embraſſementz. Et auec aultres yeulx il ne uoioit, & auec aultre cueur il ne pen pensoit,& auec aultre goust il ne se nourrissoit,que auec celluy de l'aymée de ses tendresses. Et fut tant demesurée l'affection,auec laquelle il la se tenoit au couraige,qu'il soubstint de seruir aultre tant d'ans. Mais Dieu regardant l'humilité de Lya, laquelle restraincte,en ses disgraces sembloit aupres de luy plustost chambriere,que femme, respandit la sterilité au uentre de Rachel, & la fertilité en celluy de Lya.Dont elle cõceut,& enfanta Ruben,& Simeõ, Leui, & Iuda, & en tous les quatre enfantementz rendit graces au Seigneur disant, La tienne mercy est occasion,que mon mary me congnoisse comme sa femme. Voicy l'enuie esguillon uniuersel, qui esmeut Rachel,laquelle ne concoit, ny enfante comme Lya,à dire au mary,Donne moy enfantz,aultrement ie mourray.Et Iacob allega,pour sa temeraire requeste,se tournant à elle auec le trouble du semblant luy dist,Suis ie dõcques du pouuoir de Dieu qui ne consent au fruict de ton uentre? Pardonne moy,dict elle, pource que la uoulenté d'en auoir, & la simplicité d'en demander faict preuariquer mon cueur. Parquoy entre à Balan ma seruante, affin qu'elle enfante au lieu de moy, qui ne puis enfanter.Il pleut à Iacob,& se mesla auec elle en mariage,& en eut Dan,Car ainsi l'appella Rachel, disant,Dieu,qui m'a exhaulcée,me la manifesté.Estre le second né,subioingnit,le Seigneur en m'en donnant deux me egale à ma sœur, mais bien me faict, que ie la surmonte.Parquoy ie ueulx qu'il se nomme Neptalim. Mais Lya se congnoissant inutile à procreer donna Celpha sa chamberiere à Iacob, laquel quelle en enfantãt dist, Aduẽtureusement,& pource l'enfant,qui d'elle nasquit, eut nom Gad. D'elle sourtit l'aultre masle, dont Lya dist, Cestuy soit pour ma beatitude:certes toutes les femmes me diront bienheureuse:pource soit appellé Azer. O souueraine bonté de telles femmes, lesq̃lles pour auoir donné de leur propre uouloir leurs seruãtes au mary,qu'elles auoyent,iouissoyent des enfantz d'elles, comme silz fussent sourtiz de leurs propres uẽtres. Mais uoicy Ruben,qui retournant du champ baille à Lya sa mere les mandragores, lesquelles Rachel ayant ueues dist,Fais moy part de ce, que Ruben t'a apporté. Et elle à elle, Il te deburoit souffire de m'auoir deuoyé mon consort,sans me uouloir encores ouster les mandragores de mon filz. Or sus, dict Rachel, dorme Iacob pour telle chose ceste nuict auec toy. Lya l'accepta, & luy uenant de dehors elle luy alla alencontre disant, Ceste nuict ie me serreray à tes flancz:pource que ie l'ay impetré par le pris des mandragores de mon filz. Ainsi fut comme elle dist, & ne luy faillit la faueur celeste. Dont elle engroissa de Issachar, & l'enfantant dist, Dieu ma rendu guerdon pour la seruante, que ie conceday à Iacob,dõt il tira en seruice du Seigneur celle lignée, qu'il ne pouoit tirer de moy. Lya suiuit,& feit encor Zabulon,& dist, Dieu m'enrichist d'ung grand douaire,subioignant,Parquoy maintenant ie seray en grace de mon mary, car il est certes mien. Apres le dernier filz elle produist Dina, des beaultez de laquelle Sichem iouist auec la tresmauuaise aduenture sienne,& des siens.Dieu se recorda

corda de Rachel, laquelle estoit oppresée de deux insupportables passions. L'une l'affligeoit pour nõ enfanter plus. L'autre pour se croire estre en malle grace du Seigneur. Mais se sentant enceincte courut à l'occasion, auec les ferueurs de laquelle ayant loué le Createur du tout dist, Ie suis mercy du Ciel hors d'ung grand opprobre. Lenfant estre né elle l'appelle Ioseph, priant le tresbon Dieu qu'il luy en concedast une aultre. Soubdain que Ioseph fust nay, Iacob mua propos. Et luy semblãt chose deue de sen retourner aux amiables doulceurs de l'amour de la patrie, auoir trouué le moyen de parler auec dextresse à son beau pere, dist, Laban, quelle, & combien grande ait esté la foy, & la solicitude de mon seruice, tu le scais, le scauent encores non seulemẽt tes familiers, tes richesses, & leurs maisons: mais encores les herbes, les fleuues, et les umbres, de quoy se sõt peuz, nourriz, et iouyz les trouppeaux, les ouailles, & les bestes tiennes. En moy n'est restée cure, qui ne ait esté exercitée en tõ prouffit par mes trauaulx, dequoy ie me glorifie, & me deul de n'auoir plus sceu pour plus t'auoir aydé. Et ne croy que de toy me diuise le nõ estre à toy celluy que tu m'as congneu, & que tu me congnoistras. Mais la charge de femmes, & la somme des filz, que Dieu m'a donné des chairs, & des sangs tiens, me forcent à me reduire en ma terre. Il est desormais temps, que ie reuoye le pere, & la mere, qui me donnerent l'estre, pource mon despartir soit auec ta paix. Ce-cy dict les lhermes de sa bonté luy uerserent hors des yeulx, Dont Laban esmeu du parentaige, & de con conuersation de la personne saige, & bonne, auec uoix entrelassée de laffection dist, Pourueu que ie trouue grace en ton conspect à moy agrée ce, que à toy plaist, & à moy plaict ce, q̃ à toy agrée. Soit l'aller, & le demeurer au signe de ton arbitre. Ie ne suis si loingtaing de la cõgnoissance, que ie ne m'apperçoiue en quel estat ie me sens, bõté de ce, que tes merites peuuent auec Dieu. Les abondances de mes possessions sont procedées de ton bien faire. Dont ie confesse l'obligé, pource que ainsi ie te doibs. Mais quelle remuneration te donneray ie, qu'en te donnant toutes mes choses ie te serois encores ingrat? A' moy souffit le parfaict uouloir, que tu as enuers moy, respondit Iacob, & aultre ie ne demande. Ayme moy comme tu soulois, & ce soit le payement celà, quil te semble, que ie merite. Et plus ie te dy, que si tu consens à l'honnesteté de ma requeste, ie te seruiray encores. Ie consens à ce, que tu diras, bien que tu demandasses la moitié de l'auoir, que ie possede. Ie ne fus, ny suis, ny seray iamais si peu courtois, dist Iacob, & qu'il soit uray, le loyer des iournées despendues en l'utilité de tes utilitez sera de te contenter, que toutes les pecores, & toutes les chieures, qui me naistront de poil uariable me soyẽt données par toy en recompense : celles apres d'aultre layne soyent comme robe tienne. Et sil aduient que iamais tu te appercoiues, que entre les parcz, que i'auray soient sinon pecores de layne maculée accuses moy de l'arrecin.

Aultre chose ne sceut respõdre Laban, que ceder à sa requeste, Pource que la modestie des choses raison ſonnables a en ſoy une puiſſance, qui ne laiſſe repugner du car, ne du mais, à l'honneſte de ſes requeſtes. Et pource que uoyez, diſt Iacob, la ſomme de ma diſcretiō, & que ie ne ueulx, ſinon ce, que Dieu ueult, fais deux partz de tes trouppeaulx, & toutes les brebis, toutes les chieures, tous les moutons, & tous les boucz uariez, & noirs, ſoyent diuiſez des brebis, des chieures, des moutons, & des boucz de couleur pure, & ce qui eſt ſans macule reſte en ma garde, & ce qui eſt auec macule demeure en main de tes filz. Le pache de Iacob ſemble à Laban trop large: & tenant impoſſible, que des trouppeaux blācz les noirs peuſſent naiſtre, cōclud ſon uouloir auec luy, mettant l'eſpace de trois iours de chemin entre les trouppeaulx du gēdre, & les ſiēnes. Entāt Iacob prenoit des uerges de peuplier uerd, & leuāt l'eſcorce d'une part, & la laiſſant à l'autre, & uenāt le ſoir, & le matin abreuer ſes trouppeaulx gardez par les enfantz de Laban, mettoit celles qui eſtoient demeurées auec l'eſcorce audeuat des yeulx de ſes beſtes, qui beuuoyent, & celles qui n'en auoyent point, cōtre celles de ſon beaupere. Dont la couleur imprimée aux ueues des animaulx, ſe haſtantz en leur engendrement, pariſſoyent filz coulourez, comme encores le blanc des uerges mondes faiſoit naiſtre les aultres blanches. Parquoy en ſucceſſion de temps eſtantz les pecores ſiennes preſtes à fructifier, & celles de Laban tardifues, & pource que les noires croiſſoient dautant plus que les blanches diminuiſſoient, il deuint Seigneur d'ung grād auoir. Par laquelle choſe ſes beaux freres meuz du mal-

ca

tàlent de l'enuie cõmencerent non seulemen à murmurer, mais à le lacerer auec aigres calomnies, & le regardant auec œil tors ne le pouuoient souffrir. Tellement que luy s'apperceuant de cecy oyoit de eulx, Cestuy qui uint à nostre pain seul, se usurpant ce que nous auons, nous lairra sans pain, & luy seul est deuenu glorieux, & nous miserables. Et qui pis est, le pere, qui nous crea, le supporte. Aux oreilles de Laban paruindrent les paroles de ses enfantz, & trespassees au cueur, mua de uisaige au mary de ses filles. En le uoyant il se tournoit en là, & ne respõdoit aux salutz de luy, ou urayement il le faisoit auec certain acte, qu'il ne celoit la rancueur. Et Iacob le uoulant uaincre auec les armes de la courtoisie, se inclinoit à luy, & le supportoit auec toute espece de humilité. A la fiin le Royal de son couraige, & le droict de sa raison changea propos. Et deliberant de retourner libere, auoir appellé Lya & Rachel au champ, auquel il paissoit les brebis, les feit seoir bas. Et regardant tout autour, & ne uoyant aucune persone uiue, leur dist ainsi,

Le mauuais uisaige, que despuis peu en ca uostre pere me faict, est occasion, que ie delibere de nous. Et combien qu'il me ueit encor auec la liesse, qu'il deburoit, ie ne suis plus pour habiter auec luy. Iappelle Dieu en tesmoing quand au degré de mon seruir, & mal pour moy si le Seigneur ne eut esté auec moy, & mal pour uous, & pour noz enfantz. Il te promit Rachel à moy en femme pour les fatigues de sept ans, & me faillit, & moy pour te auoir luy en promis aultre sept, & tout est perdu.

Auec

Auec le consentement diuin iay faict mies les troup peaulx de laine uariable. L'âge supernel me luy feit donner l'election de prendre ou elles, ou cestes non estant asseuré au debuoir du propos quãd il a uoulu les blanches, & quand les noires, ne s'apperceuãt que la uoulenté du Seigneur conferoit ses graces en moy. Et plus uous dy, que ie ne puis plus demeurer auec luy, encores que sa hayne, & l'amour de la patrie ne me forcassent à m'en aller. Pource que le messagier du Dieu de Bethel me commande, que ie uaise au lieu, auquel ie uous ay ia dict, que ie oingnay la pierre, & ou ie feis uœu à luy. Parquoy ie uous prie par la foy du mariage, & par la loy du Seigneur, par les enfantz, que uous m'auez enfantez, & par uostre pure bonté, qu'il ne uous soit grief d'abandonner uostre pere & uostre païs. Pource que ie uous suis mary, pere, & patrie. Et en ma maison ne se uit auec moindre ciuilité de richesses, qu'en la uostre. Et ce qui plus uault, est la crainte de Dieu, sans la faueur duquel, les uentres humains, & desraisonnables sont en uain.

Rachel uoulut, q̃ Lya son aisnée respõdist à leur uenerable mary pour elle, & pour soy. Dont elle, qui estoit moult scauante, reueremment dist, Si le pere de nous deux n'eust uẽdues noz choses, cõme tu scays, tenues pour forestieres, & tu ne nous fusses celluy, que tu nous es, tu pourrois doubter q̃ pour estre femmes le mol de la chair nous feit arrester en tes cõmandementz. Mais non ayant aulcune occasion de non te obeir, excepté, que nous luy sommes filles, croy toutesfois, que seulement le demeurer au pres de toy nous est pere, mere, freres, & maison. Parquoy fais toutes les choses, que Dieu t'a imposé, & tout ce qu'il semble à sa uoulenté. Iacob baisa auec grand tendresse de cueur l'une & l'aultre ioue, de l'aultre, & l'une femme. Et leur commandant assez, donna ordre à son partir sans le sceu d'aulcun. Et aposté le temps, que Laban estoit allé tondre ses pecores, auoir mys tout son harnois sus les Chameaulx, & ayant imposé silence aux brigades de sa famille, se meit en chemin uers la terre de Canaan residence de Isaac son tressainct pere. Mais Rachel roubant les Idoles de Laban, dist, Ou tu adoreras le Dieu uray, ou tu ne reauras ces faulx. Soit l'or, dequoy ilz sont formez, aneaulx, & pendantz de ma progenie. Et les cachantz de Iacob, & des autres sen uint. Sus ce son pere ouit la despartie de Iacob. Et luy fuyant la couleur du uisaige, & la chaleur des ueynes, print les armes disant, Chascũ me suyue. Iacob auoit cheminé trois iours, quand son beaupere ouit nouuelles de luy. Et layãt rattaint en la montaigne de Galaad au chef de sept iours, l'eut assailly par dict, & par faict, si Dieu ne l'eut admonesté en songe de ne l'oultrager, non des moindres parolles. Iacob estendoit son tabernacle, mais bien lauoit estẽdu à poinct en son apparoistre, & sans aulcun signe de crainte, ne de esbahissemẽt dist, A quelle fin Laban me uiens tu derrier auec si grande impetuosité? Le interrogué ne pouuoit deslier la langue. L'ire & la fureur retenue par le commandemẽt du Seigneur luy lioyt l'office de la uengeance. Et pource que Iacob luy ueit dresser son pa

uil

uillon au mesme mont,il demeura sus soy: dont Laban,q en fin receut la uoix luy parla en ceste forme,

Te semble il,qu'il soit conuenant à ung homme noble de se partir de ses maieurs en guise d'homme coulpable? N'estois ie digne de scauoir le resolu de ton couraige? Ne doibt estre en toy quelque peu de reuerẽce? Ces filles miẽnes,& ces miens nepueux doibuent ilz estre emmenez comme prisonniers,& comme serfz? Ie ne scay ce qu'il cõuient à ton sang: car au mien il s'appartient de se mouuoir au son des harpes,des tabourins,& des psalteriõs,se resiouissant aux chantz, & aux harmonies. Certes sinon que Dieu le ueult ainsi, & ainsi me l'a imposé, ie te feroys prouuer en quelle mode ceste dextre scait rendre l'offense pour iniure. Or sus l'affection du pere,& de la mere,t'a esmeu à reuoir leurs presences,& leurs maisons,& ne te blasme pource. Ie uitupere bien de l'auoir faict à cachettes, & damne sus toute aultre erreur tiẽne la uilté de la uillainie, auec la main de laquelle tu m'as roubé mes dieux. Si la uiolence,& l'arrogance,que ie congnoy en toy, & en tes filz,me eut cõseillée de te dire ung mot à mon partir,ie l'eusse faict,dist Iacob,mais pour craindre le mouuement de ceste, & l'immutabilité de celle, ie m'en suis uenu sans te dire aultre. Si i'eusse creu que mes femmes , & filles tiennes , me eussent esté données par la paix,par la religion,& par la charité,qu'il s'appartient,ie ne me fusse parti de la presence de Laban sans le deu de la licence. Ores ie respondz à ce, que tu me imputes de larrecin, que la uengeance,que ie ueulx faire auec toy pour si layde parole, est la uergoingne auec laquelle tu demeureras apres que toymesmes auras cerché entre toutes mes choses. Il dist cecy, pource qu'il ne sçauoit, que Rachel en eust esté larrõnesse. Laban par le consentement de Iacob entra en son tabernacle, & puis des filles, & de Celpha, & de Balan seruantes, & cerchant par chascun secret ne les peut reuoir : pource que Rachel les auoit cachez soubz la selle d'ung Chameau, & seand dessus soubdain, que le pere cõparut en son pauillon, dist, Pardonne moy si ie ne me lieue à te faire les deubz accueilz, & les cõuenables reuerences. Car ores ie me sens le tẽps accoustumé aux femmes. Laban se retint, ne s'apperceuant que l'astuce de la fille luy eust deceu la solicitude. Alors Iacob ne usa de la modestie accoustumée. Mais finy que le beaupere eut de cercher, alentissant la bride à l'ire, aydé de la raison luy parla tresasseurément telles parolles, Quel mien peché, quel mien deffault, ou quelle mienne iniquité te meut à fureur enuers moy, qui en tes seruices ay deflouré uingt ans de la uie, que le Seigneur me donne? Que ferois tu cõtre ung larron publique, usant auec moy, qui uis en la crainte de Dieu, termes si laidz? Ie suis Iacob Laban, ie suis celluy, qui ay creuz les biens dõt tu es si haultain. Et de ce faict soy ton ne auoir trouué entre mes substances choses aulcune qui t'appartienne. Porte tout cela qui est tien, deuant les freres de toy & de moy, affin qu'ilz sentẽcient entre nous deux. Le long temps du seruir ne merite il telle gratitude par q les pecores, & les chieures de tes parcz ne furent iamais sterilles. Parauẽture que iay mãgé quel quelque iour aulcun de tes moutons. Parauenture que par moy t'a esté mis au compte des loups les animaulx, que les pasteurs ont accoustumé de se usurper. Parauẽture que ie ne t'ay restitué iusques aux cheureaulx mortz, te satisfaisant tousiours de quelconque dommaige aduenu à tes trouppeaulx en mon gouuernemẽt, m'ayant le froid & le chauld enuieilly deuãt mes iours, & pour t'esclarcir cõbien les facultez de Laban me ont esté au cueur, le sommeil pour ton utilité, n'a iamais esté entieremẽt congneu par ces yeulx. Combien de fois ay ie laissé la faim en ceste bouche pour courir apres les besoings de tes choses? mais tu m'en rendz ung beau guerdon, & tu m'en fais ung bel honneur. Certes cest honte de reproucher le benefice, toutesfois il est licite, que l'homme ingrat soit puny, le luy remettant audeuant, comme audeuãt de toy ie mectz ceulx, que ie t'ay seruy. Metz la pensée en l'estomach, & regarde l'iniure, que ie recoy de tes rusticitez. Ne te suffit il de m'auoir dix fois changé mon salaire? Ne te semble il assez, que iaye sué soubz le ioug de la seruitude deux lustres, & quarante huict moys pour obtenir tes filles, & six ans pour soubstenir tes bestes? Ie rendz graces au Dieu de mon ayeul Abraham, & au Seigneur de mõ pere Isaac, la misericorde duquel ainsi comme elle m'a esté en tout temps propice ainsi m'est elle maintenant. Et ne se doubte, que si la faueur de dessus fust aultrement, ton coulteau tomboit à present sus ma teste, ou urayement faisant office non de beaupere, mais d'ennemy, tu m'eusses banny d'auec toy nud, & seul, cõbien que

 cel

celluy, qui regarde l'affliction ou ie suis, & les trauaulx de ces mains endurcies aux affaires de la maison, me rend seur de tout peril. Et Laban à luy, S'il ne fut manifeste, que les filles, les enfantz, les seruantes, les trouppeaulx, les parcz, & quelconque mesnaige qu'ō uoye autour sont choses de mes choses, ie me tairois: mais estāt notoire iusques à ta cōscience, ie le puis dire sans craindre, quil me soit attribué à mensonge. Oultre ce, auec quoy repareray ie les necessitez de mes aultres enfantz, & de mes aultres nepueux en emportant toy le tout? Fais le, ô Dieu, capable de ce, qu'il m'en coulpe, dist Iacob: car pour moy ie ne suis suffisant à le faire, encores que mon innocence luy en iure. Estant refroidy le chauld de l'ire en Laban, il refeit ung aultre air de uisaige. Parquoy humblement il parle à Iacob, & luy dict, Orsus faisons paches ensemble, & demeurons en l'amitié, & en la parētele auec l'amour, & auec l'affection, qui se doibt. Sus, mes freres, portez icy des pierres, & soit faict ung monceau d'elles, pour souuenance de nostre reduire en cōcorde auec les couraiges, & auec les pensees. L'homme fut obey. Et Iacob appella telle assemblee de pierres Mōtioye, cest assauoir du dict du tesmoignaige, & Laban sepulture de la tesmoignance. Le pere de Lya, & de Rachel suiuit, Le Seigneur premierement regarde, & iuge entre nous. Et celluy, qui use de tromperie aux promesses cognoisse combien soit grand mal de rompre la foy arbitre, uoire gaige des differences d'aultruy. Ie te prie, que quand tu seras loing de moy ne contriste mes filles pour te conioindre à daultres fem

femmes. Et pource, que ie me confie en ta bonté, Dieu seul, qui est present à nostre parler, rende tesmoingnaige de ce, que nous conuenons pour le derrier de tout debat. Et Iacob à luy, Tes filles, & mes femmes serõt à moy, cõme les yeulx au uisaige, cõme le cerueau à la teste, cõme le genoil à la iambe. En elles se reposeront tous les iours, qui passent mes nuictz. Et tiendray tousiours toy, & la progenie, de laquelle tu prens origine, & la lignée, qui sort de tes chairs, pour cher gaige de mes ferueurs. Et affin que apparoisse le uray de ce, que ie dy, ie dresse ce tũbeau & ceste pierre en tesmoing de nostre appoinctemẽt. Et tũbe l'ire de la iustice de Dieu sus l'ame de celluy, qui porte telle fin auec le uenin, q enfle le cueur du maltalent, & le mal tourne sus mon chef, si iamais ie le passe auec la uoulenté de te nuyre. Ainsi par l'opposite toute angustie t'assaille si tu le rõps auec couraige de m'offenser. Le Dieu d'Abrahã, & celluy de Nachor Seigneur de noz peres determine de nous, au cas q̃ par nous on cõtreuiẽne au decret estably par nous, dist Laban. Parquoy Iacob auoit iuré par la crainte de son progeniteur Isaac apres le sacrifice mangea auec ses parentz en tressincere charité. Et à la fin du banquet Laban tout commeu, & tout compoinct, auoit premierement essuiées les eaues de la plaincte, qui luy arrousoient les ioues, auec le cours de deux chaultz ruysseaulx, prenant la main de son gendre aultant ores aymé de luy, qu'il estoit peu deuant hay de luy, & apres ung souspir, & ung peu de silence imposée par le cordial de l'amour, dequoy le tendre de son propre sang
 ardoit

ardoit,ainsi ua dire, Si celluy, qui peult ce qu'il ueult, me retournoit en l'eage, qui flourie de larbre de la ieunesse, ne desire aultre, & ne regarde aultre que à sa uigueur, & à sa beaulté, ie ne l'auroys si acceptable, que à moy seroit cher le uiure aupres de toy, & quand il te plairoit de te despartir de moy, il ne me greueroit, comme il me griefue: Pource que estant ieune ie pourroys esperer de te reuoir, ou uenant toy ou ie seroys, ou moy allant ou tu demeureroys. Mais la uieillesse, qui me solicite à la mort en me certifiant, que plus ie ne te uerray, me tire les pleurs, qui me pluuent du uisaige, & uouldrois pouuoir changer païs, & habitation. Pource que ne te uoyant ou i'ay accoustumé de te uoir, & par les champs, & par les demeurances, iamais ne sera que le cueur ne me faille. Oultre ce, non estant toy auec moy, ne y sera Dieu. Tes merites ont faict multiplier mes biens, & les choses, dequoy i'abondoys. Mais puis, que aultre chose ne se peult, souuienne toy de ton beaupere, quant au lien du parentaige, & oublies le quant aux tortz, que ie confesse t'auoir faict. Iacob pleuroit disant luy ainsi. Et Laban se tournant aux filles pour les exhorter à la crainte de Dieu, & du mary, ne pouuoit ouurir la bouche. Parquoy haulsant les mains, & baissant le uisaige benict, & baisa ses filz, & ses nepueux, s'en allant sans dire mot tout ce iour.

Cõtinuãt Iacob le sentier cõmẽcé, uoicy une nue de

de ſplendeur, qui luy uient alencõtre quaſi nue chaſ ſée du uẽt. Et luy, q̃ pluſieurs foys ueit les anges du Seigneur, diſt, Ceulx cy ſont de la militie de Dieu. Et pource uoulut appeller ce lieu, Manain, q̃ ueult à dire exercites. En les adorant il entendit de la ueri té d'eulx la puiſſance de ſon frere Eſau. Et craingnãt que il ne ſe prepare à la uengeance des tortz faictz à ſes droictz, luy ſembla bõ de luy enuoyer embaſ ſadeurs, non pour aultre choſe, que pour adoulcir ſon couraige enuers luy. Les meſſagiers retour noient luy rapportant quellement ilz auoient dict, Iacob, lequel a peregriné uĩgt ans aupres de Labã, riche de grandz trouppeaulx, de grand beſtail, uiẽt à toy comme ſeruiteur, & non comme frere. Par quoy ſans dire aultre choſe il s'eſt meu pour te ren contrer, menant auec ſoy quatre centz hommes fi deles. Iacob ſe marriſt ouyant ce, que les ſiens luy comptent. Et pour ſe reparer en partie les dommai ges, quil croyoit, qui luy abonderoient deſſus, di uiſa ſon peuple en deux bendes. Et l'une tenant la moytie de la multitude des beſtes, & lautre la reſte, diſt, Dieu de Abraham, mon ayeul, & Seigneur de Iſaac mon pere, ie me cõfie en tes promeſſes. Ie ſcay bien, que tu me dys, Retourne en la terre dou tu es né, car ie te accroiſtray en mes graces. Ie ſuis, ò roy du ciel, la crainte de quelconque miſericorde, qu'eſt en toy, & l'aſſeurance de toute ta uerité. Pource de liure moy, qui paſſay le Iordain auec ung baſton ſeulement, & ores ie retourne à le paſſer auec deux trouppes, des mains de mon frere, & ayes compaſ ſion des uies de mes ſimples enfantz, & des ames de leurs meres craintifues, & s'accomplisse la parole, auec laquelle tu dys, que la semēce de ces os egallesroit l'infiny de tout nombre. Iacob dormit la nuict suyuant là. Et auoir faict l'election de tous ses animaulx, ordonna le don, par uoye duquel il pensa de plaquer Esau. Il meit ensemble deux centz chieures, & les enuoya deuant, apres elles aultretant de brebis suyuies de uingt boucz, derrier lesquelz cheminoient la somme de tant de moutons, & derrier eulx trente chamelles plaines, desquelles les crouppes estoient quasi touchées d'ung trouppeau de quarāte uaches, de deux decimes de thoureaux, & de deux d'asnes, auec dix poulleins apres. Tel present guidoient les seruiteurs de Iacob, ausquelz il cōmāda, que apres auoir mys bon espace dung trouppeau à laultre, au cas que rencontrant Esau ilz fussent interroguez par luy, Ou uas tu, de qui es tu familier, & à quel prince seruent ceulx cy, qui uiennent derrier toy: ilz respondissent, Ce, que tu uoys, est de Esau, & don, que Iacob son seruiteur luy presente, lequel uient apres nous à luy faire la reuerence. Et ce quil commanda au premier, il le dist encores au second, au tiers, & au quart.

Ses seruiteur allerent deuant auec le magnanime don, & suruenant la nuict Iacob, qui se imagina de humilier le frere auec l'apparence des choses à luy enuoyées, demeura aux loges. Et se leuāt soubdain print ses deux femmes, & ses deux seruantes, auec ses unze filz, & passa le fleuue Laboc, ayant donnê ordre aux choses, qui luy appartenoient, demeura seul. Et estant en contemplation, uoicy ung qui à la presen presence & à la semblance sembloit plus que hõme, & se prenant auec luy au bras se meit à iouer auec luy. Et uoyant ne le pouuoir surmonter, luy toucha le nerf. Et apres, quil le luy eut desseché, dist, Laisse moy, que ia l'aulbe apparoit. Ie ne suis pour te laisser, si premieremẽt tu ne me benys, respõdit le filz de Isaac. Et il à luy, Cõme t'appelles tu? Iacob, dist lhomme saincт. Doresenauant tu seras dict Israel, par la celluy. Et ayant esté fort contre ung Dieu, que seras tu contre les hommes? Et ne luy uoulant manifester son mirable nom disparut. Dont Iacob appella la situation Phanuel, disant aux siens, I'ay ueu le Seigneur face à face, I'ay ueu Dieu, la misericorde duquel a saulué mon ame. Et le clochement auquel il resta tesmoingnoit la uerité de sa langue, & dés l'heure les personnes de la maison de Israel, ne mangerent nerf d'aulcune chair.

Iacob leuant les yeulx ueit Esau, qui uenoit à luy auec le susdict nombre dhõmes. Parquoy luy faict palle au uisaige, & craintif en la poictrine, diuisa les filz de Lya de ceulx de Rachel, mettant deuant les deux seruantes auec leurs enfantementz, & au second lieu sa premiere femme auec la progenie d'elle, & au dernier celle tant aymée de son cueur auec Ioseph seulement. Et luy courant au deuant se inclina sept foys auec l'humilité de la reuerẽce. & l'adorant en terre iusques que le frere s'approucha de luy, monstroit tant quil pouuoit en soy la religion, la mansuetude, & la paour. Mais uoicy Esau esmeu de tous les esperitz, qui sont entrelassez auec les tẽdres amiabletez du propre sang, le uoicy, auec la ferueur, qui estrainct hors des entrailles les amiables tendresses de la mesme chair, le uoicy à luy auec les bras tenduz, & auec la uoix entrerõpue de celle affection, qui se atrauerse entre la parole, & la langue, quãd aulcun uoit filz ou frere, qui luy aduiẽt au col, cõme Esau à Iacob, estãtz tous deux bõne piece d'heure sans dire mot, se baignant la face auec les pleurs, qui sourtoient des yeulx de cestuy, & de celluy. Se reayant aulcun peu apres s'estre baisez, & rebaisez tenant Iacob par la main luy monstra les cousines, & les nepueux. Pour laquelle Esau accreut liesse & consolatiõ. Ceulx cy, luy dist le frere, Dieu a donné à moy ton seruiteur. Et ayãt faict uenir, oultre les seruantes, Lya, & Rachel, Esau ne peult soubstenir sans desplaisir d'estre adoré d'elles. & finiz les accueilz, et le repliquer des baisers, & de ennouer les colz auec leurs bras, Esau ueit le don, quil luy presentoit deuant. Parquoy il dist, A quelle fin uiẽt à moy si grand multitude de chieures, de brebis, de moutons, de boucz, de uaches, de thoureaulx, & d'asnes? Ton seruiteur pour signe de la grace quil a trouué au conspect de son Seigneur, prie la haultesse de luy, qu'elle daigne accepter, non la qualité, ne la quantité du present, mais la uoulenté, & l'occasion, auec quoy, & pourquoy ie me meus à le faire dist Iacob. Sãs cecy ie suis auec toy celluy, que ie doibs, respondist Esau. Pource mõ tresdoulx frere demeurent auec toy telz animaulx. Car certes Dieu m'a esté large de tant grande richesse, quil n'est besoing pour l'accroistre, que ie diminue la tienne. Garde telles choses pour ceste mesgnie

gnie nostre. Car pour moy ie me satisfays en la courtoisie du tresbon uouloir de toy, & le reuoir de toy au iourdhuy soit sus tout tresor desiré des hõmes. A' la fin le laissant forcer des prieres de Iacob, se cõstraingnit soimesmes à les prendre, remerciãt le frere disant, Sois ꝓpice à moy, q t'ay baillée ma benediction, & que te uoys auec ce couraige, que ie uerroys le uisaige de Dieu. Et ainsi comme ie fus second au uentre, & au poinct, auquel ie fus conceu, & enfanté apres toy, ainsi ie ueulx, que tu soys deuãt moy en degré, et en puissance. Esau uaincu de son humilité urayement bonne, le uouloit accõpaigner au uoyage. Mais Iacob le recusa, disant, Les enfantz tendres, que tu uoys, & les pecores pleines, que tu appercoys, ennuyeroient tes pas. Pource mon Seigneur ua deuant. Car si bien auec la presence ie ne te suy, ie suis auec toy auec la pensée. Metz toy en chemin, que plan plan ie suyuray les trasses de tes uoyes, uenant le plustost, que ie pourray uers monseigneur en Seir. Ie te prie, luy dist il, que aumoins tu prennes des hommes, qui me suyuent, en ta garde. Iacob les recusa disant, I'ay toute compaignie, & toute seurté, ayant faueur en la beniuolence de mon prince. Esau retourna le propre iour par là, ou il estoit uenu, s'arrestant en Seir, & Iacob en Socoth. Et là edifiãt la maison, & les pauillõs appella le lieu Socoth, qui ueult inferir tabernacles. Passant apres en Salẽ cité des Sichimes, & terre de Canaan, habitant aupres du chasteau, acheta de Emor pere de Sichem partie du champ, auquel il planta ses habitatiõs, pour cẽt aigneaulx: Et auoir

en

en ses espaces dressé l'aultel au Seigneur inuocqua le Dieu tresfort de Israel auec les deues prieres, auec les accoustumez encens, & auec les conuenantes cerimonies.

Dina fille de Lya, aussi ioyeuse q̃ belle, esmeue de la gayeté du lieu sourtit hors pour ueoir l'habit, l'air, & les manieres des femmes de ce pays, ne craingnant chose, qui aultrement la peult molester. Voicy Sichem filz de Emor Eueé duc de celle terre, qui la uoyãt pleine de grace, & de splẽdeur, s'en esiouist de sorte, que sans aulcune conscience, & sans point de respect, enflammé de l'amour d'elle, la forcant la print, & dormit auec elle. Et pource qu'elle estoit noble, gentile, & uierge, l'ame du iouuenceau se lia auec elle d'une extreme affection. Et pour autant que la ieune fille forcée, & uituperée ne faisoit, que plaindre, Sichem pour la conforter ne laissoit aulcung de ses confortz, ne aulcunes de ses flateries, qu'on a accoustumé de user quand aulcun tente de renger aux bras de ses desirs celle, quil ayme tant, quil se desayme soymesmes. Il luy disoit, Appaise toy mon cueur, ne gastes point l'or de tes blondz cheueulx, & ne empallys les roses, qui te flamboyẽt aux ioues: car ie feray que mon pere impetrera du tien, que ie te soye mary. Et sen estre allé uers luy, dist, Ou tu fays tellement, que ceste me soit donnée pour espouse, ou que auiourdhuy sera le dernier iour, que tu me uerras. Adonques' dist Emor, Te semble il acte de prince, de rauir les pucelles aux estrangiers allaictez en nostre territoire par ma benignité? Auec quel front iray ie à la presence de Iacob

cob homme iuste, ayant sa bonté receu si grand oultraige par ton incontinence? Certes la ieunesse effrenée me constrainct à te obeir, & à te pardõner. Parquoy console toy: car i'espere de ouurer tellement, que nous appaiserons, & nous, & luy. Iacob auoit ouy la uiolence usée enuers la chasteté de sa fille: mais comme personne saige, & honneste se teut iusques à ce, que les occupatiõs, & les cures des châps donnerẽt aise aux freres d'elle, quilz retournassent à leur logis. Eulx soubdain, quilz sceurent le uillain honte de leur sœur, se laisserent auec tout le couraige en proye au desdaing, leur semblant chose illicite ce, qui auoit esté faict en Israel. Mais faingnãt aultre face respondirent au pere de Sichem, & à luy, qui supplioient à Iacob, & à eulx pour la belle fille, & pour la femme, Par religion, & par loy nous ne pouuons donner noz femmes à personnes incirconcises: pource qu'en faisant cecy seroit attribué à uitupere, & cruaulté. Mais quand il uous plaira, que le caractere de la foy Hebraique signe le uiril de tous les masles néz de uoz races, nous uoicy cõtentz du parentaige. Emor tendre de son filz, leur ouyant ainsi dire, feit à son peuple telles paroles,

Les hommes uenuz à demeurer au giron de ma iurisdiction, sont de bonne uoulenté, & de œuure saincte. Ilz ont les couraiges pacifiques, et les cueurs synceres. Ilz abondent de mœurs, & de uertuz, & de richesses. Pource est il bon pour nous, & pour la progenie de nous, que nous uiuions ensemble. Et faisantz de deux nations une, nous iouissons des facultez dequoy ilz sont pleins, & de lindustrie de

quoy

quoy ilz ſont doctz. Le terrain de la region, que ie tiens en dommaine, eſt ample, & a beſoing de telz cultiueurs. Pource reallegrez moy auec le conſentement de ce, que ie uous dy, & donnons noz filz à leurs filles, & leurs filz à noz filles. Et affin que la circonciſion ſe maintienne ſeulement entre le peuple de Iacob, & le peuple mien, faictes moy grace, qu'on leur cōplaiſe en tel acte: car certes ie uous en reſteray auec oubligé ſempiternel. Toute ſorte de pſonnes ſoubmiſes à lēpire de Emor dōna le Ouy. Et mettant le dict en faict, le troiſieſme iour auquel la tailleure augmente le fort de ſa douleur, uoicy Simeon & Leui armez de fureur, & de fer, tirées les eſpées occirēt auec Emor, et auec Sichē tous les maſles de la cité, ne pardōnāt aux ēfantz des berceaulx, ne aux uieillartz des lictz, reprenantz Dina leur ſœur. Entāt les aultres filz de Iacob coururēt ſus les mortz bruſlāt, & depredant toute la terre, menātz auec eulx pour eſclaues toute femme uiuante. Et ainſi ilz uengerent le deshonneſte, & le uiolent du rapt, monſtrantz non moins audace, que deſdaing. Mais la ſequēce donna à Iacob occaſion de crainte, & de ſuſpect. Parquoy il reprint les aucteurs du faict, leur diſant, Me uoicy hayneux, bōté du ſang, qu' auez eſpandu, non ſeulement aux Cananées, mais aux Phereſées encores. Nous ſommes inſuffiſantz à reſiſter aux forces ennemyes. Et noſtre uie, & noſtre maiſon ua en peril de pdre la uie, le nom, & l'auoir. Toute choſe eſt moins dure, reſpondirēt tous ſes enfantz à une uoix, que ſupporter aux yeulx le bendeau de la uergoigne. Donques la fille de

Iacob,& sœur nostre,se debuoit user comme si elle estoit une putain?

Iacob estoit tout estonné, & plein d'estrainge pẽ sier,quand il se ouyt dire par Dieu,Lieue toy,& ua en Bethel, & habite lá. Edifie en tel lieu l'autel au Seigneur,lequel te apparut fuyant toy la fureur de ton frere Esau. Soubdain quil ouyt les dictz de son Createur,congregea autour de soy toutes les famil les,qui luy attouchoiẽt par sang, ou par seruitude, leur disant,Iettez d'auec uous les dieuz estrangiers, muez uous de uoulenté, & de uestementz, & re-tournantz le cueur à Dieu allons en Bethel: car ain si il nous commãde pour la commune salut. Ie luy consecreray paruenuz, que nous serons, l'autel. Pource que la clemence de sa pitié exhaulsa le iour de ma peregrination, & me fut guide au chemin, que ie feis. Sa parole fut obeye. Et luy estantz mys en main les dieuz d'aultruy lesquelz se ornoyent des ioyes, qui aultresfoys pendirẽt de leurs oreilles, les soubterra soubz le terebinte, lequel arbre estoit droict à la cité de Sichẽ. Au poinct du mouuoir de Iacob la crainte de Dieu assaillit les cueurs, & les couraiges de tous ses aduersaires. Parquoy aulcun ne s'enhardist de le poursuyure auec les armes. En-tant il se transporta en Bethel auec tout le peuple, qui suyuoit,& obeissoit. A' son arriuée obserua au Seigneur la promesse du uœu. Et auoir haulcé l'aultel, appella, comme il dist de faire, le lieu, mai-son de Dieu. En ce temps mourut Delbora nour rice de Rebecca. Et pour estre enseuelie soubz ung arbre, l'espace qui clouoit le corps d'elle, fut dict le chaisne de pleurs. Le Seigneur apparut une aultre foys à Iacob luy disant, Ie suis Dieu omnipotent, allegre toy, & te fays appeller Israel, comme ie te dys estāt embrassé auec toy, & ores crois, & multiplie. De toy auront origine les gentz, les peuples, & les nations. Les Roys sourtiront de tes reins. Et la semence de quoy tu es plein, anoublira les maisons du monde. Et la terre que i'ay donnée à Abraham, & à Isaac sera heritée de toy, & de tes descendantz. Ainsi il dist, & disparut. Iacob dressa là la pierre auec le tiltre, arousée d'huille sacré. Et les prieres offertes, les uœutz, & les sacrifices à Dieu, s'en alla au cueur de l'hyuer, en la terre, qui guide en Effrata, qui est Bethleem, auquel lieu les douleurs de l'enfantement preoccuperent Rachel.

Iacob s'espouenta de uoir pasmée Rachel sienne, mais bien partie de l'ame de luy, reuenue à soy, la femme qui relieue les enfantz naissantz, dist, Ne crains point dame, pource que bien tu pariras, mais auec double passion. Et elle iettant les bras au col du mary, ne pouuant plus respirer, approucha les lebures froydes aux siennes chauldes, dont l'aure de sa uie meslée auec le soufle de luy, se consumoit peu à peu. Et se reayant aulcunement, appella le dernier enfantement Bennoni, c'est à sçauoir filz de sa douleur, & mourut auec si grand dueil de Iacob, que possible personne uiue n'en prouua iamais aultre. Il se uergoignoit à crier fort, & rougissoit à parler plan: pource que l'ung ne luy sembloit estre de sa grauité, ne l'aultre de son amour. Parquoy le respect, & l'affection luy

caus

causoient double douleur, en la poictrine, que se separoit pour la peine. Helas la mienne Rachel, est morte Rachel mienne? disoit, & repliquoit il, subioingnant, mais auec basses quereles, Qui me conforterai iamais plus, moy peregrin & seul? Sept, & sept ans i'ay ousté à ceste uie, que tu laisses en tourment, pour te auoir à femme. Mes yeulx n'ont dormy, ma bouche n'a mangé, mes membres n'ont reposé cependant que ie entendis auec toute uoulenté, & auec toute industrie à seruir ton pere. Ceste barbe sourtit hors de ce menton auant temps, non pour aultre, que pour les fatigues extremes souffertes soubz le ioug de la seruitude. Et quand estant reduict en la paix de Laban, & en la grace de ses filz, & freres siens, ie pensoys mourir en ton giron, uoicy que tu serres les yeulx au mien. Combien que ie te remercie Dieu, de tout accident, qui me court sus. Et s'il ne souffit de m'auoir ousté elle, ouste moy encor. Car pour ueu que ie satisface à la uoulenté du Seigneur, ie me contente aux mescontentementz. Lya estoit autour de luy, qui se distilloit en lhermes, tant luy douloit la perte de la sœur. Là estoient les seruiteurs, là estoient les seruantes, & tous ensemble, apres la premiere impetuosité du dueil, le dresserent sus, & le confortant auec les modes, qu'on a de coustume de user aux choses irremediables. Et luy recouru de l'accoustumée force, auoir mys nom à l'enfant Beniamin, cest à dire, filz de la dextre, feit donner sepulture au corps estainct. Et signé le tombeau auec tiltre, partit de ce lieu

m 2 sous

souspirant. Et auoir arresté le tabernacle oultre la tour du trouppeau, cependant quil habitoit la dicte region, s'apperceut, que Ruben dormoit auec Balan sa concubine. Et pource quil n'y pouuoit remedier se teut.

Iacob eut par la grace de Dieu douze filz. Du uentre de Lya issit, Ruben, Simeon, Leui, Iuda, Isachar, & Zabulon. De celluy de Rachel, descendit Ioseph, & Beniamin. Du corps de Balan seruante nasquit Dan, & Neptalim. Celpha seruante enfanta Gad, & Azer. Iacob auec si doulce, & noble compaignie comparut deuant Isaac son tresaymé pere. Lequel ouyant le son du parler d'ung tel filz, ouurant les yeulx interieurs, le ueit comme aultresfoys le ueit auec les publiques. Et estendant les mains pour le toucher, le ceingnit auec les bras si feruentement, quil monstra bien de luy estre pere. Et d'autant plus son retour le attendrit, quant plus il entendit l'humilité de luy enuers Esau. Pour laquelle chose il luy dist auec les lhermes à la face, Te uoicy filz seigneur en mon lieu. Ie ne puys plus soubstenir le poix de la uieillesse. Ie suis plein de iours. La nature ueult ses droictz. Pource ie qui ne puys passer oultre les cent octante ans, consumé de l'eage, recommande l'ame à Dieu, & à toy, & à ton frere le corps. Enseuelissez moy enfantz auec les os de mes antecesseurs. Mettez moy dormir auec mon pere Abraham, & aymez uous toy & Esau, comme il conuient à deux naiz de moy, & par moy benictz

nictz. Soit en uous apres la concorde fraternelle, loy, foy, humilité, aulmosne, & religion uouloit il dire, mais la briefueté de l'extreme souspir ne le luy laissa proferer: & ainsi mourut. Parquoy Esau, & Iacob auec solennelles cerimonies luy donnerent le sepulchre esleu par luy, non sans pleurs, & non sans crys.

Quil soit uray, que Dieu prosperast Esau auec les accroissementz, uoicy le tesmoingnage. Il eut troys femmes Ada de Elomethee, Oolibama de Ane, & Basemath, de Ismael. La premiere parit Elipham, la seconde Rauhel, la tierce Iheus, Ihelon, & Core. De Elipham unigenite sourtit Theman, Omar, Sephua, Gathan, Cenem, & Core: & de sa seruante luy nasquit Amalech. Rauhel eut quatre filz, Naath, Zara, Senna, & Meza. Mais auant, que la predicte lignée montast aux principaultez à luy promises par le Seigneur, Esau auec toutes les animes, & auec toute substance de sa maison, se esloingna de son frere, pour non estre le pays capable à receuoir la multitude de leurs gentz, & de leurs bestailz. Et se reduisant au mont Seir, dict Edom, iouissoit de la fertilité de sa generation. Tous les filz, & tous les nepueux, & successeurs de ses bisnepueux furent Ducz, Lothan, Sobal, Sebeon, Dison, Eser, & Disan. Lothan engendra Horree, & Eman. Sobal acquit Aluha, Maneeth, Ebal, Sephi, & Onan. De Sebeon uint Achia, & Anan, lequel trouua les baings des eaues chauldes au desert, cependant quil passoit les asnesses de son pere. De Disan descendit Abdan, Iesban, Iethran, & Charan. Et de Eser fut filz Balaam, Zenan, & Achan. Hus, & Aran eurent en geniteur le susdict Disan. En somme les personnaiges racomptez furent seigneurs de Edom auant que les enfantz de Israel eussent le Roy Balach de Beor nay en Denaba. Comme il fut mort luy succeda Iobad, & à luy Husan. Apres domina Adad, la ualeur duquel desconfit Madian en la region de Moab. Luy deffailly regna en son lieu Semla, & de main en main Saul, Balan, & les aultres issuz de la race de Esau habitantz en la terre de son empire. Il fut pere des Idumees. Mais Iacob demeura au pays de Canaan, en laquelle Isaac demeura forestier. Et les gentz, qui multiplierent apres luy, furent glorieusement infinies, mais ilz ne uesquirent celle longueur de temps, que Dieu conceda aux filz de Adam, ny encores aux familles de Noé, des bendes duquel furent diuisées apres le Deluge les gentz en terre, entre lesquelles nasquit Nembroth homme preux, & robuste, & Rachat regnant en Babylonie, & Assur fondateur de Niniue, auec tout aultre predecesseur, & successeur de Sem, Cam, & Iaphet. Voicy le premier homme habita le monde neuf cens trente ans, Seth son filz demeura en uie neuf cens six & ung. Enos uesquit neuf cens & cinq, Chainaam troys cens, & deux moins, Malalehel huict cens octante cinq, Iared neuf siecles,

quat

quatorze lustres, & uingt & quatre moys, Enoch demeura auec l'esperit en os, & en chair troys cens soixante cinq ans. Mathusalem en compta six dizaines & neuf sus sept, & deux siecles. Et Lamech pere de Noé en nõbra six cens septãte six, & puys mourut comme encores ses ayeulx.

FIN DV SECOND LIVRE.

TIERCE PARTIE DV GENESE.

STANT Ioſeph de ſeize ans, gardoit ſon beſtail auec tant de grace, que il enamouroit de ſoy toute champaigne, toutes foreſtz, & toute montaigne. Il ſe ueſtoit d'aulcunes peaulx d'aigneau ſemblables aux neiges, gardées des piedz & des uentz: la panetiere du doz dung ueau, non nay luy pendoit au couſté, cõme la pharetre a de couſtume pendre à Phebus. Le plus beau baſtõ portoit en la main, que iamais lon ueit à paſteur: menoit apres luy ung chien recouuert de poil, d'ung noir ſi uif, & ſi lucide, quil rempliſſoit aultruy d'admiratiõ, & ne fut que l'abayer manifeſtoit ce quil eſtoit, ung chaſcun l'euſt tenu ung lyon appriuoisé entre le beſtail. quelque foys le iouuenceau ſonnoit une cornemeuſe auec ſi doulx, & auec ſi ſuaue mode, quil retendriſſoit de doulceur iuſques aux horreurs des foreſtz. Formoit aulcunes foys certaines chãſons composées de luy certes trop cheres à les ouyr, bonté de la ſimplicité, qui luy dictoit uers ainſi faictz. On n'euſt ſceu depaindre le plus ioly uiſaige, au plus honneſte tornoier des

des yeulx que le sien. Tomboyent les gayetez des manieres,& des meurs de ses facons, qui le esmouuoyent. Les cheueulx, qu'il se relioit a la cyme du front, ains plustost derriere la teste, auec les filetz des herbes, le rendoyent tout gaillard & tout haultain. En somme il sembloit ung Ange en chair humaine,& non ung garson gardien des ouailles, ensemble auec les filz de Balan & de Celpha ancelles & femmes de son pere, à la bonté duquel accusa les freres d'ung peché oultre les griefz grief, par lequel il les se feit durs,& odieux. Iacob aymoit le garson, que ie dis, trescordiallement. Il estoit le siege de sa uieillesse,& le refrigere de ses fascheries. Ce qu'il faisoit, ce qu'il disoit luy plaisoit, & le confortoit. Ne tournoit iamais au logis qu'il ne luy apporta, ou fleurs, ou fruictz, ou salades, ou nichee d'oyseaulx. Iacob luy auoit faict faire pour les iours solennelz, ung habit long recamé à roues, lequel surceint descouuroit le deslié de sa dextre,& bien estendue personne. Et cella ne fut sans adioindre sel à l'amer de ses freres, qui ia cõmencoyent à l'aduiser auec l'oeil trauersé de l'enuie, tellement que en toutes choses se monstroyent à luy sinistres,& contrarieux: mais ce, qui meit hayne sus hayne, rãcueur sus rancueur, & mauuaistie sus mauuaistie, feut le songe ueu de son preuoir le futur. Dit Ioseph aux remplis de meschante uolenté, A moy sembloit la passée nuict estre auec uous en ung champ plein de la plus uerde, de la plus tendre, & de la plus fresche herbe du monde,& que ayans tous liez leurs fais à par soy, le mien se subleuoit en hault,& l'enuironnant les uoſtres s'enclinoyent à luy comme s'ilz l'adoraſſent. Dõc dirẽt eulx, Nous deuõs obeir à ta ſeigneurie: reſiouiſſons nous d'ung tel Roy. Ie ne uous cõpte ce pour me croire, ce que uous dictes, mais pour uous reciter mon ſonge, reſpond Ioſeph.

Laugure de la felicité du iouuẽceau acheua d'en poiſonner les cueurs des enuieux, & murmurans entre eulx diſoyent, Quelle arrogance eſt ceſte cy, qui enorgueillit la preſumption de ceſtuy? Et non ſeulement eulx, mais Iſrael auſſi ſe cõturba ouyant luy eſtre racompté, comme au ſonge ſecond auoit ueu le Soleil, & la Lune auec unze Eſtoilles qui le reueroyent, dont il luy dit en uoix alterée, Peult eſtre, que moy, ma femme & les enfans que i'ay, te doibuent adorer en terre? Non pour cela, à cecy reſpondit Ioſeph, ne ie ne le deſire, mais ie uous dis, ce qu'il me ſembloit apperceuoir dormant. Ne trouuant lieux les freres pour l'enuie, qui toutesfois acheuoit de leur remplir la poictrine, & l'eſperit, & le pere tacitement conſiderant aux ſignes, rememoroit en la penſée tout ce, qu'il luy pouoit entreuenir. Adõc les ennemis, & non les freres ſiens, eſtoiẽt à paiſtre les brebis en Sichem, pource Iſrael le manda pour les trouuer, luy diſant, Va, & ſcaiche moy dire ſi le beſtial, & les aultres choſes ſont en proſperité. A' ce obeit le bon filz, & party uint en Sichem, auql lieu le uoyant ie ne ſcay q aller errant, luy dit, Que quiers, dou uiens, & qui es tu? Les miens freres quiers, uiens de la part de Ebron, & ſuis Ioſeph filz d'Iſrael, reſpond il. Ouy ce l'homme luy compta, comme à l'heure eſtoyent allez de là, & ſelon qu'il qu'il auoit entendu de eulx iugeoit, qu'ilz fussent allez en Dothain. Parquoy Ioseph hastant ses pas les trouua ou celluy luy auoit dict, mais auec mauuaise aduenture sienne: pource que au croire soy estre recueilly es bras des freres, se ueit encouru es lances des aduersaires. Eulx soubdain, qu'ilz le recongneurẽt, enflambez des ardeurs de l'ire, & empainctz des esperons de l'enuie, tirez hors les coulteaulx luy faisoyent prouuer quelle chose est la mort, si Ruben ne se entreposoit entre la malignité d'iceulx, & l'innocence de luy, dit il, A quelle fin respandre son sang, & occir son ame? Vous pouuez le mettãt en celle cisterne, garder uoz mains libres de la coulpe, & du peché. Alors le garson se uoit prendre, & despouiller de l'impetuosité, & de la fureur des siẽs. Et luy à eulx, ha Freres, las Freres, ô Freres? Et ne luy estre respondu suit, Qu'en puis ie mais si Dieu au sommeil me mãde les songes? Mais posons q̃ ie merite tout supplice, doibt le pere uieulx estre offendu des filz ieunes en si fiere mode? Il me ayme, & me aymãt, uous le tuez, en me tuãt, ayez misericorde, ayez compassion à la derniere eage sienne, & regardez moy, & me pardonnez, & sauluez moy par la reuerence d'Israel. Ie suis au fort nay de luy. Ie suis pour uray sourti de ou uous. Adoncques esmouuez uous à pitié de Ioseph, qui uous ueult estre serf, & non Seigneur. Ne pouuant Iuda souffrir le son de la lamentation fraternelle reuolta la face ailleurs quand il le ueit enseuelir uif, & en chemise au uaisseau, qui antiquement estoit plein d'eaues pluuialles. L'enfant, si tost qu'il sentit estre cloz le

cou

couercle dessus, cria, Ah cruaulte nouuelle. Ah fero cité inhumaine. Croit on que Dieu le supporte? Ce dict espouuenté en l'horreur du lieu obscur, se rompit en une plaincte, qui arresta par marrisson aulcuns Serpens, & aulcuns Crapaux, qui se nourrissoyent de l'humide de sa prison.

Iuda q pour uray pensoit à Ruben, q auec la silence, & auec les souspirs monstroit la grandesse de lerreur, & du delict cõmis de Simeõ, & de Leui, & des aultres, luy apres auoir mangé auec les freres le pain haulsant les yeulx, ueit uenir de Galaad une grande trouppe de marchants Ismaelitiques, dont dit, Voicy les conducteurs des espiceries, Voicy ceulx, qui achetans le chetif, qui a la uie en sepulture, uous osteront l'ordure du propre sang de la dextre, & de la senestre. Vendez le leur doncques. Le conseil de Iuda leur pleust, tant qu'ilz deliberarent de le mettre en execution: ne si tost arriuarent les predictz hommes, que la uẽte alla en auant. Trente deniers d'argent cousta Ioseph, & tant feut uendu Iesus. Ne sembla iamais à eulx auoir despendu auec plus d'usure. Ne se pouoyent saouler de regarder l'infortuné, qui regardant auec mort uisaige les autheurs de son mal se recuilloit en soy mesmes, quasi disant, & pourquoy? Il fichoit le regard à Simeon, & à Leui, & leur disoit sans sonner mot, Ahi inexo rables. Aduisoit encores Isachar & Zabulon auec fermes sourcilz, souspirant au uoir Dan, Neptalin, Gard, & Aser. Ne se pouuant tenir, eust ouuerte la bouche pour leur parler: mais le despartir des Isma elites ne le consentit. Ne se pourroit exprimer le dueil

dueil, que sentit Ruben apres que retourné à la cisterne n'y ueit enseuelie l'Ame de Ioseph: tellement que se estre dessiré les uestementz du doz remplit l'air de querelles, & de marrissons espraintes de la main du dueil hors de chauldes entrailles. Alors les filz de Iacob macularẽt la robe longue, & ornee de recamées roues oustée au miserable, auec le sang de cheureau, & l'auoir donnée à ung homme incongneu dirent, Va, & porte ceste à Israel, & afferme luy, que aulcuns l'ont trouué en terre, & que nous la luy mandons, affin qu'il uoye si elle estoit de ses gens. Alla la personne ignorante du cas, & la presenta aux uieux Iuste; lequel si tost qu'il la ueit deuint de marbre. Le sang qui en luy se englassit par toutes les ueines le priua des sentimẽtz: ne premier forma paroles, que le chauld naturel ne destruit le froid de l'estrange accident. Luy tourné en soy misses les mains es uestementz mesmes, les feit cheoir en pieces, & cõme se ueit ceinct de la haire, auec le plus grand dueil que peult sentir le cueur d'ung pere ainsi plaignit, O' Robbe, qui à moy fus doulce pendant que Dieu me conceda te uoir orner le delicat des membres de Ioseph esperance, & ieu de la uieillesse en la debilité de laquelle ie me tournoye. Vestement noble & plaisant: pourquoy ne couures comme iadis couuris les candides chairs de mon filz? Il ne conuenoit à une beste sauuaige saouler la faim d'ung si cher, & si precieux morceau: le uentre de l'Ours, ne du Lyon ne deuoit estre tombeau de son tres suaue corps: mais les uaisseaulx d'or & de pierres precieuses à peine estoyent dignes de con de conſeruer les ſacrees reliques des miſerables oſſemens. Voicy, ò Seigneur, la penitence de la coulpe, que ie commis en tant & tant d'ans diſpenſez de ma uanité en aymer & en acquerir la mere, qui le porta au uẽtre. Voicy, Dieu, la peine d'une ſi grande faulte. A toy appartenoit le ſeruice auec lequel ie compleus à Laban. A toy ſe deuoit l'affection, que mon cueur porta à Rachel, ie le congnois, & pource plains ie: mais feut il, que le ſonge du Soleil, & de la Lune auec les unze eſtoilles, qui l'adoroyent, pleuſt au Ciel, q̃ tu ueſquiſſes noſtre roy: car ſi cella feut, ie ne deſcendrois auec ce pleur à l'Enfer. O' uie combien es tu plus aſpre, que la mort? tu me delectas eſtant uif Ioſeph, & tu m'ennuies ores: car il eſt ſoubz terre, ains au profond eſtomach des beſtes glouttes. Quelle blaſphemie eſt ſortie de ſa langue, & quel peché de ſes œuures, que lon luy ait oſté le ſepulchre paternel? Doncques mon Ioſeph, le mien Ioſeph ſeul de tout noſtre lignaige eſt indigne du deub monument? Certainement ſi ie croyois, que le Seigneur ne s'en courrouceaſt ſi Dieu ne s'en prenoit garde, ie ſuiurois ſon eſperit auec mon umbre par le moyen du fer du ieuſne, & du uenin uoulut dire, mais il ne le dit, pource qu'il cheut ſus la robe, comme perſonne eſtaincte, dont les enfans diſſimulans leur tromperie, le recueillirent entre leurs bras, & l'auoir porté au lict le reuenirent de l'angoiſſe auec les eaues des roſes, & auec la uertu des uinaigres.

Aduint apres la plaincte de Iacob, que Iuda ſe partit de ſes freres, & ſe eſtre tranſporté de Hiram

Odo

Odolamite, se offrit au deuant de la gayeté des yeulx la fille de Sue Cananée, & enflammé d'elle ne reposa iusqs à tãt, qu'il l'obtint pour femme legitime. Et se estre adioinct à elle, enfanta Her, & apres Onan, & despuis Sela, & non plus, Iuda conioinct auec Her son premier filz, Thamar, lequel feut tant inique uers le Seigneur, que Dieu ne permit qu'il uesquit sus terre, tellement que le pere redonna la femme à Onã, luy disant, Va, entre auec la femme de ton frere, & ressucite son estre en elle. Le iouuenceau s'accompaigna auec elle, scaichãt, qu'il ne debuoit sortir de tel mariage aucun fruict, qui feut sinon au nom du premier mari, il respandoit la semẽce en terre. Vint Dieu par l'occasion de l'acte detestable l'osta du monde auec la uiolence de la mort. Par laquelle chose espouenté Iuda, affligé en la perdition de deux de ses filiz, dit à la Filiastre, Conforte toy, que si tost, que Sela endurcira les nerfz de l'eage, ie ueulx qu'il te soit celluy, que te feut Her, & Onã: par ainsi ua à la maison de ton pere iusques qu'il soit creu. Non sans lhermes, Thamar obeit à Iuda, & estãt là, ou il l'auoit enuoiée, apres plusieurs ans entendit comme la femme de iuda estoit morte, par laquelle cause le mari auoir acheué les lhermes & les pompes funebres, pour se reconforter alloit uers ceulx qui en Tãnas tondoyent les laines de ses brebis. Dont pensa Thamar soy uenger auec son non auoir obtenu le moindre filz à mary selon le iurement: & posees les robes de uesuaige, s'accoustra des uestementz des premieres nopces, & prise la garlande en change du uoile, & des bẽdes, enrichies les

les doigtz d'anneaulx, & le col, & la gorge de carcans, se estre couuerte la face du plus subtil mouchouer, que elle eust: se assit entre les deux chemins faisans aucuns mouuementz de lasciuité, qui esmeurent tostz, que Iuda la ueit à le têter de son amour, & elle toute tresbuchãte es gayetez, & es doulceurs dit, Quel guerdon aura mõ cas que ie complaise au desir, que tu mõstres auoir? Vng cheurot des plus esleus qui soit en ma bergerie, respond Iuda, qui ne congnoissoit Thamar. Ie suis contente de soustenir ta uolenté, dit elle, si tu me dõnes la uerge, la bague, & l'anneau que tiens, cõme gaige de tes promesses. Et Iuda à elle, Ainsi soit. Et luy auoir dõné ce, que elle uoulut, l'engroissa soubdain. Et sans luy pouuoir aultrement uoir le uisaige, s'en alla à la bergerie: & trouué le don le bailla à Hiras ung de ses pasteurs, luy disant, Porte cecy à la paillarde, & fais toy rẽdre ce q̃ ie luy ay laissé. Alla le seruiteur auec le present: ne seulemẽt ne la trouua, mais ne feut de tãt d'hommes à qui il la demanda, qui eust ueu femme aulcune. & s'en retournãt en arriere, entẽt q̃ Iuda luy dit, Que m'en est il si elle n'y est? Me souffit que elle ne me puisse reprẽdre de mensonge, car d'aultre chose ne me chault, ne de bague, ne de uerge, ne d'anneau.

Paruenu le terme de trois mois, le uentre de Thamar cõmenca auec sa grosseur à senfler par dehors, dõt les yeulx d'aultruy tousiours fichez au preiudice de quelcun s'apperceurent, que elle auoit rõpu le uœu de la chasteté uiduelle, auec la deshõnesteté de l'adultere, tellemẽt q̃ le cry, nõ seulemẽt la uoix, penetra es oreilles de Iuda, nõ sans rogeur de sa face,

ne

ne sans destourbier de son couraige. Luy auoir estè ainsi ung peu estonnè & confus, cōmanda auec fier regard, que Thamar feust iettée dedens les flāmes d'ung feu uif. à peine le dit il, que les gens brisees les portes de Thamar la prindrent, & liarent auec celle corde, auec laquelle lon prent, & lie qui est digne de mille mortz. Mais si tost, que elle se eust faict mettre deuāt l'anneau, la uerge, & la bague, dit, Dictes à Iuda, que i'ay conceu de celluy, duquel sont ces choses, elle fut laissée, & desliée, pource que Iuda en les uoyant confessa comme la dame estoit plus iuste que luy. adioustant, Si ie luy eusse donnè à mary Selam lequel ie luy promis, elle n'eust usè l'astuce de la trōperie auec moy. Retourna Thamar en grace de Iuda, sans qu'il la congneut plus. Mais uoicy que uenu le terme elle enfanta deux enfans, dont celle qui recoit les naissans lia ung filet pers à celluy qui meit la main en auāt, & en la retirant en dedēs, l'autre uint dehors, dont pour auoir diuisè la peau subtille, en laquelle demeurent enuelopées les creatures, se appella Phares, & le second Zaram.

Phutifar Egyptien Eunuque, & prince de l'exercite de Pharaon, acheta comme ioye de pris des Ismaelites Ioseph, mais pource q̄ Dieu le regissoit, trouua grace au pres d'ung tel homme tant, que en sa foy, & en sa diligence se cōmettoiēt toutes les choses, & tous les affaires de la maison en laquelle il uiuoit esclaue. Et pource que Dieu le gardoit, les substances de l'Eunuque, & les operations croissoyent en abondance, & en gloire. Dont Phutifar le tenoit pour souueraine aduenture, ne plus d'honneur, ne plus d'obeissance se faisoit à luy en ses propres maisons, que à Ioseph. Ce Seigneur Royal faisoit ce, & uouloit ce, que ordonnoit le prudent du filz de Iacob. Les reuenuz, les deniers, & les secretz estoyent administrez de luy. & tāt plus l'Egyptien l'aymoit, & louoit d'autāt plus qu'il le ueoit moins user du benefice des biēs desquelz il estoit patron, seulemēt le pain qu'il mangeoit cōcedoit à soymesmes, auec le consentement de la naifue discretion. Mais il ne pleut à la femme du Seigneur sien, qu'il iouist de lestat auquel il estoit. Elle tournoyāt les yeulx de la luxure au uisaige de Ioseph s'estre faicte serue de sa beaulté, ne trouuoit lieu, la nuict ne dormoit, le iour ne māgeoit, telles estoyēt les poinctures, q luy frappoyent le cueur, mercy sienne, elle l'appelloit, elle luy commandoit mille chose en une heure, non pour aultre importance, que pour auoir occasion de luy parler, & de le uoir. Combien de fois le tirāt sus la chemise, luy leuant les poilz de la robe auec trop humble priuaulté, le feit deuenir en la face de coleur rouge? Combien de fois se mettant à asseoir au pres de luy, le feit leuer de bout pour honnesteté de icelle? En se lauant les mains luy gicloit l'eau au uisaige, en descendant les degrez, luy iettoit apres ou fruictz, ou fleurs: en somme, tout autre, que ce garson simple, & bon, se feut aduise du destruisement qui deffaisoit telle dame, lamour de laquelle l'assaillit si fort, que posee toute bride de uergoigne, & tout respect de modestie, deuenue hardie en l'audace de laffection, l'auoir appellé en la chambre, ne doubta luy dire, Dors auec moy ma uie, & ame de

mon

mon cueur,& de mon esprit, dors y, repliqua elle, sinon ie mourray. Garde moy Dieu des aultres maulx, car de cestuy me garderay ie, respōdit Ioseph adioustant, Tes signes pourroyent faire Dame, que ie me ietterois au feu, & que ie me ouurisse toutes les ueines, quant à tes cōsolations plairoit ma mort, mais que par moy feut trahi le Seigneur duquel ie suis serf, ne seroit iamais possible. La clemēce, la courtoisie de Phutifar est telle, est si grāde enuers Ioseph, que elle merite, que i'employe lame pour l'honneur de luy, & non que ie contente le corps en sa uergoigne. Ce qu'il possede, l'or, les perles, & les champs, les animaulx, & sa faueur sont soubz la puissance, qu'il ma uoulu bailler, mais non toy. Toy seule de toute ses choses t'a reseruée pour soy, pource pour luy sois saulue, & il en peult estre asseuré, car oultre q̄ ie ne suis tel, il ne merite de t'auoir sinō pudique. Par ainsi attrempes toy en la continēce, & estaintz tes desirs auec les licites, & auec les sacrez embrassemens d'ung tel prince, digne de gloire eterne. Se obnubila l'esprit serain de la femme, & bien le mōstra au semblant, le bel air duquel desuoya le tranquilie des sourcilz serains, & souffrant lesguillon amoureux par aucuns iours, rompu de nouueau le lacz de la continence, uint en tant de licence, que estant demeurée en la maison seule, pris le iouuenceau par sa robe dit, Ou tu me complaises, ou tu me tues. Et auancant la bouche aux lebures l'eust baise, si luy ne mettant les mains au deuant ne l'eust deschassée de soy. Il n'est Serpent foullé du pied d'aultruy, qui enfla de uenin, comme feit la femme, qui uoit despriser les uaines beaultez de sa lasciuie. Pource elle, qui se ueit rester es mains le mãteau du garson fouy des griffes de sa libidinosité, Formez aulcuns cris auec la uoix du desdaing, feit courir les seruantes, & seruiteurs à la rumeur, dont la coulpable dame uoyant plusieurs hommes de la maison estouffée en grand pleincte demeura une piece premieremẽt, que elle exprima la parolle: à la fin haulse le uisaige, dit auec souspirs & sanglotz, Doibt on supporter que l'Ebrée serf nostre doiue auoir liberté de m'esforcer, qui suis espouse de son Seigneur? Cecy est la coulpe de mon mary, la monarchie qui luy à donnée de tout son auoir, & pouoir, cause si belles choses, que se feroit il à une chamberiere? Hay me l'honneur mien est contaminé par telles uoyes. Quand il seroit qu'on n'en feroit demõstration, moymesmes gasterois ce mien uisaige, affin que iamais ne soit que à cause d'icelluy aucũ se azarde de me toucher point en la personne. Auoir ainsi dit se retourna à plaindre trescruellement.

Lenuie ame des courtz, soubdain que elle sentit la calumnie, que le tort donnoit au droict de Ioseph tacite, & sans repos s'en alla aux oreilles de Phutifar, & là fauorisant la renõmée luy dit, Cours cours dis ie, si tu ueulx trouuer uiue ta femme, la chasteté de laquelle s'est efforcée uioler ce saige, ce adroict, & ce soliciteux Iuif, es mains duquel ta bonté a confié, iusques à la uie de elle mesmes. quel se feit le Duc des armes de Pharaon, le scait le uiolet qui luy occit le uermeil des leuures, & le pasle qui luy osta la couleur du uisaige: dõt couru à la maison,

ueus

ueue descheuellée son espouse s'esbahit. Et elle se fichant l'ongle es ioues, & puis se estre cachée la teste entre les genoux, monstroit de sousterrer la face en la fosse de la uergoigne. Tira l'Eunuque l'espée pour faire lexemple de l'incoulpé, puis la remit dedens, pource que Dieu uoulut, que la prison feut uengeance des offenses, que Ioseph ne luy auoit faictes. Il feut mis en la chartre, par la commission de son Seigneur, autour de laquelle estoyent gardez les prisonniers du Roy. Ne feut si tost là, que Dieu le secourut auec les misericordes accoustumées, dõt le ministre de la liberté d'autruy luy auoir pleu la physionomie de luy, le constitua sus les gens serrez, & gardez au nom de la maiesté de Pharaon.

Escheut en ces iours, que deux Eunuques Royaulx, l'ung desquelz estoit escuyer, & l'aultre maistre du pain deputé à sa table, auoyent preuariqué contre les uouloirs de leur Seigneur: dont la sienne ire les feit enclorre au lieu ou Ioseph osté du gouuert d'autruy, feut destiné au seruice des deux, & les seruant auec les usées amities, uoicy quil les uoit passez aulcuns iours tous occupez de melancolie sans qu'ilz dissent mot, par laquelle chose il s'esmeut à leur dire, Que auez uous plus auiourdhuy, que hier? est il parauenture nouueau le souffrir des infortunes en ce monde? s'il feut licite, que ie uous comptasse une seule de plusieurs malheurs miennes, uous uoirriez plaindre, ie ne diray les hõmes assistans, mais les fers de ces fenestres: nulle chose cheut iamais sur le chef d'ame uiue, q̃ soit esgalle en partie, pas ne diray en tout, à la cõdition de ma fortune. Au fort Dieu ne s'esloigne de q a foy en la misericorde q est en luy: parquoy fortifiez le cueur en sa pitié, souffrãs en paix l'aduersité, q uous moleste, & quand bien on deburoit mourir, ne sommes nous nais pour ce: il est uray, respõdirẽt ilz: au fort cest chose naturelle le fouir de la mort, & encores les animaux s'en cõtristẽt cõme nous cõtriste le songe de tous nous. Quel songe est le uostre: dit Ioseph. Contez le moy, pource q̃ la interpretation de tout doubte est en Dieu, la bõté duquel participe les intelligẽces diuines auec ses seruiteurs, par ainsi dictes le. Et l'escuyer à luy, Iay ueu dormant deuant moy une grande uigne cõpartie en trois gros seps, les testes desquelles croissans petit à petit brotonoyẽt les bourgeons, les fleurs, & les fruictz, dont moy ie tenois en la main le calice de Pharaon, luy donnois à boire le uin du raisin, que i'auois espraint dedans. Cecy entẽdãt Ioseph dit, Les trois seps signifient les trois iours, que le Roy doibt estre à se recorder de toy, & pour auoir besoing de ton office te restituera en ton premier estat. Par ainsi resiouis toy, & de moy q annonce la tienne preste felicité, recorde toy par ce, que ie suis icy pour la continẽce, & nõ pour mon intemperãce. Ne doibt estre la peine, là ou ne feut la coulpe. Et Dieu le scait comme ie suis acoustré des desauentures. Laultre entendit la prudence, auec laq̃lle luy ouurit le uray du songe à lescuyer, dit, Entens moy ores: me sembloit songeãt me uoir trois paniers de farine sus la teste, me sembloit encores mettre ung panier plein de toutes uiandes, que scauẽt faire les mains de mon art à la cyme des aultres,

tres,dont les oyseaulx pour estre icelluy plus hault le deuoroyent tous. Et luy, Certainement il me desplaist te dire, comme passez trois iours, le Roy te fera estraindre la gorge auec le noud de la corde sus les forches: dont les corbeaux, & milans se saoulerõt de tes chairs. & ce n'est moy qui deuine cecy, mais les pechez cõmis de toy: par ainsi retire toy en la patiẽce. Et n'est doubte, que le facile de la credulité est en toutes les choses, que l'hõme desire: cõme par le contraire, la difficulté est en ce, que nous ne uouldrions qu'il aduint. Pource l'escuyer regratia Ioseph, & le fornier le gaudit. Mais se auoisinãt le iour auquel nasquit Pharaon, la solennité du cõuiue qui pour le celebrer s'appareilloit à ses seruiteurs, reduict en la memoire de sa maiesté, le maistre des escuyers, & celluy des bolengiers: par laquelle cause l'ung retourna en tasseur dicelle, & l'aultre à ce que ne mentit l'interpreteur de ses uisions dõna des tallons au uent. Bien que la felicité de celluy auquel feut respondu qu'il demeureroit en uie, oblia la misere du iouuenceau, qui le luy predit.

Passez deux ans, au grand Roy, dormant une nuict auec aise Royal, luy sembloit estre sus le riue d'ung fleuue, toute uerde, & toute florie, & pẽdãt qu'il escoutoit le murmure des eaues lesquelles se reuoltans auec la rapidité du cours à ceste heure ce cailliou, & à ceste heure cest aultre, le demonstroit auec le son, qu'en l'esmouuant sortoit de la uehemence de la fuitte de leur undes, & estant là, uoioit sept uaches, ausq̃lles la tẽdreur de la gresse faisoit nõ seulement reluire, mais resplendir la iolieté du poil,

 de cel

de celle coleur, que uoyons en l'or quãd il rousſoye en la beaulté à luy accreue du feu, auq̃l il eſt mis de l'artiſant, luy pendoit à bas, par la gueulle & ſoubz la pance le ſerpeigeãt de la peau, q̃ les mõſtre gayes, & ſuperbes, la plenitude de la chair les faiſoit nonchallãtes des herbes des palus, en laq̃lle repaiſſoient, cõme ſaoulles, & nõ cõme fameliques, mettans les dents ſoubs le tẽdre, & frais des plus esleues gerbes baignãs en apres le muſeau es eaues beuuans à golées & golées, plus par esbat, que par ſoif: mais à luy oſter de deuãt les gayes, & belles, en ſortirẽt ſept aultres ſi laydes, & ſi lourdes, que à en faire cõparaiſon ſembleroyent les premieres à la richeſſe, & les secondes à la cherté, on leur cõtoit les os par tout le doz, & les coſtes par toute la poictrine, elles eſtoyent extenuees, laſches & laſſees, ſe mourant de faim, maſchoyent la terre, meslée d'aucũs filetz de foin ſec, & ſans aucune ſubſtãce. Les regardãt le Roy ſongeant les ueit courir es riues uerdes, & nõ ſeulemẽt les paſtures des beſtes graſſes, mais ſe deffaillirent les uaches propres. Et recouuert du dormir par la faſcherie q̃ luy dõna le cõtempler d'une telle nouité, apres ung peu de pẽſemẽt retourna à ſonger, dont il ueit en ung chãp, en l'eſpace duq̃l naiſſoit une gerbe de grains auec ſept eſpics, inclinées iuſq̃s à terre, bonté du graue des infinis grains deſquelz eſtoit pleine: & ueit en apres autãt ſus une eſpic ſubtille, eſtre toute droicte, pour raiſon de la uaine legiereté, qui les faiſoit uuides. Se reueilla Pharaon en telle diuerſité de ſonges, & reuoltãt en la fantaſie les uaches maigres, & graſſes, les eſpics fertilles, & ſterilles ne poignit ſi toſt l'aurore, q̃l feit uenir à luy q̃lconq̃ ſaige feut en

Egypte, ne feut onq, ne Astrologue, ne Magicien, ne scauant, qui s'approcha à aulcune proprieté du uray: dont luy espouente, & confus les chassa de de uant soy auec superbes sourcilz. Voyant le cas le duc des escuyers, ietté auec les genoulx audeuãt de sa coronne, dit, Magnanime Roy reallegre la face de ton cueur, & le cueur de ta face, pource qu'en la prison en laquelle me mit ma faulte, & de laquel le me sortit ta mansuetude, est ung iouencel Iuifz de seignorille presence, & de nobles meurs, interpre- teur tres uray des songes, & des uisions. Luy, moy luy exposant, & le surentendant aux fours, les cho ses songées de nous, predit à moy la salut, & à luy la perdition: parainsi commande quil te soit amené aux piedz, que ie te iure par la uie de mon Roy, quil rappaisera tes souspirs, & tes desirs.

Quelles belles uoyes, & quelz beaux moyẽs trou ue Dieu pour cõduire à fin salutaire ses seruiteurs? Voicy Ioseph, il est tiré de la prison, & auec les che- ueulx escharpillez, & auec l'habit nouueau con- duict, au deuant du roy d'Egypte, uoicy quil entẽd les songes de Pharaon sans interualle de temps, luy dit, Nõ Ioseph, mais ung Dieu a manifesté à la gloi re tienne, ce que doys faire. Les sept uaches immobi les au graue de la chair, & les sept espics courbées au poix du grain, sont les sept ans de labõdance lar ge, & les sept uaches debiles par le legier de la mai- greur, auec les sept espics estendues par le uuyde de la semence, signifient les sept ans de la misere. Ne peult estre, que le iugement de Dieu n'accomplisse sus les biens, & sus les maulx de qui chemine, & de qui erre par les uoyes, & par ses sentiers, parainsi prouoys sacré Monarque de plusieurs ꝓuides personnes, la prudence desquelz sçaiche es ans prosperes congreger es greniers royaulx la quinte part de la richesse des fruictz, qui se recueilliront en tous les champs des citez d'Egypte, aultrement es temps infortunez tout aultre peuple auec ceulx de tout le mõde sera destruict de l'uniuerselle faim. Ne desprises ô Roy glorieux mes parlemẽtz, car le Seigneur interprete tes songes. Il auoit ce faict te dire, que faces tresors de toute maniere de bledz, en enremplissant les greniers comme silz fussent or, & argent, car le pain, & non les ioyaux sont noz alimentz. Et sçaiches que telle ꝓuidence te asseure plus le regne, que ne feroiẽt cent mille gentz d'armes, pource que en telle mode se maintient la santé des peuples, & se gardent les citez. Par telle uoye entreras au cueur des subiectz. Fays ce, que ie te dys, si ueulx, que ton sçauoir, & ton sens soit aymé, & craint de toute gẽt. Oultre cecy toutes les personnes confesseront, que seulement tes yeulx uoyent le loingtain du futur, dont se feront uœutz pour ta uie, & se gardera ta grandesse d'une chascune espece d'offension.

Ne laissa Pharaon acheuer de parler, à Ioseph, que esmeu de nouuelle aspiration, dresse de bout, & l'auoir faict leuer, qui luy estoit à genoulx deuant, dit, Toy, qui es remply de l'esperit de Dieu, seras le ministre, le gardien, & le seigneur de tout mõ empire, à toy desormais touchera la cure du dispẽser, du prouuoir & de recueillir quelque chose quil te semblera, que soit d'honneur & d'utilité, de mõ diademe

diademe. Voicy que ie te cõstitue en mon lieu, par toutes les parts ou s'estend le bras de la puissance de Pharaon. Ie ne suis pour trouuer en aultre part, ne ton pareil, ne ton semblable, & pource soys tu sus ma court, & toute gent obeisse au commandement de ta bouche, & entre nous deux soit differẽce seulement du siege du regne. Et pour foy de ce, te uoicy la chaine de mon col, te uoicy la robe de mon doz. Ainsi disant l'orna de ses habitz, & l'auoir faict monter sus chariot Royal, cependant qu'il estoit assis au throsne triumphant, apres le son de plusieurs trompettes, on ouyoit du hault du crys publique, s'agenouille à la presence de cestuy ung chascun homme, adorent le tous, car le roy souuerain & creature noble, ne ueult, que nul meuue le pied, ne haulce les mains par la terre d'Egypte, sans la uoulenté du Saulueur du monde, car par ung tel nom desormais se doibt appeller. Ioseph leué au souuerain degré de la grandeur mercy du Roy du ciel, & nõ bonté de celluy d'Egypte, humiliée l'ame en l'orgueil du mõde louoit Dieu, non sans effusion de lhermes, & uoyant les yeulx de tout le peuple fichez en sa face, abaissoit le regard auec acte de la modestie. Alors luy qui auoit passé autour de la cité descent du chariot, & monte les degrez, si tost quil ueit le Roy se ietta deuãt luy, luy disant, L'honneur que tu fais à ton serf, est don de la beaulté du couraige de Pharaõ, & non le prys du merite de Ioseph, mais puys que l'haultesse sienne a uoulu me subleuer de terre, concede Dieu à moy, que ie scaiche supporter la felicité, comme i'ay sceu

ſceu ſouffrir l'infelicité. Leſquelles paroles ouyant le roy cogneut de quel, & de combien de uertu il eſtoit doué: & pour le confermer au perpetuel de ſa faueur, & au ſempiterne de ſon gouuert, luy dõna pour femme Aſſenez fille de Phutifar prebſtre Eliopolein, du uentre delaquelle pour luy y auoir reſpandue ſa ſemence, naſquirẽt deux enfans: le premier s'appella Manaſſes, pour ſigne que Dieu luy auoit oſté de la memoire, la ſueur de ſes faſcheries, & le ſouuenir de la maiſon paternelle: nomma le ſecond Effraim, pour lauoir le Seigneur faict riche au pays de ſa pauureté.

Vint la richeſſe des ſept ans predictz, & dés ce que le monde feut uniuerſel, ne ſe ueit une telle fertilité es choſes, qui produiſent les ſemences, & les terreins, & les arbres. Les habitateurs des uilles, & les laboureurs des champs, portoient aux citez, les miracles de la nature deuenue prodigue, non ſeulement magnanime, uenoient les paſtorelles auec ung rameau de poyrier, d'amendries, de ceriſiers & de ſemblable auec tant de fleurs deſſus, quilz aſſembloyẽt au tour de ſoy toutes les gens, au temps des fruictz mõſtroit aucun uillain, tãt de meurs fruictz ſus ung petit rameau, que tous s'en esbahiſſoient, courroyent les brigades à conſiderer les eſpics, & l'infinité des grumes produictes d'ung ſeul raiſin, & d'une eſpic ſeule: ne ſcauoient les payſans nõ ſeulemẽt les citadins, que faire des reuenuz des chãps, & ne ſouffiſant les foſſez, ne les greniers à les mettre, les offroient à credit, les donnoyent à temps, & les gardoyent à l'aduenture, ne ſe ouyoit par les

uoyes

uoyes,ne se uoyoit par les chemins,aucune uoix,ne aucune personne demandant l'aulmosne, auec les chairs nues: ne en aultre eage onq fut, que le peuple demeura tant en l'oysiueté du iour, comme la noblesse; la meschantise des maraudz se aysoit par tout,& pource que lung an ensuyuoit laultre,auec l'abondance desmesurée des bledz, ne croyans que la richesse peult plus estre oppresée de la cherté,les artz,& les maistrises mises apart de leurs industries n'entendoient à riens,& ne pensoient à riens.Seulement Ioseph accumuloit les biens qui deuoient restaurer les faims publiques, par chascune maison, non sans ris des malheureux, l'oeil desquelz se prēt à peine garde du present. Ne souffisoient ne greniers,ne fosses,ne sales,ne loges pour remettre l'abō dance infinie des febues, des poix, du millet, & de toute maniere de fruict, desquelz superabondoyēt les champs,dont conuint à Ioseph,d'expedier les fabriques des tresgrans magasins, & les remplissans de uictuailles faisoit parler de luy par toutes les regions.Et pource que le tēps de la ioye est plus bref, que celluy de l'ennuy, passarent quasi en ung siflet les sept ans larges:& entré en la tyrannie le premier des sept eschars,feit sentir sa misere en chascune part du monde:tellement que Pharaon cogneue la uerité de Ioseph,acheua de le mettre au premier lieu de son cueur. Et luy accommencant à ouurir les greniers secourut le mesaise de toutes les familles Egypties,& respandue la renommée de sa clemence, cō mencarent à achepter de telz bledz la multitude d'une chascune prouince.

Ouyant

Ouyant Iacob du public des uoix communes, cõme en Egypte se uendoyent à chascun les grains, & les aultres choses necessaires à la faim humaine, dit à ses enfans, Prenes de l'argent, & allez au pays de Pharaon, & acheptez du froment, qui souffise à soustenir nostre famille, affin que l'incõmodité des alimentz ne la consume. Dure chose est le souffrir la uoulẽté du mãger, & la nature mesmes ne peult uiure sans cella, ne se peult endurer des oreilles des peres, ne des meres les requestes, que du pain font les enfans quãd on n'en a point. La peste, & la guer re peruerse sus les chefz d'aultruy, auec moindre cruel accident s'endure: parquoy usez de diligence à uous pourchasser pour uiure auec le deu espar= gner. Dix des freres de Ioseph pris les deniers mirẽt les sacz uuydes sus les asnes, & s'acheminerent en= uers l'Egypte laissant Beniamin au plaisir du pere uieil, la compassion duquel ne le scauoient tenir uif sans luy: ne seroit Israel mis à table, ne couché au lict, ne transporté au champ, ne à prier Dieu ne le se uoyant audeuant luy, continuellement le rẽplissoit de ces recordz tendres, qu'ont coustumez bailler à ses creatures les bons peres. En ce temps Ruben, Si meon, Leui auec les aultres entrarent en la terre de Pharaon, & ioingtz deuant Ioseph prince des ter= res d'Egypte, le commadement duquel faisoit uen= dre là les grains, sans aultremẽt le cognoistre, apres quilz l'eurent adoré, luy requirent par grace en a= cheter par le deub pris. Si tost quil apperceut ceulx là, qui le uendirent trente deniers aux Ismaelites, ne pensa à la uengeance, mais à la pitié, dont esmeu de cel de celle sentit s'esmouuoir toutes les entrailles des affections charnelles. Au fort esforcant la nature, leur dit, auec rude uisaige, Qui estes uous, d'ou uenez, & que demandez? Nous sommes freres, & uenons de la region de Canaan, pour changer nostre or auec ton grain, comme nous te auons dit: par ainsi concede le nous pour Dieu. Ne se ueit Ioseph si tost adorer de eulx, quil se souuint du songer les fays, & les estoilles, mais se retenant auec la force de l'esperit dit, Vous estes espies, cõme le demonstrent uoz semblans, ne uous n'estes icy pour aultre chose que pour uoir en quelle part soyent plus debiles les citez de mon roy. Et eulx à luy, Nous tes serfz nasquismes d'ung seul hõme, & les pensées de tous sont pacifiques: nostre estat ne cerche rumeurs, ne le sang duquel sommes originez est usarif de la trõperie. Voicy, ceste pecune demande du pain pour les faims des familles, que nous a concedées le Seigneur. Et Ioseph à eulx, Quelles mensonges oy ie? Cõme me pouuez nier de ne uous estre conduictz là ou uous estes, pour considerer les fromentz de ceste terre? Ainsi Dieu, respondit Leui, te face capable de nostre leaulté, comme nous tes serfz sommes douze freres, le plus petit est demeuré pour entretenir la uieillesse de nostre pere, laultre ne uit. Voicy, dit Ioseph, la mensonge descouuerte. Premier uous uous nõbrastes dix, & ores douze: dont uous iure par le salut de Pharaon, que uous estes ce, que i'ay dict: & quand il seroit, que uous uous uouldriez iustifier, aille ung de uous, & amene icy celluy, que dittes estre resté en la maison, mais que dis

ie

ie.le ne ueulx, que là uaiſe aucun. Ainſi diſant les feit clorre en une priſon horrible, & les troys iours quil les y tint ſouffrirent ces peurs, & ces meſaiſes, que ſouffrent ceulx qui ſont enpriſonnez pour les intereſtz des eſtatz, ou par conte des homicides. Ne poignit ſi toſt l'aulbe du iour, que allé en perſonne là ou ilz eſtoient, il demeura aupres lhuys, diſant, Aduienne que uous ſoyez gens paiſibles, ie ne m'en puis certifier aumoins ſi ung de uous ne reſte, pendant que les aultres iront pour me amener pour teſmoing de ce le frere uoſtre mineur, dont ie cognoiſſe les choſes urayes des faulſes: ſinon ſerez condãnez ou en la briefue mort, ou en la lõgue uie.

Ouyant tel parler les confus, & eſpouentez hõmes, ſe retirarent en ung coing, & ne croyans, que leur langaige feut entendu de Ioſeph dirent, On doibt craindre Dieu: uoicy le ſang de celluy, que nous uendiſmes ſe uenge ſus noz tribulations, & plaiſe au Seigneur, que noſtre peché, ne procede en la innocence de qui naſquit, & naiſtra de nous: biẽ pouuons nous intituler diabolique la tẽtation, qui nous incita à faire ce, qui eſt illicite à penſer: certainement le Seigneur attend le temps, & alors punit des faultes, que nous auions oublyées auoir faictes, mais la clemence du createur eſt d'aultre qualité, q̃ ne feut noſtre cruaulté. Et quil ſoit uray, nous trouuons tãt de pitié en ce prince, quil nous laiſſe libres auec le gaige d'ung ſeul, & le filz de qui nous priuaſmes Iſrael, ne pour plaictes, ne pour prieres peut impetrer de nous pardon, que eſtoit requis par noſtre deffault. Que ſert il s'en repentir ores, dit Ruben

ben? Et que uous prouffite le plaindre? A semblable erreur se deuoit penser quand uous le uoulustes occire, & alors que le soubterrastes uif. Vrayement tout cueur, excepté le uostre, se seroit esmeu à l'embrasser, luy uous disant tout tremblãt, & tout mort, ce ql uous dit, pour sa deliurãce, & pour uostre biẽ. Le parler des freres faisoit abõdans de lhermes les yeulx de Ioseph, & tãt plus l'attristoiẽt reprochãs à eulx mesmes la mesme cruaulte, & d'autãt q̃ plus se uoyoit par l'occasiõ de leur iniquité, en grãdeur des estatz. Au fort ne cessa de nõ prẽdre Simeon, & de le lier en presence de tous, commandãs aux ungs, qu'on l'emprisonna, et aux aultres quilz baillassent le bled aux neuf. Pendãt ce les seruiteurs osterent de deuant le ceint des liens, commanda en secret, à qui deuoit mesurer le fromẽt, quil meit les deniers du pris en la bouche des sacz: lesquelz pleins quilz feurent, faictz charger les asnes de Iacob, donna congé à ceulx, qui les guidoyent les solicitans au retourner. Se partirent auec la prouision des uiandes necessaires aux souppers, & aux disners de leurs chemins, à eulx donnez du non cogneu frere. Et arrestez au premier logis aduint, que ung du nõbre deslia son sac, & ueu pres de la bouche l'argent cõpté au uẽdeur de tel bled, cria, Qu'est cecy, que ma faict Dieu? Grand espouentement cheut au cueur des compaignõs, mercy de la noueaulté des deniers restituez sans en auoir cognoissance aulcune, & disant ung chascun son aduis. Quãd à Dieu pleut cõparurẽt à la presence du bon Iacob, lœil duquel ne uoyãt Simeõ feit ql leur dit, Ou est mõ aultre filz?

Respondit Ruben taisant la reste, Pere ne te trouble, car de Simeon ne sera que bien. Cõment ne sera? Donques de luy est mal, cria Israel? Non est, dit le filz. Arreste l'esmouuemẽt, qui a mys la peur en ton cueur, car il est demeuré es mains du prince des terres d'Egypte iusques à tant, qu'on luy face foy, que sommes personnes de paix, & non espies cõme il a creu. Tu doys scauoir pere, que non si tost arriuasmes à luy, que la souspecon de nous l'assaillit, & nous tenuz en la prison troys iours dit auec uisaige moins aspre, quil ne nous monstra au commencement, A' ce que ie me certifie, que uous nestes gẽs insidieux, ne de race maligne, mais douze naiz d'ung mesme personnage, allez, & amenez moy le petit filz, que affermez estre resté en uoz habitations, & uous prouuerez ma begninité: & la seurté de la promesse, que me ferez, sera cestuy. Et nous priuant de Simeon, nous auoir faict donner le uiure souffisant, & le froment requiz, consentit, que partissions, dõt nous sommes icy en la maniere que tu uoy. Demeura Iacob auec le sourcil estendu ung peu, & pource quil estoit saige se seroit reposé es malheurs, qui trauaillẽt les uiuãs: mais non le trouuer en toutes les cymes des sacz les monnoyes, les ors, & les argentz auec lesquelz se payarent les fromentz, l'esmeut en toutes les partz du cueur, & de la pensée: mais luy conuenir pour racheter Simeon mander Beniamin uie de sa uie, dont prise la barbe dessoubz son menton auec la main dit à sa famille, Vous, uous me faictes rester sans enfans. Ioseph est mort, Simeon emprisonné, & Beniamin s'en doibt partir

partir?que ſera donc de moy miſerable, de moy afſligé, & de moy uieillard?Ie cognoy,que les maulx cheuz ſus mon chef ſont aſpres.Et eſpouẽté des pires trembla, diſant, Ne ſcay au deſirer des lignées, quel eſt meilleur ou le abonder,ou le eſtre ſans icelles. Hai moy, q̃ trop fort ſont ameres les leurs doulceurs.Et Ruben au pere,Donne moy Beniamin,cõſigne le moy:que s'il aduient,que ie ne le te rameine ſauue,ueulx que tu me tues deux de mes filz, q̃ ie te laiſſe.Ie le te oſte, & ie le te reſtitueray, & ce ie te iure par la reuerence, & par la obeiſſance que ie te doibs. Et Iacob à luy,Que ie te baille Beniamin, ne le penſe: ie ne le croyray Ruben, tes iurementz, ne tes promeſſes ne ſouffiſent à le me rẽdre comme à le me oſter. Ie ne mourus en la perdition de laultre, pour auoir à ſouffrir la ſeconde melancolie, & telle douleur ſceu ſouffrir en l'eaige meure, que ne pourrois en la decrepite,& biẽ me ſera ſi ce dernier dueil ne me accõpaigne auec les enfers. Puis que Iuda ueit Iſrael aucunemẽt refroidy, ſe print à dire, Si à obeiſſant filz on peult donner fiance reuerend pere,preſte moy foy: car ſi tu me concedes à le mener, comme ſoubz proteſtation de ſacrement auõs promys,& ie ne le te rameine,condãne moy à toute malediɛtiõ, car touſiours confeſſeray eſtre digne de ſupplice:mais dy moy Iacob,uouldroys tu pluſtoſt, que la faim nous afflige, que l'abſence de peu de iours de Bẽiamin?Reſoulz toy au fort,car l'obſtination de ce,nous oſte le frere & la uiande. Ie recoys ceſt ennuy par uoſtre coulpe, reſpond le pere: car il n'appartenoit racompter à tel ſeigneur les affaires de ma maison. Vous pour me remplir de extreme douleur luy dittes de mon enfant, quil estoit auec moy. Si en son demander à nous, dit Iuda, par le menu de noz parentz, de nous se feut preueu cõme la fin de son entente pretendoit au cas d'icelluy, duquel ne peulx souffrir la despartie, auec la promptitude de le rauoir, nous ne estions pour le luy mẽtioner, mais la uerité, la conscience, & la simplicité le nous tira de bouche liberalement: mais par l'aduẽture c'est la uoulenté de Dieu: pource cõtente toy que nous l'emmenions. Et est certain que si ne feut le retarder, que tu nous as faict, serions desia allez, & retournez, auec liesse & satisfaction de luy, & de uous. Estoit Iacob entredeux, ne se feut iamais resolu si l'indigence de uiure, qui auec grande uehemẽce contraignoit tout le pays, ne luy eust cõseillé: oultre ce les grains quilz apportarent d'Egypte uenoiẽt à faillir, & sans iceulx, ne se pouuoit faire, dõt la uiolence de la faim, laquelle est la premiere entre les calamitez, pour n'estre soubmise à aulcune uergoigne le faisoit craindre tãt, que ouurãt les lebures auec la force de la parole, leur dit, Puis que ainsi le ueult Dieu, & dés que la necessité commune le me conseille, prenez des plus prisées choses, qui sont en la maison, & storac, & miel, & amendres, & terebinte, & faictes don au seigneur, qui tient liez les membres de Simeon, & de Iacob. Reprenes les pecunes, que le miracle, ou la tromperie uous feit retrouuer là ou les trouuastes: car ie doubte de quelque insidiation tendue sus le sang, & la liberté de uous aultres. Et toy Beniamin filz mien, ua auec tes freres, mais

mais quand ô Dieu te plairoit, que ie ne le reuoye plus, & que le temps qui me reste en doyue demeurer uefue, & orphain, donne moy ores la mort, car moindre douleur ne me seroit le mourir le uoyant, que l'eschapper ne le reuoyant. Et reuolta le uisaige ailleurs, & les laissa partir.

Ruben & Iuda auec les freres pris les dons, & les deniers se mirẽt en chemin, & apres les iours determinez à la longueur de la uoye, paruindrent au deuant de Ioseph, lequel ueu son doulx & tendre Bẽiamin, feut pour choir en terre pour la liesse: & se offrant la uoulẽté de l'embrasser cõmanda à ses ministres quilz menassent à la maison telle famille, & que occis de toute sorte d'animaulx, ordonnassent ung banquet tel que à luy appertenoit, qui uouloit honnorer les forestiers, & eulx tãdis que leur grãd frere eust dõné ordre à aulcunes expeditiõs, se estre lauez les piedz auec l'eau, qu'on leur uersa, & se estre reassis auec leurs bagues, preparerẽt le present. Mais uoicy Ioseph sus lheure de none, qui leur dit, Soit paix à uous, & eulx luy auoir offertz les presentz, les fruictz, & les odeurs, puys quilz l'eurent adoré, imposarẽt au maieur, quil dit à son haultesse, cõmẽt les deniers retrouuez en la sommité des sacz ilz les luy rapportoyẽt: & q̃ telle chose les auoit cõturbez nõ aultremẽt, que se ilz feussent ĩcoulpez de larrecin, iurans par la propre conscience, que riens n'en failloit du compte, & ainsi quilz luy cerchoyẽt aultre argent pour acheter de nouueaux bledz, adioustans, Voicy nostre mineur frere cõduict à toy, selon le debuoir de la loyaulté, & la charge de la uerité de nous. Par ainsi iuge ores le iuste de ton cõseil les cõditiõs & l'estre de tes serfz. Et pour signe, que soys reconciliez auec iceulx, daignes toy d'accepter nõ le don, que nous te baillons auec les mains, mais le cueur que ie offre auec la bõne uoulẽté du couraige. Ioseph nõ moins courtoys, que puissant, leur rendit premieremẽt Simeõ tenu de luy cõme frere, & non comme prisonnier, & puis leur respõdit, Le Dieu uostre, & celluy duquel uous donna l'estre uous feut large des pecunes, q̃ retrouuastes sus le fromẽt, pource rẽdez en cõpte à sa misericorde: car moy ie ne uous en incoulpe. Touchãt me certifier auec la presence de uostre petit frere, que ne soyez ce, q̃ ie uous tenoys, auez faict chose digne de l'integrité, que cõuient aux hõmes, qui aymẽt plus lhõneur, que l'or, dont m'agrée que soyez telz, & les dons chers prens auec le cueur auec lequel les me donnez. Ouyans ainsi leur estre dict ses freres se inclinerent à luy auec tout geste de reuerence. Et luy pour mieulx les familiariser en l'asseurãce leur dit, Le uieulx pere uostre uit il encores en bõne santé? Luy qui est tõ serf, respõdirẽt ilz, la Dieu mercy est en robuste prosperité. Et Ioseph fiché le regard au uisaige de Bẽiamin adiousta, Dõques cestuy est l'enfant si à luy cher eh? Tu l'as dict respondit Ruben. Dont Ioseph se tourna à luy auec benignité de face, disant, Dieu t'enrichisse de sa misericorde le mien filz. Ce disant les pleurs, & les sanglotz luy rõpirẽt en ung traict à l'enrouer de la uoix, ce Mien qui alloit audeuant de ce mot, filz: dont mises les mains à ses yeulx se retira à la chãbre, pource que l'affectiõ

de

de la chair luy commeut en sorte les entrailles, quil feut pour se destruyre en ses intrinseques tẽdreurs, & dõné lieu aux lhermes & torché son uisaige, sorti dehors entra au bãquet apart de tous, d'ung des coustez de la table estoiẽt les freres, & de l'aultre les Egyptiẽs, pource quil ne leur estoit permis de manger auec les Hebrieux, & eussent esté reputez prophanes, silz eussent esté familiers auec eulx es banquetz. Ne deffailloit en la cerimonie de lordre: le premier nay tenoit le chef de la table, & le dernier nay le pied, obseruant ung chascun le degré de son eaige: & en dispẽsant les partz en escheut une à Bẽiamin, qui excedoit les aultres biẽ cinq foys. Et ainsi mãgeans ensemble se sentirẽt enflãmées les faces de la ioyeuseté du uin.

Apres le disner royal cõmãda Ioseph à ses despẽsiers, quilz remplissent du meilleur grain les instrumẽtz, de Canaã, & que de nouueau se remissent les deniers du pris sus les bouches de leurs sacz, disant en oultre, Mettez la tasse en laquelle ie boy au sac de ce garson là, est à dire de Bẽiamin. Feut obey Ioseph, & apres les graces, ql se ouyt rẽdre des enfans d'Israel les licẽtia. Dõt eulx s'en alloyẽt plus ioyeux quilz ne s'en partirẽt tristes, quãd leur frere faignit de croyre quilz fussent espiõs. Alors celluy qui auoit cachée la tasse, luy cõmandant que rassemblez les forestiers leur dit, Par quelle occasiõ ilz auoyent auec le rober la coupe du sien seigneur rendu mal pour bien. Ne perdit le tẽps le seruiteur, mais reassẽbles les unze freres ung peu loing de la cité, pris le cheuestre des asnes dit, Quelle uergoigne est celle de ceulx, qui payẽt les benefices auec le guerdon de la uillanie auec laquelle guerdõnez mon ſeigneur, la nobleſſe duquel uous a nõ aultremẽt hõnorez, q̃ ſi uous luy euſsiez eſtez amys. Certes ſi uous euſsiez ſceu cõme il eſt maiſtre du deuinemẽt, uous ne luy euſsiez emporté le calice ou ſon excellẽce boit. Paraduẽture en Canaan un ſemblable acte eſt attribué à uertu à q le faict, mais en Egypte, q eſt tel s'en fuit cõme coulpable. Par ainſi ie ne uous cognoys. I'ay deſplaiſir que ſoyez encouruz en treſmauais erreur. Or pẽſez ce q̃ deburoit faire ung des uoſtres, mais qui ne trõperoiẽt les uoſtres preſences, & uoz manieres? Nul reſpõd Iuda, car telz ſont noz couraiges dedẽs, q̃ uous les uoyez dehors. Ainſi diſans ſans eſtre trãſmuez en celle couleur, q̃ ſi toſt que ſe deſcouure le delict a de couſtume paĩdre la face des coulpables, reuoltarẽt leurs pas en arriere, et uenuz au deuãt de Ioſeph ſemblãs chaſcun eſtre hors de la coulpe tous criarẽt auec les bras eſtẽduz, Comme peult on croyre, q̃ nous rẽdeurs de largẽt retrouué au plein de noz ſacz, te ayons deſrobé le gobellet? Nous uoicy ſeigneur, uoicy tes ſerfz, fays deslier toutes choſes. Et ſi il ſe trouue le larrecin en noz mains, meure q la faict, & les aultres demeurẽt eſclaues. Soit ne plus ne moins, ce q̃ eslit uoſtre ſentẽce, parla Ioſeph, & commict, q̃ lon desliaſt les ſacz. Le uaiſſeau ſe ueit en celluy de Bẽiamin. Dont cheut le meutõ au ſein de chaſcun, & regardãt lung laultre au uiſaige ſembloit, q̃ taiſans eſpiaſſent le larrõ. Apres ſe deſrõpãs les ueſtemẽs, & ſe iettãs à ſes piedz à genoulx attẽdoyẽt le chaſtiemẽt du peché, q'lz n'auoiẽt cõmis. Et Ioſeph à eulx, Ie ne ſcay q m'eſt plus de iniure,ou uous auoir estimez, que soyez dignes de l'honneur,que ie uous ay faict : ou me uoir desrobé de uous, belle chose, qui uous est sortie des mains. Ie me esmerueille, que uous auez à dire de haulcer les yeulx.Ie ne sçay qui soit uostre pere : ie sçay bien,que tel uitupere est pour luy oster toute gloire de sa uie, sans la coulpe de luy, car les peres uont haultains, & humbles par les uertuz & par les uices des enfans,cōme des choses propres : mais qui sans aultre chose ne uous condamneroit, oyant que uous n'en faictes excuse?

Aultre pour nous n'est pour te dire, respondirent ilz,sinon que Dieu à prouué l'iniquité, la faulte de laquelle ne se peult deffendre,nompas nier. Et seulement une grace se requiert à ta clemence pour nous,que mues le iugemēt de la mort, qui se doibt à qui t'a robé,en seruitude,pardonnant à la puerilité,qui ne sçait ce qu'elle faict. Nous dirons eternellement de toy auoir receuz grandz dons, nous tenans en la seruitude meritée, eschappe la uie à l'errant,bien que luy seul deubt demeurer serf:car il est clair,que nous aultres sommes hors de la coulpe, mais non de la peine. Ne plaise à Dieu,respondit Ioseph:qu'il soit mō serf,& uous libres uous en alliez uostre chemin. Las prince misericordieux,dit Iuda, punis le garson auec la pitié, & le chastie auec luy pardonner:car nō seulement toy,qui es ung exēple de charité, & de mansuetude, mais la inhumanité mesmes deuiendroit begnine,si elle sçauoit ung des plus moindres tourmentz, que par la perdition d'ung tel iouuenceau, souffrira le urayement tres-

 bon

bon nostre pere:n'a mesure,ne terme l'amour que le pere luy porte, & son trop estre iuste consentit, que nous le te amenissions. Le non pouuoir soustenir le mesaise de ses familles le reduirent à le nous bailler. La faim qui menasse, & offend ung chascũ, feit qu'il est en tes mains. Parainsi toy, qui ne es d'acier, ne de porfire fais ung present de l'erreur de l'enfant à la grandesse de ton cueur, la generosité duquel le donne aux supplications de noz cueurs. Tombe sus noz fatigues tout ce qui te pourroit resulter de seruice l'œuure de son cõtinuel suer. Mais si au fort plaist à Dieu, & à toy, qu'il reste ou mort, ou serf, son pere aura enuie à la mere, qui transit en l'enfantant, pource que son ame depend de luy. Parainsi renuoye le, & me retiens à ce que ie, qui l'ay receu en ma foy, ne sois tesmoignaige de la misere paternelle.

Ne pouuant Ioseph, plus refrener les esguillons du sang, qui le transfigeoyent, ce pendant que Iuda tirãt les paroles du cueur pour luy emplir les oreilles de pitié le consumoit auec l'humilité des prieres, commanda que ung chascun sortit dehors excepté les unze forestiers, & resté auec eulx, se desconfla en ung traict auec le cry, & au pleindre, & feut si puissant le son des uoix formées du soubdain de la allegresse, qu'il se feit ouir de toute la maison de Pharaon. Puis courut auec les bras ouuertz uers les freres, qui estonnez de la noueaulté du dueil du grand Prince, ne scauoyent que faire. Il dict, Ie suis Ioseph. Ainsi que la parole qu'il profera tel nom se feit sentir, la peur, la uergoigne, & le cas qui en ung coup leur

leur recerchea toutes les uoyes des entrailles,les conuertit quasi en pierre.Eulx craignoyēt la punition de l'auoir uendu,se esuergognoyent de la trahison, & se esmerueilloyent,qu'il feut celluy.Et se uoulans asseurer,s'excuser,se esmerueiller faictes les lebures de terre,& le uisaige de cendre ne expliquoyent une parole de l'aultre. Dont ioseph leur secourut auec les baisers,auec les embrassementz,& auec les blandissemens,& leur dit,Ne uous afflige me auoir uendu:car à ce uous empeint Dieu pour le salut de nostre pere, & de noz nations. Le conseil que pristes sus moy par les songes que ie uous comptay a esté bien uniuersel:car uous par tel accident uous sauuez de la faim,& ie suis deuenu cōme pere du Roy, & en signe de ce, que ie dis à moy s'enclinēt toutes les terres d'Egypte, à mon guigner se esmeut tout son peuple,ma puissance l'arreste,& peult mon arbitre les absouldre,& les condamner.Par ainsi realegrez uous auec les grandesses de uostre frere,& en la uolenté du Seigneur,qui ainsi le uoulut, & ainsi le ueult.Se ressuscitarent tous les espritz desuoyez auec les cueurs des enfans de Iacob ouyans le parler,qui sortoit du cueur de Ioseph, dont prise hardiesse Ruben,& Iuda,se iectarent à ses piedz ensemble auec les aultres.Remises les uies, & les libertez en la main de sa misericorde, confessarent la faulte, & en demandarent pardon. Apres dressez de bout ne seroit ame si dure,ne cueur si obstiné,qui uaincu de la tendreur, n'eust plouré auec les yeulx du cueur,en le uoyant estraindre le col, & luy succer la bouche,de luy & d'eulx, luy tōbant toute hayne de de la pensée, & toute malignité de l'estomach, au uoir choir là sans alaine Ioseph, & Beniamin, nais d'une mesme semence, en ung mesme iardin. Se diuulga auec noble rapport tel faict de uoix en uoix, & paruenu aux sacrées oreilles de Pharaon, sa maiesté auec la compaignie de ses seruiteurs qui à luy se inclinoyent en feirent desmesurée feste. Et si tost que les douze freres se presentarent audeuant luy apperceut la semblance de Beniamin, au semblant de Ioseph, tellement qu'il dit, Vous deux estes sourtiz d'ung uentre propre, & d'ung seul pere. Et accollant ung chascun auec front ioyeux dit, Les merites de uostre Ioseph sont en telle sorte regardez de ma grace, que pouuez uenir icy auec le pere, auec les parẽtz, & auec ce que uous auez, à en iouir auec luy, de tout mon Royaulme. Cōmande leur, dit il au Sauueur du monde, qu'ilz facent ainsi, & donne leur en possession quelconque bien qui est en Egypte, & soit leur aliment le meilleur de ma terre. S'enclina à luy Ioseph auec tous ses freres, & luy auoir rendues les graces deues, feit appareiller les charrettes, & les uiandes, qu'ilz deuoyent manger par le chemin. Oultre ce dōna en don à ung chascũ de eulx, deux robes sumptueuses, & à Beniamin cinq habitz contrepoinctez d'or, & de soye, auec mirable maistrise, adioustant au present trois cens deniers d'argent, auec autant de pecune, & robes qu'il donnoit au pere. Ordonnées les choses, & trouuées les bestes pour porter les draps, & la uiande les enuoyant auec dix asnes chargez de toutes les richesses de ce pais, dit aux freres, qui deuoyent

s'en

s'en aller, Vous saluerez auec la deue reuerence Israel, & annoncez luy toute ma gloire, non sans la louẽge de Dieu. Dictes luy que Pharaon, & Ioseph luy commande, & prie, que ostée toute excuse, sans aulcun respect se esmeue auec tous ses harnois, & se trãsporte à nous: car les cinq ans de cherté, qui s'ensuyuent, ne se pourroyent supporter de la necessité, ne de ses bourses. Ie feusse allé uers luy en personne, Freres, mais les grandes cures, que i'ay en si hault Regne, ne le me concedent, pource excusez moy uec la sienne naifue bonté.

Encores que Ruben, Simeon, Leui, Iuda, Issachar, Zabulon, Dan, Neptalim, Gad, & Asser, eussent impetrez pitié, & pardon de Ioseph, s'en tournoyẽt en Canaan affligez du souspeconner de la conscience: pour laquelle chose se congregarent ensemble, en la plus secrete partie du premier logis qu'ilz feirent, consultans la mode, qu'ilz deuoyent tenir, à ce que Ioseph ne les punit auec la reprehension, ou auec la peine. Et apres le se esmerueiller de la fortune du frere, & de l'empire auquel estoit paruenu, dirẽt, Que se doibt plus dire des songes? Et raisonné de sa grãdesse, & de sa clemence, determinarent que Ruben, & Beniamin allassent deuant, & affin que Iacob ne tombast en soudaine melancolie ne uoyant la reste des enfans, leur sembla bon que les charrettes, les uictuailles, les dons, & les aultres choses feussent conduictes premierement de eulx, & se resoultans à faire ce, affin que Ruben obtint auec la presence de Beniamin, grace de la terrible erreur. Iacob qui tousiours tenoit les yeulx tẽduz en la uoye par laquel quelle ilz auoyent à retourner, ueu de loing la grande nuée de pouldre, quasi deuinant les bonnes nouuelles s'esmeut du tout, & s'approchant les turbes peu à peu, ne scauoit comme il pouuoit estre, que le bruit, que faisoyent les roues sortit des charrettes qu'il n'attendoit: atant cogneut Ruben, & Beniamin. lesquelz auec la serenité du uisaige, manifestarent la non esperée consolation, & comparuz deuant luy il entend à soy estre dict de Ruben, Quel guerdon se doibt à qui te promettant rendre le mineur filz, & le attend auec une maieur allegresse au pres, uoicy, pere, Beniamin, que moy & Iuda iurasmes de le te ramener sauue, & sain, Respõd, ò Israel, quel guerdon sera celluy de ceulx, qui au iourdhuy te amenerõt chose, que toy mesmes ne oserois pour n'estre temeraire tenu de la pẽser, nompas de la requerir? La benediction de Dieu, & ma paix dit Iacob. A bon droict tel guerdon desirent tes enfans, dit Ruben. pardonne nous, pere, puis q̃ le Seigneur comporta, qu'en nous sourdit celle enuie, qui nous incita à uendre Ioseph, dont s'ensuiuit le salut du monde, non seulement du siecle. Et qu'il soit uray il est prince d'Egypte. Il est semblable à Pharaon. Et desployees les robes, qu'il luy mãdoit, & cõptez les deniers, qu'il luy dõnoit, Israel baalha, & estẽdit les bras, non aultrement, que s'il se reueilloit d'ung grand sommeil, ne pouuant supporter l'impetuosité de la soubdaine liesse: mais pour n'estre son couraige capable à receuoir en ung traict celle affectiõ, qui s'en estoit partie drachme à drachme, s'il ne se feut appuyé sus l'ung, & sus l'aultre filz, il tomboit

à ter

à terre par l'angoiſſe de la lieſſe. Et retourné en ſoy apperceut le charroy, les fromentz, les beſtes & les conducteurs de tant de commoditez. Et ſe eſtre ueu en ung traict enuironné diceulx, qui ſans attendre aultrement l'ambaſſade de Ruben, & de Beniamin, eſtoyent demeurez derriere, deuint comme celluy, qui deffault de la uertu des ſentimentz.

Le uieilloque aſſailly de tant d'improueues felicitez, ſembloit une maniere ſurgie au port, qui ſubleuee, & abaiſſee des undes non tranquilles, faiſoit touſiours ſigne de ſe ſubmerger. A la fin renforcé au prou, que luy feit l'ouir de Ioſeph, dit, O' Dieu, toy ſeul es l'inuenteur des miracles: pource de ta bonté recongnois la grace que tu me fais de mon filz, & pour ce que tu ne te ſaoules de plouoir de tes charitez ſus qui te craint, & obſerue: Pardonne aux aultres miens le peché, auquel ilz tombarent en le uendant, comme il leur en a pardonné, & comme ie leur remetz. Ne pouuant plus ſouffrir le tarder, Allons en Egypte mes filz, dit il: car ſeulemẽt, que ie uoye Ioſeph, me mettray au nõbre des bienheureux: car ſeulement ſa preſence pouuoit me rendre moins graue la uieilleſſe, & toute doulce la mort. Et oubliant pour la conſolation l'iniure, & le delict des filz, ordõnées les choſes, & miſes à poinct, uoulut premierement uoir les femmes, les enfans, les nourriſſes, & tous les empeſchementz accõmodez auec toute ſa faculté & auoir. Puis accouſtré par la main des filz auec tout aiſe ſus la charrette deputée à ſa perſonne s'enchemina là ou Ioſeph & la faim l'appelloyent, & empeignoit. Eulx arriuez

au

au puis du iuremẽt, salué & reueri le lieu, auec toute espece de ceremonie saincte offrit le sacrifice au Dieu de son pere Isaac, lequel luy apparoissant la nuict suiuante en uision luy dit, Vis ioyeux Iacob, ne crains, car le tresfort Seigneur d'Abraham sera auec toy en Egypte, aux terres de qui accroistras infiniement de grans gens: ua que ie uiendray à toy en ce pais, & le aymé de Dieu, & des hommes ton Ioseph, te serrera auec les fideles mains tes froids yeulx au dernier iour de la uie. Le parler du Seigneur acheua de remplir la poictrine d'Israel de ioyeuseté, & de confort: dont leué le matin r'entra au uoyage auec ses enfans, auec les neueux & auec toute la tourbe de sa lignée, ne s'arrestãt iamais iusques à ce qu'il arriua auec tout son train, & bestial en la terre seignorisee de Ioseph. Furent toutes les ames qui entrarẽt en Egypte de la maison de Iacob, septãte en nombre. Aussi tost que le uieillard commenca à s'approucher à la terre, appella à soy Iuda disant, Va auec prompte solicitude deuant, & notifie à Ioseph ma uenue. Dy luy, Ton pere uient à toy selon qu'il t'a semblé. Ne retarda point Iuda, & faicte l'ambassade à Ioseph, qui le reueit ioyeusemẽt, monta sur une royalle charrette, & accompaigné splẽdidement se cõduict à son pere. Et desmõté qu'il feut, ne pouuãt se retenir es cõtinences de la reuerence, il luy saulta au col auec les bras, & au uisaige auec les baisers, cõme filz qui reuoit son pere, qui l'a plaint pour mort. Trembla Iacob, & empallissoit au sentir soy toucher de luy, quasi personne espouuentee de l'insupportable de l'affection. Et donné lieu aux

pass

passions charnelles dit, Bien m'a payé Dieu auec double usure la seruitude de quatorze ans,que ie despendis pour obtenir à femme Rachel ta mere: ne feut onq dueil remuneré de la ioye, auec quoy le Seigneur paye ce, que i'ay souffert, te croyant tant soubz la terre,comme tu es sus. Cessent or mais les plainctz de la melancolie, & les ris des allegresses uiennent. Serre moy facteur du tout quād il te plaira les yeulx, car à moy n'est pour me estre en nul temps la mort aspre,puis que ie reuoy toy mon filz premier que elle. Or soit benict le poinct de ta conception,& de ton naissement. Benissez filz & nepueux le frere,& uostre oncle. Benissez le femmes,& serfz miens,car il est le redempteur de ses parentz. Il nous tire des miseres, & remect en felicité. Il magnifie les generations de nostre semence, & pource uenez deuant luy: à luy uous inclinez,pource qu'il est la mansuetude,& la pitié des hōmes,& ce qu'est plus, uray amy de Dieu souuerain. Ainsi disant Israel, uoicy Ioseph, qui n'attend que les enfans, les iouuenceaulx,& les uieulx,auec les femmes,& auec les aultres gēs de sa maison courēt à le reuerer,mais se esmeut enuers eulx, auec incomprensible plaisir, & auec une nō plus esprouuée liesse: & tandis qu'il despart ses beniuolēces auec ceulx cy, & auec ceulx là,Iacob luy dit, Voicy Enoch,Phalu,Esron,& Carmi,filz de Ruben,Iamuel,Iamin, Ahoci,Iachin, Saber,& Saul lignée de Simeon: Cestuy a nom Gerson,& celluy Caath,& cestuy aultre Merari,nais de Leui: à Iuda sont mortz en la terre dont sommes partiz,Her, & Onan,& luy demeurent Sela, Pha-

p res,

res,& Zaram, & ioinctz uoy ceulx cy qui sortent de Phares, & se nomme l'ung Hesron, & l'aultre Amul.Isachar à produit ces quatre qui te uiennent faire reuerence.Le premier s'appelle Thola,le secōd Phua,& le tiers Iobab,& le quart Semron. Sareth, Chelon & Iahelel qui luy uiennēt apres sont factures de Zabulon. La somme des animes de mes filz, & de mes filles sont trentetrois. luy monstra encores Israel,Sephō,Aggi,Esoboc,Suni, Peri, Aroch, & Areli de Gad,& apres Ienna,Iesua,Iesui,Beria de Aser auec Surra sa sœur. Veit apres Heber & Melchiel filz de Beria auec tous les aultres nepueux & & pronepueux siens.Dont luy les auoir accueilliz, auec amour sincere,& doulce, pria Dieu qu'il remplit le monde de lignée honorée,religieuse & grande.Puis tourné deuers le pere dit,Ie uay auec la benediction uostre annoncer à Pharaon ton uenir:& pource que les Egyptiens abhorrissent les pasteurs, & les agriculteurs,ayās uous amenez le trouppeau & le bestial,à ce qu'ilz entrent en grace de sa maiesté les maistres des champs,& des pasturaiges,si tost qu'elle uous demandera de uostre condition,respōdez,Lexercice de nous, qui sommes tes serfz est en le labourer,& semer & cueillir, & encores au gouuerner brebis & bœufz.

Aduerty qu'il eust ses freres,s'en alla au deuant du Roy luy notifiant comme le pere auec les filz & auec les nepueux,& auec les familles,& auec les bestes estoyent arriuez au territoire de sa couronne, selon qu'il auoit pleu à la clemence de la gloire de Pharaon:par ainsi cōcede leur, qui sont en l'espace de Gessen le pais, qui te agrée. Tu fais iniure à la puissance de qui t'a esté large la magnanime haultesse mienne, respond le Roy. N'est honneur de moy que ie t'ay faict à la similitude mienne à me requerir en parole, ce que dois faire estant mis non seulement le Regne, mais le cueur que ie tiens en l'estomach, & l'ame est pres du guin de ta uolété. pource ua, & en ce lieu establis leur l'habitation, que conuient à la grandeur de Pharaon, & de Ioseph. Soit au fort de ta grace, & non de mes merites telle courtoisie, dit il. Et l'auoir adoré, soubdain q̃ Iacob arriua au pallaix Royal, introduit cinq hõmes derriers entre ses freres au deuãt du monarque de l'Egypte lesquelz feurẽt demãdez de luy de l'office qu'ilz tenoyent. & eulx reueramment, luy cõptarẽt comme ilz ses serfz, estoyent pasteurs, & que telle profession ilz tenoyẽt de leurs peres, & de leurs ayeulx. adioustans, Nous sommes uenuz en ta domination quasi peregrins chassez ensemble auec les animaulx auec l'obstination de la faim. Parquoy meue ton beau couraige à eslargir à nous serfz de Pharaon la situation de Gessen. Consentit le Roy à l'honnestetê des supplians, dont Ioseph choisi le temps de mener Iacob audeuant la presence treshaulte, luy disant, O Roy iuste, uoicy celluy q me dõna l'estre, uoicy Israel pere de moy ton serf. Se recueillit Pharaon en acte mansuete au uoir le uieillard noble, & appuyez les espaulles au throsne Royal plein de gẽtille liesse, auec face clere regarda trois, & quatre fois dés la teste au pied l'homme, non sans admiration: pource que Israel auoit au beau du front, & en la bonté du uisaige une maiesté diuine: l'enchasseure de ses yeulx estoit grande, les sourcilz luy marchoyent auec ung treslarge tour, le nez aquilin rouge comme les ioues, luy compartissoit auec souueraine grace la moytie de la face, laquelle enuirõnoit la plus uenerable, & la plus candide barbe, qui onq enargenta la main du temps, né la dent d'aulcun élephant seroit peu estre à comparée, de celle part lucide, qui luy descouuroit la chauueté de l'eaige. Se estre compleu à sa mode le Roy de la presence de Iacob, dit, Tu ne peulx nyer de ne estre le pere de Ioseph: urayement ta semblance, & la sienne, sont une mesme. Combien de iours as tu complis de la uie? dit l'ẽpereur des Egyptiens. Et luy, Vng siecle, & six lustres petis en maulx a peregriné mon ame bien que ne paruiẽdray es ans de mon ayeul Abraham, qui feurent cent septante cinq, ne à ceulx de Isaac mon geniteur, qui arriuarent à cent octante: mais quãt au merite ie n'ay uescu que trop. Di moy dit Pharaon, quelle allegresse a esté la tienne au uoir celluy, que tu plaignis pour mort? La liesse que i'ay prise pour ce, dit le uieillorchon, est esgalle à la douleur eue de moy en le perdant: mais si Dieu me concede pardon de la bonté eterne, que tant me maintienne en la ioye de le reuoir, cõme ie me suis maintenu en l'ennuy de non le uoir, ie tiendray plus grand le plaisir de mon second estat, que le desplaisir du premier. Viue ie auec luy les iours, que i'ay uescu sans, car ie clourray ces yeulx puis en paix. Ne se pouuoit saouller le Roy de le regarder, ne de l'ouyr, Et bien comprenoit au prudent de ses paroles

les,& au modeste de sa prudence, la noblesse dou il sourtoit. Oultre ce n'estoit du tout ignorant de la congnoissance de son sang,& combien grãd il auoit esté. Iacob l'informa auec grande honnesteté de l'estre des antiques de luy. Et ce feit non pour uantance, mais affin qu'il ne se repentit de luy auoir exaulcé son filz. Pour le dernier dit Israel, Tes accueilz, Roy souuerain, sont les fruictz de la gloire de ma liesse: pource soit benict le poinct & l'heure, que le monde receut de la superne liberalité ta natiuité, benissent les gentz qui te obeissent le suaue ioug de leur seruitude, & benictes soyent tes cogitations en chascune œuure, que elle executent. Ne tiens à uil si ie, qui ne puis riens, te rendz pour si grandes obligations, si petites gratitudes: car le Seigneur de noz peres supplira en ce, q̃ ie deffaulx. A' tant prie Dieu que tõ chef ait la garde de ses Anges, nous rẽdans à toy agreables, qui dependons de tes compassions.

Apres que Iacob eut acheué de benistre Pharaõ, sortit dehors tout reconsolé, & renouuellée la feste dens son couraige, s'en alla au lieu à luy destiné du cõmandement de Pharaon, la maiesté duquel auoit faict appeller Ioseph, luy imposa, qu'il cõsignast au pere les champs de Ramasses, pour n'estre en Egypte le terrein meilleur. Et puis luy dit, que quiconque de sa lignée feut docte en l'industrie des artz, les meit en exercice, & de labourer les terres, & de paistre le bestial, & feut bien pour tout son regne: car en peu de temps s'agrãdit la faculté d'ung chascun, qui aprit les maistrises necessaires au uiure des fatigues de leurs mains. A' tant la cherté des choses importantes au ſouſtenement des faims des hommes, & des animaulx, deffailloyent auec extreme miſere en tous pais du monde:mais auec aultre cruaulté, que ne feirent au temps d'Abraham, la nature reduit la prodigalité des ſept ans en telle eſtroicture, que es ſept derniers, qui les ſuiuirent apres, perirent plus de perſonnes, & plus de beſtes, que elle ne refeit en quarante. La preſumption de la neceſsité de manger auoit dilluuié les peuples de tous les uillaiges es prochaines citez, & loingtaines, ne par banniſſemẽs, ne pour offenſes, ne par menaces ſe pouoyẽt chaſſer allieurs, tellement que entre le cry de la faim ciuille, & le crier de la uillanie, empliſſoyent le Ciel & la terre. Les lieux qui aux bõs temps ſecouroyẽt aultruy auec la pitié de l'aulmoſne, ſerrez les huis charitables ſembloyent faictes portes du mallade, ſi cruelz ſe monſtroyent les meſaiſes cõmunes. Tomboyent les mortz par les uoyes, cõme les ramees en l'Autõne, & les reſſuſcitans au tres dernier iour ne auront ſi obſcures ſemblances, ne ſi deſſechez membres. umbres, & non corps ſembloyent les gens. On en uoyoit des enflez, des trãſis, & des horribles, mercy de la calamité du uiure. Ceulx qui ſe maintenoyent auec les racines, & auec les herbes faiſoyẽt ſpectacle miſerable, dont ſans alaine, & ſans eſprit rendoyent là la uie, qui n'auoit n'eſprit, ne alaine. Qui euſt ueu la generatiõ humaine en ſi fiers iours, l'auroit accõparée en ceſte part & en celle à la multitude des lumieres alumées en ce lieu, & en ceſtuy, auſquelz eſtans deffailliz les alimentz, deffault la lumiere encores, dont ilz ſe eſtaignoyent petit à petit

auec

auec debille ſupport. Les chaſtetez des femmes, obeiſſantes aux perſuaſions fameliques, ne trouoyẽt plus ſoy chãger auec le pain, nulle miſericorde, nulle amitié, ne aulcune affinité eſtoit reſtée au cueur d'aultruy. Les riches efforcez du tumulte des pauures, pour nõ ſouffire leurs ſubſtãces à tant de bouches, cheus au meſme meſaiſe, ſouffroyent auec eſgale neceſsité. Ne ſe pourroit imaginer l'eſtõnement, que donnoit aux gens, le non trouuer ne pour or, ne pour aultre choſe, pour rõpre le ieuſne une fois le iour. Et ce que plus les attriſtoit, eſtoit ne pouuoir maintenir ne aſnes, ne chiens, ne ſemblables ia conuertiz en uſaige des mangers publiques, car n'ayãt dequoy les paiſtre mouroyent auant qu'ilz fuſſent occis, affin que aultruy ne les occit. Toutes les plantes, toutes les ſemences quaſi infirmes, n'auoyent uertu de naiſtre, tout terrain ſe monſtroit cõme du ſel. & tout auroit eſté peu, ſi la calamité du mal preſent, n'euſt occie l'eſperance du bien futur. Scaichãt chaſcun, que encores cinq ans reſtoyent de ſterilité oſtoit le couraige, & la uie ſe peult dire à chaſcun, mais les affamez ſe ſaouloyẽt de pitié, & de deſdain, ouyans les cris des enfantons, ſuccoyent des mamelles uent, & air, non pour aultre, q̃ pour ſe nourrir leurs meres d'air, & de uẽt. Ne ſe ſentoit ne iour, ne nuict, ſinõ uoix eſcriãtes le pain. Et cõduictz tous les peuples à la derniere deſperatiõ, deſpriſoyent les uœutz, les prieres, & la ſalut iuſques de leurs propres ames. En ſomme ſi ung iour ſeul, que lon demeure ſans uiande, eſt ſans fin long, & hors de meſure inſupportable, quelle choſe ſe croit que feut la douleur de ceulx, l'auoir attendu de se nourrir par deubz alimentz, ung lustre entier. Oultre ce, quel souffrir estoit ce des aultres regions, si encores en Egypte, le regne duql abondoit en bledz, mouroit en la uoulẽté du mãger? L'assault de la faim estraignant auec terrible cruaulté les nations soubmises à Pharaon, empeignit les turbes des subiectz du Roy deuãt la benignité de Ioseph, luy disant, Dõne nous de pain, à ce q̃ ne mourions deuãt toy, donne nous en par charité, puis qu'en nous n'est plus d'or pour en acheter. Et luy, Amenez moy les brebis, & uoz bœufz, & ie uous donneray de la uiande de uostre Roy. Eulx ainsi le feirent. Et cõsumez le bestial & les brebis, molestez de l'accoustumée cherté recoururent à luy disant, Puis q̃ la necessité n'a honte, n'est licite se uergoigner de la fortune, ains du peché, qui nous laisse sans deniers, sans gaiges, & sans bestial: mais la faim n'à poinct de delay, pourtãt ne cõsentẽt tes yeulx de nous uoir choir es piedz de la misericorde, q te faict resplendir. A nous ne reste aultre, que la uie & le terrain: fais toy le pris à noz corps, & à noz chãps, cõsigne les de grace à la seruitude Royale, & chãgeõs les ans auec le pain, et les terres auec le grain dõne nous la semẽce, & soyẽt les fruictz de noz possessions, & de noz sueurs de la maiesté de Pharaon, car mais q̃ nous uiuiõs toute aultre chose est riens. la cõclusiõ du tout feut, q̃ la prudẽce de Ioseph, merci nõ de son preuoir, mais de ceulx de Dieu, nõ seulemẽt emplit les tresors du roy, ne seulemẽt feit esclaues tous les Egyptiens, mais les dõna auec legitime achapt toute la faculté immeuble d'iceulx, q nasquirent & habitarẽt les pais lauez du Nil, Sauuant les termes des prebstres, lesquelz oultre, quilz ne feurent contrainctz de la necessité de uendre les patrimoines, eurent des uiures des greniers publiques, en honneur & en la gloire de la religion.

Quand Ioseph homme nō moins piteux, que iuste, eust reduict au pouuoir du roy les richesses, & les uies des personnes d'Egypte, ne souffrant la pouureté commune, ordonna par loy inuiolable, que dés derniers termes iusques aux extremes de tel destroict, à ce que se pensent substanter les peres, & les enfans de telles generations, que lon leur bailla de la semence pour les champs, les oubligeans à rendre la quinte partie du reuenu à la coronne de Pharaō: dont les peuples se uoyās prouuer sus la grande incommodité de la pouureté la liberalité, que ie dys, criarēt auec affectueuse uoix, Viue nostre seigneur Ioseph, es mains duquel est nostre salut. Regarde sa mansuetude noz faces, & nous seruirons au roy auec allegresse d'hommes libres. Et ainsi par loy toute la terre d'Egypte iusques à ce iour faict au royal fisc de cinq pars l'une des reuenuz des champs qui là sont, exceptant les possesions des prebstres, lesquelz uont exemptz de telles conditions. Adonc Iacob habita en Gessen, le possedant auec don royal, & aux dixsept ans quil uesquit là, creust, & multiplia auec prosperité incredible, & inestimable, ne feut onq forestier, qui en tel lieu respandit la uertu, les meurs, & la beniuolence, que y respandit Israel. il estoit à aultruy comme pere, chascun en tiroit ayde, & conseil, & au Roy se rapportoit toute louāge de son estre. La paix & la benediction tresbuchoit ſus les chiefz,& ſus les cueurs des uoyſins, & de ſes amys. Mais pource que deſia ſentoit, que la uieilleſſe luy uainquoit le corps,& luy deſtruiſoit la nature, cognoiſſant le ſien approcher de la mort mal irremediable, feit entendre à Ioſeph ſon filz, quil uint là ou il eſtoit. Le ſe auoir reduict deuant auec uiſaige esbahy, & auec uoix tremblante luy dit, Puys que i'ay trouué tant haultes graces audeuant toy, concederas que ie y trouue encores les dernieres. Metz moy filz tresbō les mains ſoubz le couſté me iurant en ta uertu, que tu me uſeras la deue miſericorde touchant à recouurer mes oſſementz au dur lict, auquel dormēt les reliques de mes peres. Ie ſcay que ne permettras, que ce corps reſte es ſepulchres d'Egypte: car il te ſeroit deshonneur de me laiſſer hors des tombeaux de noz maieurs. Et tant plus, que ie auec inſtance le te demande, bien que commette erreur, à le te dire auec ſi lōgues paroles, eſtāt de ta nature l'obeiſſance, l'aduertēce, en apres à qui meurt lon conferme toute ſa requeſte auec infallible promeſſe.

Il ne me ſemble, reſpond Ioſeph, que toy, ò pere, doyues point doubter des promeſſes de moy ton ſilz : car non ſeulement ſuis pour les obſeruer en ſi piteux office, mais en quelconque aultre que me cōmanderas, mais oſte Dieu pluſtoſt du monde ma uie, que ſi peu uault, que la tiēne, qui eſt de ſi hault pris, te donner par moy la ſepulture, eſt ung m'enſeuelir auec toy. Le robuſte de l'eage auquel tu te trouues ne merite, que tu te deffies de ſa uigueur. Noſtre race a de couſtume à cōpter trop plus maieur

leur nombre d'ans,que ne ſont ceulx,qui eſpouen-
tent Iſrael. Et quand bien ſeroit, que au Seigneur,
& à la nature agrée,que tu uiennes moins,ne pouuant moy contredire ne à la uoulenté de lung,ne à
la neceſsité de laultre, auec ces mains te ſerreray les
yeulx,& auec ces yeulx te laueray les mains,ne ſera
pitié ne plainćte, qui arriue auec la memoire aux
poſterieurs de plus d'admiration, que la compaſ-
ſion & le plaindre, que ie uſeray aux obſeques de
celluy, qui merite l'eternité du uiure. Par ainſi appaiſe toy pource,ne te eſmaye de ces choſes,qui pro
gnoſtiquent la mort d'aultruy, puys qu'en toy
n'apparoiſſent encores les ſignes de ſes accidentz.
Mon filz, reſpond Iacob, ua t'en au ſeruice de ton
Roy: car ſi toſt que ſentiray les meſſagiers, qui me
doyuent citer en laultre uie, t'en feray parler auec
t'en aduiſer, en ce moyen ordonneray ce que doys
faire de toy,& de tes freres, apres que ne ſeray plus
icy. Se partit Ioſeph tout penſif, & tout eſmeu des
paroles paternes,& entrant à Pharaon,en l'adorãt
ouyt ſe eſtre dićt,Comme ſe contente ô Ioſeph ton
pere,de noz courtoiſies? Eſt il en lieu, que luy ſatiſ-
face le eſtre là? Que luy ſemble de la terre d'Egypte?
La prepoſe il à celle de Canaan? Et Ioſeph à luy,
Treſglorieux roy,mon pere uiura autãt,que ta ge-
neroſité le fera uiure, & apres Dieu il adore toy
ſeul,& toy ſeul inuoque, ne la elećtion propre l'au
roit logé en part, qui plus le delećta. Il dit que ton
pays eſt le iardĩ de l'uniuers,& que Canaan eſt ung
deſert à comparaiſon. Mais le bon uieillard ſe ſent
deffaillir,& donnant lieu au temps, commence à ſe
prochaſ

prochasser une habitation pour ses ossementz, & me suis contristé en me priant luy, que ie remette son corps là ou reposent ses peres. Et pource que en me disant cecy, rompit la lumiere des yeulx auec ce plaindre, feit lhermoyer aussi Pharaõ, car la tendresse auec laquelle la Maiesté sienne l'aimoit, consentit au cordial de la beniuolence. Et ce que l'acheua d'estre troublé feut ung qui rapporta à Ioseph cõme Iacob despuys son despart, s'estoit mys au lict d'une mortelle fiebure continue, par laquelle chose luy, qui comprent l'indubitée fin de sa uie, te supplie par l'estre quil t'a donné, de te transporter iusques à luy. Souspira Ioseph ouyant ce, & predeuinant le cas feit uenir à soy Manasses, & Effraim ses tresaymez filz. Et les auoir adornez de robes splendides, & seignorilles dit, Car à uous seroit rien toute mon excellẽce si la benediction du sacré ayeul uostre ne se respandit sus la uie de tous deux, allons à luy, à ce que premieremẽt, quil meure uous en laisse heritiers. Cecy dict, monte auec eulx sus la charrete deputée pour la personne de soy mesmes, hastiuemẽt, faisant sentir aux cheuaulx, qui les menoyẽt, les coups des flageaux, arriua à la habitation du pere Israel. Lequel si tost, quil entendit la uenue du filz faict signe de allegresse, se dressa pour se seoir sus le lict, & soustenu des seruiteurs, receut Ioseph auec semblãt d'homme sain: & prise sa main l'embrassa tendrement, & estant ung peu ainsi dit, Tu doys scauoir mõ filz, que Dieu m'apparut en Luzze, laquelle est es contrées de Canaan, & me disant, Ie, oultre que ie te benys, t'accroistray & engrandiray

diray es turbes des peuples dõnãt ceste terre à toy, & apres toy aux descendãs de toy auec eterne iurisdiction. Ores pource que ie cognoys en quel estat tes œuures ont colloqué ma lignée, ueulx en tesmoignage de la gratitude de celluy, qui t'est pere, que les deux filz, que apres les auoir engendrez te sont nais en ce pays, me soyent comme Leui, & Ruben, auec paches, que les aultres qui te naistront restent tiens, & pour telz se tiennent, te souffisant que les predictz se appellent en la possession au nom de tes freres. O' mon pere, & seigneur, respond, nõ sans à luy s'encliner Ioseph, les hõneurs, que me faict ta bonté, & le bien que elle me eslargit, est don propre de ta benignité, & ma grande aduẽture, pource nõ auec les paroles, mais auec le cueur te rend grace. Ne croy qu'en moy regne tant de presumption, que ie pense pour estre au degré que ie suis, que tu ayes à faire ce, par les commoditez, que par mon moyen recoys. Car si le filz ostoit le pere de l'extreme misere, & le meit en la souueraine felicité ne satisferoit point à l'ame, aux espritz, aux sens, aux os & aux chairs quil luy a dõné: pource ie accepte tes offertes comme choses données de ta charité à mõ obseruãce. adioustãt, Dieu m'a inspiré, & m'a faict penetrer en la secrete intention de Iacob, en luy amenant audeuãt ceulx, qui tout à ceste heure uiennẽt à toy. Ne dit aultre, & sortit dehors: ne demeura guieres, quil mena dedens ses tressuaues enfans, lesquelz ne pouuoit discerner Israel, pource que la lumiere des yeulx les luy auoit obscurcy, mercy de la lõgueur du temps, qui l'auoit remply de iournées: dont

dont il dict, Qui sont ceulx cy Ioseph? Manasses, & Effraim don du Seigneur, respondit il. Iacob se sentit cecy ouy du tout attendrir, & ne pouuant supporter les doulceurs charnelles s'efforca tant quil peult, & s'estre soubleué plus en sus, se adioignit à eulx, & les embrassant, & les baisant les appella ses enfãs. Et les auoir tenuz une piece en les estraignãt, dit auec aulcunes grosses lhermes, Quelle allegresse auroit ceint l'ame de Rachel ta mere, laquelle au cueur du printemps morut enfantant Beniamin si Dieu permettoit à ses yeulx uoir telz nepueux? Quelle auroit esté la liesse d'elle, si comme ie les embrasse, & baise, les embrassast & baisast? Elle qui est enseuelie en la uoye de Ephrata surnommée Bethlehem se seroit aduãcée sus toute beatitude humaine te ayant ueu en terre, comme te uerra au ciel, ne se pouuãt saouler d'estraindre auec les mains de l'affection, le col, & la face. apres le repliquer toute espece de caresse, & d'accueil, dit, Ie, Ioseph filz cher à moy, excepté la grace du Seigneur, sus toute chose, ne reste point trõpé de ta presence, & Dieu à la semblance d'elle me monstre ta semence, dont ie l'ascris au nombre de ceulx qui sont sortiz du mien. Cepẽdant quil parloit Ioseph se tourna de cousté & pria le Seigneur pour la salut du pere, par ses graces, & le biẽ de ses filz. Leué enapres debout meit Effraim à sa dextre, & Manasses à sa senestre, deuenoit Effraim alencõtre de la main gauche de Iacob, & Manasses au respect de la droicte, & adioinctz tous deux au pere, Israel estendit la main meilleure, & la meit au chef du second nay de Ioseph, & laultre main

main ſus la teſte du premier, diſant, Ce uray Dieu audeuant duquel ont cheminé Abraham & Iſaac mes peres, ce Dieu ſeul qui me nourrit dés le iour que ie naſquis iuſques à ceſtuy, que ie meurs, & ceſt Ange ſouuerain, qui m'a deliuré de tant, & ſi eſtrã ges maulx, uous beniſſe enfans aymez, & mõ nom & le nom des predictz reſuſcite en uos operations, & telz ſoyez, quilz feurẽt par la diuine grace. Soyẽt les accroiſſemens du ſang de uous deux innumerá bles, & riche de regne, & de gloire. Noſtre louange ſoit chantée apres celle du Seigneur de toutes les langues de gens, & ſoit loing des teſtes, & des maiſons uoſtres l'ire & la fureur diuine. Ne ſe torſe le pied, que eſmouuerez ſus la face de la terre du chemin droict. Entrerompu Ioſeph les benedictiõs paternes, pource que le conturba auec grand dueil la ſentence d'Iſrael, la prognoſtication duquel prepoſoit en degré Effraim, à Manaſſe, dont leuãt la main de Iacob, & la tranſportãt ſus le chef de ſon maieur filz dit, Ne conuient ò pere, par loy, ne par couſtume, ne par nature de mettre deuant celluy qui naſquit apres à icelluy qui naſquit deuant. Se excuſa le noble uieillard diſant, Manaſſes, pour certain ſera hault & grand: neautmoins Effraim ſon frere mineur luy ſera ſuperieur en principaulté, & en grandeur. Par ainſi ne te ſoit grief ce que conſiſte en la puiſſance de Dieu. Il eſt le donateur de toutes les choſes, ſa uoulẽté diſtribue, cõme il luy plaiſt, les empires, & les ſeigneuries. Pource plaiſe à toy, ce q luy plaiſt: & en toy garſon ſoit benict Iſrael par infiniz ſiecles. Ie benys le iour, que lon dira, quand aulcun uouldra

uouldra augurer prosperité au prochain, Dieu face à toy cõme à Effraim au deuãt de Manasse. Estraingnit les espaules Ioseph si tost, que le pere luy reuela le secret supernel, ne retint le pleur ouyant Iacob luy dire auec soubmise uoix, Voicy filz, que ie meurs, ie meurs mon filz, mais bien que ie uaise en laultre monde, Dieu demeure auec uous, & uous restituera la terre que uoz bisayeulx, & moy te dõ ray, & à tes freres la part dehors de celluy pays, que moy en mon coulteau, en mon arc ostay de la main des Amorriens.

Tãdis que Iacob demeura en parler auec Ioseph les aultres filz d'Israel s'assemblarent tous en ung auec moult d'affliction, & car les familles de la maison uoioyẽt les estonnez, encores elles deca, & delà faisoient conseilz, & cõgregations, estoit cheu le couraige des femmes, des seruantes, des seruiteurs, des pasteurs, & de toutes leurs gens : seulement les enfantons qui allaictoyent ne confondoyent la melancolie, que amena es cueurs de tous le uieillard mourant : car la discretion de la perte ne se comprenoit de leur simplicité. Ne scauoit que faire Leui, & Iuda auec les aultres dix, eulx reuoluoyent en la pensée en quelle maniere Ioseph prince, aincoys Roy d'Egypte, auoit esté trahi de eulx, dõt doubtoyent, que luy puissant en paroles, & en œuures, apres le mourir de Iacob, ne les punit auec le supplice, & auec la mort, se uengeant de l'iniure: car luy paraducture, disoyent eulx mesmes, iusques à maintenant l'auoir dissimulée par reuerẽce du pere, & pource que le cueur ne luy ardit contre ses offenseurs Ruben

ben cõtredisant à tous les uouloit asseurer auec les raisons qui militoyẽt en leur benefice: introduisant pour tesmoingnage de la crainte,la souueraine bõté de Ioseph, la prudence duquel recognoissoit les cas des accidentz de sa benediction uenir de la uolẽté de Dieu. Mais leur rompit les paroles en la bouche le seruiteur, qui leur commanda au nom d'Israel quilz entrassent en la chambre, ou il attendoit ses enfans & la mort. Comparuz à la presence sienne, Iacob auec ferme regard, & auec taisibles lebures contempla le uisaige de ses douze enfans, l'humilité desquelz enuironnoit auec leurs personnes la lictiere en laquelle gisoit tout rompu des ans Israel, dont la taciturnité du uieillard, & des iouuenceaulx, emplissoit d'horreur, & d'espouentemẽt iusques aux murailles & à la couuerture de telle maison, mais se haulsarent les oreilles de tous soubdain, que lon ouyt Iacob, que dit, Mes enfans, ie suis au iour dernier de mes iournées, la nuict qui sensuit ne ua au nombre de celles que i'ay dormies, & ueillées: uoicy que ie suis arriué à la fin, que tous urayement serõt. Pource assemblez uous filz de Iacob, & ouyez Israel uostre pere, qui uous ueult annonçer les choses, qui uous doyuent entreuenir es iours derniers. Ruben ma fortitude, & commencemẽt de ma douleur, encores que tu soys le premier es dons, & le maieur en l'empire, tu seras respãdu comme l'eau, sans point croistre. Ce te aduiendra, car tu montas au lict de ton geniteur, le maculant auec la deshõnesteté de l'adultere. Mon ame & ma gloire ne uiẽne au conseil, & ne soit en la compaignie de Simeon,

ne de Leui: car ilz sont uaisseaulx belliqueux de ini
quité:dont en la uoulentē,en leur fureur perceront
le mur,& occiront l'homme. Soit mauldicte l'obstination de telle ire, & la durté d'ainsi faicte indignation. certainemēt ie les diuiseray en Iacob,& les
respādray en Israel.Iuda sera loué des freres, & ado
ré des filz du pere sien, & sus le chef des ennemys
de luy mettra l'une & laultre main. Iudas filz de
lyon:mon filz Iuda,tu allas à la proye,mais te repo-
sant comme ung lyon,quasi lyonesse, qui te resueil
lera? Ne sera osté le sceptre real de Iuda,ne le duc de
ses reins,iusques à tant que uienne celluy,qui doibt
estre enuoyé, & luy soit en l'expectation des gentz.
Mō filz liant à la uigne,son asnesse,& à la sep, l'asni
chō.Il lauera sa robe en uin, & son mātеau au sang
de l'uue. Ses yeulx sont plus beaux que le uin,& ses
dentz plus blanches,que le laict. Zabulon habitera
au riuage de la mer,& en la station de la nef arriuāt
iusques à Sidon. Isachar asne fort gisant entre les ter
mes,ueit que le repos estoit bon,& cogneut la terre
parfaicte, dont soubmit les espaules de sa seruitude
au poix des tributz. Dan iugera son peuple cōme
les aultres tribuz en Israel. Soit faict Dan serpēt en
la uoye,& serpent cornut au sentier, & morde l'on
gle du cheual de son cheuaulcheur,a ce quil tombe
en arriere. Seigneur i'attendray ton salutaire. Gad
expeditif combattra au deuant luy,& il sera ceinct
par derriere. Aser donnera son pain gras, & les deli
ces aux roys. Neptalin cerf mandé,& qui donne les
parlers de beaulté. Ioseph mon filz, qui accroit, &
est beau au uoir. Les filles montarent sus les murs,
mais

mais pour ne les cognoistre se courroucerent, dont ilz feurent enuyez d'iceulx, qui auoient les dards. Son arc sied en la main gaillarde, & les liens de ses bras, & la main de luy feut desliée par celle du puissant Iacob, & sorty pasteur, & pierre d'Israel, Dieu de ton pere te sera en ayde, & le Seigneur tout puissant te benira es graces du ciel, des mamelles & du uentre: & les benedictions de ton pere, sont confortées en celles des peres siens, iusques que uienne le desir des mõtaignes eternelles. Soyent faictz les Nazariens en la teste de Ioseph entre ses freres. Beniamin loup rauissant, le matin mangera la proye, & le soir mespartira les larrecins. Tout ce que i'ay escript, dit Iacob, ancoys l'oracle mis en la bouche de la uerité aux douze, qui puis feurent chefz es tribuz, luy leur preschant les aduenementz de leur futur, en exemple & en obscurité, selon la confusion des sens prophetiques les esmeut tous auec la profondité des paroles.

Repris Iacob ung peu d'alene, retourna es fureurs de la prophetie, & s'enflammant en ses diuinations dit, Des os de la lignée de Leui naistra homme, que ne deuant, ne apres, feut ne sera semblable, ne second: pource que Dieu dedẽs une colomne de nuée ueue sus la porte du tabernacle de la confederation parlera auec luy face à face, auec le tesmoignage de tout l'exercite, luy puissant en dictz, & en faictz, seulement auec l'espouentemẽt des miracles, que le Seigneur permettra, qui sortent de luy, conculquera l'obstination du dominateur de cest empire, dont apres les neufues, & uisibles merueilles tire

 ranost

ra noſtre peuple de la ſeruitude d'Egypte, luy ſe eſtre faict duc de l'exercite Ebreu, leſquelz oſtez de la fange des pierres, du labeur, et de toute ſorte de fatigue, les cõduira par les deſertz, & en luy deffaillãt le pain, Dieu cõuertie la rosée en manne les nourrira d'alimẽtz celeſtes, dont à la fin du grãd pelerinage noz gẽtz iouyrõt de la terre ꝓmiſe du Seigneur à noz heritiers: & ainſi la malignité Egyptie, qui tãt haira les deſcendãs de nous, autãt qu'elle ayme qui regne ores icy, demeurera repẽtue, d'auoir tẽté, que tous les filz masles, qui doyuẽt naiſtre de la ſemẽce de mes gẽtz ſoyent occys. Ne dit aultre Iacob touchant l'aduenir: bien exhorta il les filz de recognoiſtre les benefices receuz de la magnanimité de Pharaon, & cõmis à Ioſeph, quil ſalua ſa maieſté en ſon nom, & auoir beny ceſtuy, & celluy, cõmanda que ſon corps feut adioinct aux corps de Abraham, de Sara, de Iſaac, de Lya, & de Rachel. Acheuez les cõmandemens auec leſquelz endoctrina ſes enfans, ſe tourna d'ung des couſtez du lict, & auoir prié le Seigneur retira les piedz, & ſe eſtreignãt en ſoy meſmes, raſſemblez tous les eſpritz en ung ſouſpir, exhala la treſnoble ame ſouſpirant.

Le tonnerre q formé de la paſsion de la douleur ſortit des uoix de Ioſeph, annonca à toute la maiſon la mort de l'aymé de Dieu, & des gẽtz: dont le ſon des palmes, & des quereles, ſe feit ouyr auec aſſez de marriſſon de qconque l'entẽdit. ne ſeroit eſté uipere, que n'euſſent eſmeu à pitié les paroles, que la pitié du pere tiroit de l'ame de Bẽiamin, nid de la alegreſſe de Iacob. Auoit Ioſeph adioincte la face

chaulde

chaulde au uisaige d'Israel, & l'auoir hõnoré auec toute l'affectiõ des baisiers extremes, tost ql reheut la lãgue dit, Si ne feut, que ie ne ueulx d'ingratitude estre noté enuers les obligez grãs, & incredibles, que i'ay auec la grãdeur du cueur de Pharaon, par laquelle cause nõ seulemẽt auec une, mais auec mille eages, que ie uesquisse, ne pourroys payer la millesime partie de ce, que ie luy doys, supplierois tant Dieu misericordieux, q̃ sa grace cõsẽtiroit le clourre perpetuel de ces yeulx, auec lesquelz ie te plains tãt que ie puys, & non cõme uouldroys. Qu'est à moy l'Empire d'Egypte sans toy pere? Quelle ioye peult estre desormais la miẽne nõ te uoyant iouyr du degré auquel m'a mys, & tiẽt le Seigneur, & le Roy? urayemẽt au mourir tien m'est sorty de la main l'uniuersel. Et le cueur qui restoit en te uoyãt contẽt au ciel, & cheu de telle haultesse, q̃ la ruyne ne trouuera iamais le profond. Cecy dit luy, se leuãt sus, cõmãdãt à ses medecins, & à ses seruiteurs, que sans riẽs espargner embaumassent, & oignissent le corps sacré de Iacob, à ce que nõ seulemẽt se cõserua incorrõpu les quarãte iours, qui selõ la coustume doibt demeurer nõ enseuely, mais quil reste entier cent, & cent ans. Tandis que ceulx aux quelz estoit imposé l'office deub, le mettoyẽt en executiõ, uoicy Ioseph, qui aduise ses freres, qui biẽ que le pere leur demeura audeuãt mort, ne plouroyẽt poĩt. Et ce estoit, car la peur plus puissante, que la douleur, le leur deffendoit: la crainte qui leur occupa le cueur, & lesperit, au mourir d'Israel, leur seicha la fontaine, de laquelle sort la ueine des pleurs, q pleut des yeulx des frontz humains, eulx qui n'auoient oublié l'offense exercitée sus la uie du frere: tenoiēt pour ferme, que cessé le respect du pere deuoyent estre punis. Dont Ioseph entendue l'occasion de leur estonnement, remuées les lhermes deslia la langue pour les conforter, mais il se retint escoutāt Iuda, qui luy dit, Nostre pere deuoit en seruice de dix de ses filz se souuenir en la mort de te dire ce, quil nous imposa que nous te dissions. Que te commāda il, dit Ioseph. Et Iuda à luy, La grand bonté de ton pere, & nostre, nous dit, Vous direz a mō filz, Metz en oubly, car ie t'en prie, & le te commande auec l'autorité paternelle, la meschantise des freres tiens, me iettant sus la teste tout cela de peine, quil te semble de cōstituer à leur coulpe. Telles feurent ses paroles, Seigneur nostre, pource pardōne nous, qui confessons, auons confessé, & tousiours confesserons, la malice, & l'iniquité commise contre toy, qui es glorifié non moins par bonté, que par puissance.

Tombant des yeulx de Ioseph au sentir la souspecon des freres, aulcunes lhermes si grosses, si griefues, & si chauldes, que bien peurent sans aultre preuue comprēdre le secret de sa uoulenté, ainsi comme en toute mode auoyent compris l'intentiō de la bonté de luy, il leur dit, Ne souffit il pour macheuer de remplir au desmesuré de la douleur, le souffrir, que ie fais pour la mort de celluy, qui nous a engendrez, sans m'adioindre la passion, que uous me faictes sentir auec la crainte, q mespouēte, quāt

plus

plus deuriez uous asseurer? Appaisez de mõ cueur la secõde douleur, pource que est dure la premiere. Soyez certains, quand ie aurois à me recorder de l'iniure causée de uous en moy, me recorderois de ceste: qui uous meut à deffier de l'integrité, & de la loyaulté miẽne. Ne merite uostre frere Ioseph d'estre tenu impiteux, & sans clemẽce de son propre sang. Ie uous repute quasi moymesmes, & uous ayme comme moymesmes: bien que lon scait, que nous ne pouuons resister au uouloir diuin. Voicy uous pensiez mal, & Dieu reuolta le coulpable de tel pensement au iuste du bien, dont ie ne serois prince, si uous ne me eussiez faict serf. Malheur aux peuples, tristesse pour les gentz, malediction pour les hommes, s'il ne uous tomboit en la pensée, ce qu'il uous y cheut. Par ainsi ostez uous d'ung tel espouuentement: car bien uous deburoit souuenir, que ie uous absoluz de toute mon indignation soubdain, que me descouuris à uous pour Ioseph, & pour frere.

Les eaues interdites de la crainte aux yeulx des filz de Iacob, redoublarent à l'inundation, ouyans non la langue, mais le cueur uersé es paroles de Ioseph, dont plaignirent amerement, & doulcement, plaignoyent auec amaritude la fin paternelle, & auec doulceur l'amour fraternelle. Oultre ce se iectarent aux piedz de Ioseph, & l'adorãt disoyent, Nous sommes tes seruiteus, & es digne q̃ tu le soys ainsi: & de nous nommer tes freres, est plus ta bõté, que de nostre merite. Pource les corps & noz ames te obeiront, & t'adoreront. Et l'offerte q̃ de sustẽter tes nepueux nous fais, acceptons: & Dieu supplie là ou deffaillent noz forces, par laquelle cause se perpetue la beniuolence, que tu demonstres aux chairs, & aux semences de qui icy uit, & de qui naistra de nous. Auoyent dict eulx, quand le tressainct corps estainct, se commenca à plaindre des Egyptiens les septante iours, en tel poinct Ioseph s'engenouilla au deuant de Pharaon, & luy donnant le dernier salut de la part de son feu pere, le coniura à luy faire graces de lensevelir au costé des mortz de luy. Il me faict mal, respõd le Roy, de l'aduersité q te moleste, & uouldrois te retourner les allegresses, que tu as perdues si ie pouuois auec le moyen du regne amplifié de ta prouidence: mais n'estant en ce remede, resoulz toy es conseilz de la patience, consolant l'ame au long, au iuste, & en l'honnorable, que le tresbon homme à uescu. Ie accepte le salut comme benediction de Dieu, & au change de ce ua, & donne luy sepulture, selon qu'il merite, & que tu luy as iuré, & qui uouldra faueur en ma grace, honnore les obseques ordonnez de la pieté tienne à si honnoré corps. Allez Princes, & Barons soubmis au diademe, qui me resplendist en teste, allez uieillardz leaulté de ma maison, & plaignez en sa plaincte, car ce m'agrée, & ainsi se doibt.

Tous les hommes d'estat, & toutes les nobles personnes de la terre d'Egypte, auec grãd nombre de cheualiers accompaignant le corps glorieux de Iacob, honnorant Ioseph, lequel ensemble auec les fre freres le feirent porter sus ung chariot emmantellé de noir en Arramathe, mise oultre le Iordain, auquel lieu celebrarẽt les obseques auec si haulte, auec si griefue & auec si desrompue plaincte, que onq ne se ouit la plus grãde, ne la plus uehemente. Elle feut si fiere, que les habitateurs nõ usez à ouir une telle, se esbaissoyent au retentir des siens helas, resonnans aux lamentations & aux exclamations, qui naissent du dueil des Egyptiens. Dont telle situation se nomma plaincte de Egypte. Acheuez les sept iours, les enfans d'Israel obseruans ses commandemens, le portarent en Canaan, en la fosse double, iadis champ de Ephron Ethée, acheptè pour la sepulture des siens par Abraham. Laissez apres les ossementz uenerables aupres de celles, desquelles estoit sorty Ioseph, auec toute la multitude, retourna de là d'ou sont partis, & remerciant ung chascun auec ung parler noble, se estre confermez les freres en Geisen, feut à eulx tres cordial pere, & tenans les nepueux pour tres chers filz, se ficha ung chascun iour plus es cueurs des hommes, & des femmes sorties de son sang, & conioinctz auec ses parentz. Et pource que qui uit enuieillit, & qui enuieillit meurt, Ioseph attaignit au terme de ses iours: & luy pour auoir esté en enfance, & en la ieunesse prõpt en la uoulenté de Dieu, il y feut encores en l'extreme eaige. Tost qu'il s'apperceut de sa fin retourné au Seigneur dit, Voicy que ton seruiteur apres tãt de peregrination de uiure rend l'esprit en paix. I'ay uescu assez de tẽps. I'ay reacquestée la grace de mes

freres, sauuees les familles de mon pere, du miserable de la faim, auec plusieurs peuples en apres, Ie l'ay
honnoré uif, & enseuely mort. I'ay ueu la semence d'Effraim, en la tierce generation, les filz de Ma-
chir, de Manasses, sont nais sus les genoulx miens, &
de toute chose loue, & te rengracie souuerain Dieu.
Acheué le parler au Seigneur, se retourna à Ruben,
à Iuda, à Simeon, à Leui & à tous les aultres, leur
disant, Freres, la concorde, en laquelle ie uous laisse,
demeure entre uous eternellement. Viuez en charité, & en iustice selon la coustume de noz predeces-
seurs: car Dieu uous uisitera quand ie seray mort,
& uous faisant partir de la terre que foullez de pre
sent, uous enseignorisant de celle, que la maiesté sien
ne à iurée à Abraham, Isaac, & Iacob. Ce dict les be
nissoit, quand Pharaon au milieu des armes de sa
garde, laissé ung chascun dehors entra uers luy, &
le uoyant abandonné de l'esperance de la uie, s'en at
trista auec telle passion, qu'il demeura une piece sans
former parole. A' la fin recouuerte la force du cueur
& de lame le prit par la main, auec les yeulx fichez
es siens dit, O alene des membres de ma couronne, O' esprit du corps de mon Regne, ou, & auec
qui ira, & fera le trouppeau, des pensees desquelles
me deschargeois, affin que ie uesquisse ioyeux: tant
ay ie esté Roy, autant que ta diuinité le m'a faict
estre. La salut de mes seruiteurs est serue du preuoir
de Ioseph, & non de la prouidence de Pharaon. Ne
se croye, que ie sois si mescognoissant, ne si ignorant,
que ie attribue mes accroissementz à aultre, que

à la qualité de tes sainctes œuures. Le Seigneur, qui feut, est, & sera tousiours auec toy, administroit cest empire: pource la gloire, & la richesse mienne, est multipliee comme la semence des poissons es eaues, qui les engendre. Ie, mercy tienne, possede les tresors, les champs, & les personnes de tout le pais, qui à moy se incline, & ce que plus me console est, qu'en la uente des biens cõmuns, & des libertez uniuerselles, ung chascun te adore, & chascun te exalte, comme autheur de la publique redemption, par la quelle chose i'estois en telle paix de uie, que les heureux en pouuoyent auoir enuie contre moy. Non seulemẽt les fortunes, les cures royalles reposoyent, les trauailz du gouuerner & la raison des gentz, punissant le tort d'aultruy, en tes conseilz, & en ta bonté. Ores toy me deffaillant, retourne en moy la facherie des occurrences, qui sortent cõtinuellemẽt en la domination de qui regit citez diuerses, & uariables nations. Les Roys qui ne ueullent s'abastardir auec le nom des tyrans, ne sont point differentz des pasteurs des trouppeaulx propres, & mesmes solicitude qu'ont les gardians de leurs brebis, doyuent estre des peuples ausquelz imposent ordres, & loix, si que, pere, car bien le puis ie dire, à moy ne reste paix aucune au monde, te transportant au Ciel. Il ne me desplaict que uaises habiter auec Dieu, mais il me deult, que ie reste à me trauailler auec les hommes, & ne me puis tenir de plaindre celluy, qui au clourre de ses yeulx, ne serre, & ne ouure les miens.

Feit Ioseph signe auec treshũble geste, que Pharaon

raon s'approcha de luy, pource que l'alene qui le consumoit peu à peu, ne consentoit, que ses uoix derrieres sonnassēt plus. Dōt le Roy appuyé au lict du mourant, à ce qu'il ueit iusques à l'extreme la grādesse de l'affection à luy portée, estant la couuerture d'or cheue de l'ung des coustez, dont il monstroit tous les bras nudz, les recouurit auec tant d'amoureuse mansuetude, qu'il esmeut les couraiges des circonstans à grande tendreur, & à moult louer la bonté Royalle, la doulce maniere de laquelle estendit les oreilles à l'ardant desir du parler de Ioseph. Il dit auec uoix lēte, & intrinquée, Ainsi Dieu exaulce les prieres, que ie pour toy luy exhibe, comme ie suis obligé de le prier pour ton salut, mais si les successeurs de Pharaon hereditassent son humanité, comme ilz heriteront la monarchie, le Dieu de mes peres manderoit aultres à luy seruir, comme il me māda. L'amour que tu me monstres se conuertira en hayne: dont les Roys futurs, non aultrement cercherōt d'estaindre les esclappes d'Israel, comme tu les as allumees, bien q̃ Dieu leur prouoira d'asseurée ayde. Ie te cōmunique ce, non pour tant que tu le repares, mais pour confesser le desmesuré obligé, que ie tiens auec l'immense courtoisie tienne, à la misericorde de qui recommāde les filz, les freres, & les parentz miens. Ne ouit le Roy d'Egypte ces dernieres paroles, pource que son cueur auquel regnoit Ioseph, ne pouuāt souffrir de le uoir mourir, retourna le uisaige ailleurs cependant que la mort, auoir fourny de cōpter cent dix ans, qu'il uesquit,

luy

luy exercita les forces ſus le chief de la uie, laiſſant froid ce corps, q̃ feut couché au lieu ou dormoyẽt les corps de ſes ſainctz, auec la plus noble pompe, qui feut oncq ueue dés que les honneurs funebres glorifiarent auec la magnificence des obſeques, les reliques de quelconque empereur qui mourut en aulcune part.

FIN DV GENESE D'ARETIN.

www.ingramcontent.com/pod-product-compliance
Ingram Content Group UK Ltd.
Pitfield, Milton Keynes, MK11 3LW, UK
UKHW020547180726
13838UKWH00001B/83